RESPONSABILIDADE SOCIAL
E COMPETÊNCIA INTERPESSOAL
Paulo Sertek

Paulo Sertek

RESPONSABILIDADE SOCIAL
E COMPETÊNCIA INTERPESSOAL

2ª edição

Rua Clara Vendramin, 58
Mossunguê . Cep 81200-170 . Curitiba . PR . Brasil
Fone: (41) 2106-4170
www.intersaberes.com.br
editora@editoraintersaberes.com.br

Conselho editorial
Dr. Ivo José Both (presidente)
Drª. Elena Godoy
Dr. Nelson Luís Dias
Dr. Neri dos Santos
Dr. Ulf Gregor Baranow

Capa
Denis Kaio Tanaami

Projeto gráfico
Bruno Palma e Silva

Editor-chefe
Lindsay Azambuja

Editor-assistente
Ariadne Nunes Wenger

Sertek, Paulo
　　Responsabilidade social e competência interpessoal / Paulo
Sertek. – 2. ed. – Curitiba: InterSaberes, 2013.

　Bibliografia.
　ISBN 978-85-8212-961-6

　　1. Cultura organizacional 2. Ética empresarial
3. Organizações – Administração 4. Responsabilidade social da
empresa 5. Sucesso nos negócios I. Título.

13-12526　　　　　　　　　　　　　　　CDD-658.408

Índices para catálogo sistemático:
1. Organizações: Responsabilidade social e competência interpessoal:
   Administração de empresas　　658.408
2. Responsabilidade social e competência interpessoal: Organizações:
   Administração de empresas　　658.408

Foi feito o depósito legal.
1ª edição, 2012.
2ª edição, 2014.

Informamos que é de inteira responsabilidade do autor a emissão de conceitos.

Nenhuma parte desta publicação poderá ser reproduzida por qualquer meio ou forma sem a prévia autorização da Editora InterSaberes.

A violação dos direitos autorais é crime estabelecido na Lei n.9.610/1998 e punido pelo art. 184 do Código Penal.

SUMÁRIO

AGRADECIMENTOS 7
APRESENTAÇÃO 11
COMO APROVEITAR AO MÁXIMO ESTE LIVRO 15
INTRODUÇÃO 19

CAPÍTULO 1 – ÉTICA E RESPONSABILIDADE SOCIAL 27

1.1 Noções básicas de moral e ética 27
1.2 Ética e cidadania 33
1.3 Conceitos sobre responsabilidade social 48

CAPÍTULO 2 – RESPONSABILIDADE SOCIAL E DESENVOLVIMENTO SUSTENTÁVEL 69

2.1 Consumo sustentável 73
2.2 Responsabilidade ambiental e social das empresas 76
2.3 Economia verde (EV) 85

2.4 Gestão ambiental e de responsabilidade social 86

2.5 Resíduos sólidos no Brasil 92

2.6 Comunidade e projetos sociais 99

CAPÍTULO 3 – GESTÃO DAS ORGANIZAÇÕES 111

3.1 Conceitos de organização 113

3.2 Estruturas organizacionais 118

3.3 Gestão de mudanças e inovações nas organizações 128

3.4 Gestão participativa 143

3.5 Comunicação nas organizações 157

3.6 Motivação 166

CAPÍTULO 4 – CULTURA 181

4.1 Cultura organizacional 183

4.2 Desenvolvimento das virtudes: natureza, hábito e razão 191

4.3 Códigos de ética 198

CAPÍTULO 5 – LIDERANÇA E VALORES 221

5.1 Liderança relacional 224

5.2 Liderança e criatividade 225

5.3 Impacto das mudanças na configuração do trabalho 227

5.4 Ética e qualidade nas organizações 229

5.5 Criatividade e inovação 234

CAPÍTULO 6 – EMPRESA E DESENVOLVIMENTO PESSOAL 247

6.1 Desenvolvimento da cultura organizacional 249

6.2 Os princípios éticos aplicados na direção das organizações 256

PARA CONCLUIR 287

REFERÊNCIAS 295

RESPOSTAS 311

SOBRE O AUTOR 315

AGRADECIMENTOS

Agradeço, antes de tudo, a Deus, que me permitiu buscar elementos para essas reflexões, as quais, espero, possam ser, para todos que as leiam, um estímulo, uma provocação e um ponto de partida para a construção da participação social e do desenvolvimento das qualidades pessoais.

Agradeço aos familiares e aos amigos, que foram muito solícitos no apoio e nas sugestões com relação aos conteúdos. Quero salientar, com grande carinho, **as contribuições inestimáveis** de Lindsay Azambuja, editora-chefe da Editora InterSaberes, e da sua equipe de preparadores.

Agradeço a você, leitor – estudante, professor ou profissional da área –, por sua dedicação ao estudo em circunstâncias em que a reflexão anda tão adormecida. Agradeço pelo seu esforço em construir significativamente o conhecimento com base nas considerações que aqui se fazem e que podem suscitar o crescimento pessoal. Agradeço a todos por uma possível promoção do bem comum nesses momentos de angústia pelos quais nossa sociedade vem passando em face de enraizados comportamentos imorais.

Quero, ainda, agradecer aos corações indomáveis e indignados, significativos para a necessária reconstrução do nosso país. Agradeço, por fim, àquele leitor que, em meio a tantas obras valorosas dedicadas ao aprofundamento nos caminhos da responsabilidade social e da competência interpessoal, escolheu este livro, no qual pretendo, de forma dialógica, compartilhar esta visão de Jorge Lacerda (citado por Souza, 1960, p. 178, grifo nosso):

> *Tenho fé no Brasil, porque acredito, sobretudo, no homem brasileiro; e quem conhece de perto os problemas e os dramas do interior do país, e a capacidade criadora de nossa gente, heroica e desbravadora, pode proclamar que, maior do que a terra, **é o próprio homem**.*
>
> *Com essa confiança, que sejam convocadas todas as energias vivas da Nação, para que o Brasil marche rumo aos seus altos e luminosos destinos.*

Ocorre-me, neste momento de agradecimentos, lembrar o provérbio latino: "*Melior est finis negotii quam principium*[...]" (Bíblia. Eclesiastes, 7: 8, 2013), isto é, "melhor é o término de um trabalho do que o seu princípio". Os esforços, agora coroados, após anos de trabalho escondido e silencioso, contaram com a colaboração decisiva da equipe da Editora

InterSaberes e, então, chegaram a seu termo. Posso dizer com grande alegria: realizamos o trabalho da melhor forma possível.

No entanto, não poderia deixar de me referir à inspiração desta obra, que são os ensinamentos, permanentemente fecundos para a nossa pátria, de Jorge Lacerda. Dedico-me ao estudo da vida e da produção desse grande político. Assim, procuro trazer suas contribuições para a construção da cidadania, por meio do resgate narrativo-reflexivo de sua história de vida, além de tê-lo tornado tema de minha pesquisa de doutorado.

Faço isso porque considero que, na atualidade, faltam pessoas com visão de mundo e perspectivas de vida como as tinham o político catarinense, capaz de interpretar as necessidades e os anseios dos brasileiros para conseguir catalisar os corações por meio de um projeto de nação, retratada por Jorge Lacerda, citado por Souza (1960, p. 187) por meio de palavras cheias de esperanças:

> *A grandeza das nações não reside apenas nas suas riquezas materiais, mas em suas virtudes cívicas, morais e religiosas, de que é tão fecunda a nossa história. Creio, pois, no futuro da Terra de Santa Cruz. Creio no Brasil, neste Brasil que se ergue do passado e desfila aos nossos olhos, como estímulo às gerações, com as suas lutas e os seus triunfos, as suas amarguras e as suas glórias, numa instantânea ressurreição dos seus altos símbolos e dos seus grandes heróis! Pátria, que não conheceste o pó das derrotas, porque Deus sempre iluminou com as suas generosas inspirações as bandeiras que nos comandam nos campos de luta. Se o destino reserva a cada nação uma mensagem ao mundo, a tua mensagem será, sobretudo, de fé, pelo frêmito da tua juventude, que traz o hálito virgem das tuas matas e o canto sempre novo dos teus pássaros.*

Que distantes andamos dessa visão! Para que essas palavras ressoem e fecundem inteligências, vontades e corações, **os conteúdos deste livro necessitam de você como interlocutor**, bem como de sua cooperação para a construção do profissional reflexivo: aquele que busca caminhos para a mobilização em torno de projetos de melhoria humana e social.

APRESENTAÇÃO

PARA QUE VOCÊ se familiarize com a estrutura deste livro, que foi organizado em seis capítulos, a seguir destacamos os assuntos tratados no decorrer da obra.

No Capítulo 1 – **"Ética e responsabilidade social"** –, apresentamos o assunto sob a perspectiva histórica do desenvolvimento do conceito de **responsabilidade social** e da influência de tal postura nas ações de gestão das organizações. Fornecemos também elementos que aprofundam as questões sobre a ética e seus fundamentos para, com base nesses conceitos, abordarmos a cidadania e a construção da ordem social e a **prática dos princípios de solidariedade, subsidiariedade e participação, bem como os conceitos de responsabilidade social e ambiental das empresas**.

No Capítulo 2 – **"Responsabilidade social e desenvolvimento sustentável"** –, o enfoque se dá na responsabilidade social sob a **perspectiva do desenvolvimento e consumo sustentáveis e da economia verde** (EV). O capítulo também contempla a atualização referente à política de resíduos sólidos no Brasil.

No Capítulo 3 – **"Gestão das organizações"** –, descrevemos alguns modelos de gestão das organizações e sua tendência atual – **os sistemas participativos**. Nessa tratativa, focamos a defesa dos direitos humanos e a missão social da empresa na sociedade, bem como suas responsabilidades: o cuidado com as condições que afetam todos os envolvidos em determinada atividade, como clientes, acionistas, proprietários, fornecedores, meio ambiente e sociedade em geral. Além disso, discutimos sobre as motivações no ambiente de trabalho que podem dar um sentido transcendente à atuação das pessoas, com benefícios ao cumprimento da missão da empresa.

No Capítulo 4 – **"Cultura"** –, no qual há uma reflexão sobre a necessidade da **transformação da mentalidade dos indivíduos** para que a cultura organizacional oriente-se por valores éticos, complementamos os fatores organizacionais.

No Capítulo 5 – **"Liderança e valores"** –, apresentamos elementos apoiados em princípios e valores necessários para a construção do comportamento do líder e **descrevemos como as competências de liderança e de criatividade podem ser utilizadas com base em um plano de crescimento**. Ainda nesse capítulo, detalhamos as características de líderes transacionais, transformacionais e transcendentes, bem como propomos reflexões sobre o desenvolvimento de competências de liderança.

No Capítulo 6 – **"Empresa e o desenvolvimento pessoal"** –, abordamos a importância das pessoas na gestão empresarial e o papel decisivo dos conhecimentos éticos no aprimoramento do processo decisório e na aquisição de critérios de atuação para o exercício da responsabilidade pessoal. Outro aspecto que discutimos é a importância da valorização do indivíduo nas organizações, entendendo o fator humano como criador de riqueza (capital humano).

Assim, nesta obra, procuramos estabelecer o paradigma de que **o perfil do verdadeiro líder é aquele que se caracteriza pelas virtudes e por uma sólida formação profissional**. A competência técnica e a ética das virtudes geram confiança entre os colaboradores, fator decisivo para o exercício da liderança. **Apresentamos, portanto, neste estudo, os fundamentos da direção de organizações com princípios éticos.**

COMO APROVEITAR AO MÁXIMO ESTE LIVRO

Conteúdos do capítulo
Logo na abertura do capítulo, você fica conhecendo os conteúdos que nele serão abordados.

Após o estudo deste capítulo, você será capaz de:
Você também é informado a respeito das competências que irá desenvolver e dos conhecimentos que irá adquirir com o estudo do capítulo.

Estudos de caso
Esta seção traz ao seu conhecimento situações que vão aproximar os conteúdos estudados de sua prática profissional.

Síntese
Você dispõe, ao final do capítulo, de uma síntese que traz os principais conceitos nele abordados.

Questões para revisão
Com estas atividades, você tem a possibilidade de rever os principais conceitos analisados. Ao final do livro, o autor disponibiliza as respostas às questões, a fim de que você possa verificar como está sua aprendizagem.

Questões para reflexão
Nesta seção, a proposta é levá-lo a refletir criticamente sobre alguns assuntos e trocar ideias e experiências com seus pares

Para saber mais
Você pode consultar as obras indicadas nesta seção para aprofundar sua aprendizagem.

INTRODUÇÃO

A **dimensão social** humana está ganhando maior relevo nos dias de hoje. Por essa razão, a responsabilidade pelo bem comum torna-se cada vez mais necessária, pois deve haver um modo mais humano de encarar as relações entre as pessoas e o meio ambiente.

Ocorre que, na atualidade, as atividades dos indivíduos na sociedade são mais interdependentes e as influências das instituições públicas e privadas repercutem no seu entorno de forma mais significativa. A sensibilidade aos direitos humanos está se tornando mais necessária em virtude do flagelo da fome, da violência familiar e urbana, da disseminação das drogas, do desemprego, do analfabetismo, da Aids e de outras doenças sexualmente transmissíveis (DSTs), do trabalho infantil, das condições desumanas de trabalho etc.

O que propomos nesta obra é buscar o entendimento do que sejam a responsabilidade social e a competência interpessoal e estimular as atitudes necessárias para a construção do bem comum.

Fundamentamos essa proposta com a ética das virtudes, como a arte de viver bem e a capacitação para o governo dos próprios instintos, chegando à necessidade de conjugar harmonicamente a busca de bens individuais e os deveres para com o próximo.

Além disso, **estabelecemos reflexões** sobre a necessidade de fundamentar a sociedade nos princípios básicos do desenvolvimento social: a solidariedade, a participação e a subsidiariedade.

Essas fundamentações e reflexões são requisitos para a compreensão das formas de promover atitudes voltadas às necessidades dos outros. Nesse contexto, destacamos **a necessidade da prática de virtudes**, como a prudência, a justiça, a fortaleza e a temperança. Essa prática é conceituada em *Ética a Nicômaco* por Aristóteles (1992) e aprofundada por autores como Pieper (1960, 2012), Rhonheimer (2000), Hildebrand (1988), Spaemann (2006), MacIntyre (2001) etc.

Se a insistência sobre a prática das virtudes lhe causar estranheza, pedimos que você observe, a título de contextualização, os efeitos da condescendência moral referente aos inúmeros escândalos no âmbito político-governamental brasileiro.

O fato é que o crescimento da apatia moral em boa parte do povo brasileiro deve-se à impunidade em casos de corrupção, como o caso do "mensalão", os escândalos dos "sanguessugas", os conluios de partidos etc.

Ao analisar o **crescimento da apatia moral**, o historiador José Murilo de Carvalho (2006) afirma que há uma distinção entre a "opinião pública" e a "opinião nacional" a respeito de vários assuntos políticos. Assim, a condenação dos atos anteriormente citados pela "opinião pública" diferencia-se da absolvição destes pela "opinião nacional". Há uma opinião esclarecida e crítica de uma pequena parte da população (a pública) que se contrapõe à de uma grande maioria, acrítica e mal informada dos fatos (opinião nacional), que se encontra no reino da necessidade.

O povo brasileiro (**opinião pública**) tem ficado atônito diante de sucessivos desvios de conduta na atividade pública, com as constantes descobertas dos comportamentos antiéticos daqueles que deveriam atuar em prol do bem comum.

O que percebemos, nesse contexto, é que a preocupação com a prática da justiça social e com o desenvolvimento dos bens culturais e espirituais foi relegada a um segundo plano, em face da aspiração prioritária de boa parte dos políticos às benesses dos cargos públicos, sem arcar com o ônus correspondente ao serviço público.

O cenário que presenciamos no ambiente político nacional compõe-se de denúncias e processos sobre o superfaturamento de obras, o loteamento de cargos em favor de benefícios pessoais e de empresas, práticas agravadas pela impunidade.

No entanto, a única resposta possível a tal situação é reforçar o trabalho de mobilização para a prática dos valores morais, **não desanimando da tarefa de promover a ética social**. Por isso, concordamos com Damante (2011), quando afirma ser animadora a pesquisa que avaliou o comportamento e a expectativa de 40.445 jovens universitários e recém-formados do Brasil em relação às lideranças políticas e empresariais: "Os jovens pretendem ingressar em empresas que, acima de tudo, cultivem a ética. Não apenas a ética de discurso, mas a prática ética. Mais da metade dos entrevistados (56%) declarou que deixaria a empresa se o gestor revelasse falta de ética e não alinhamento com os valores da organização" (Damante, 2011, p. 49).

A atividade política exige comportamentos voltados ao direcionamento da nação para um ideal melhor. A situação atual revela que interesses individuais e efêmeros, alguns "confessáveis", outros "inconfessáveis", tornam extremamente atuais aquelas afirmações contundentes de Jorge Lacerda (citado por Souza, 1960, p. 42): "Há dragas na fantasia das nossas autoridades, e mais dragas existem na intimidade inconfessável dos cálculos vorazes dos eternos intermediários dos negócios da República".

Essas "dragas" e esses "sanguessugas", que exaurem da nação as forças do espírito, poderiam nutrir a construção da sociedade, mas se tornaram moeda corrente nas práticas políticas, disseminando o cancro da corrupção aos quatro pontos cardeais.

A estruturação do ideal de nação requer a disseminação de uma cultura que aflore nas ações individuais e coletivas das pessoas. Além disso, demanda os valores ético-sociais que estabelecem as bases do progresso e do desenvolvimento dos povos.

O caminho que visualizamos para minimizar os efeitos perversos da apatia moral que assola a sociedade brasileira é o estímulo à participação de todos na construção da vida social. Isso acontece por meio das instituições intermediárias entre o governo e as pessoas. Elas incitam os indivíduos a intervir nos âmbitos possíveis de atuação, com a finalidade de minimizar os problemas sociais, fazendo-os chegar a uma melhor visão crítica, para a consolidação de uma cultura voltada aos interesses totais da comunidade.

Tal cenário convida a todos os que têm consciência do problema a procurar atuar de forma socialmente responsável, priorizando o desenvolvimento das virtudes cívicas e a ação voltada à valorização e à capacitação do ser humano.

O ideal de valores compartilhados permite um estreitamento de esforços no combate ao individualismo e à apatia participativa, comportamentos tão disseminados nos dias de hoje. É um aspecto cultural já estabelecido. E **mudanças de cultura exigem um ponto de partida de caráter intrínseco à pessoa**: o despertar das forças morais latentes em cada ser humano.

Nesse processo de transformação, **a educação para a participação social é o caminho mais adequado** para se conseguir uma visão clara de futuro e compartilhá-la entre os cidadãos de boa vontade. As páginas seguintes, antes de tudo, pretendem contribuir com a cultura, pois, como advertem as lúcidas palavras de Lacerda (citado por Souza, 1960, p. 92, grifo nosso):

> *A história nos ensina que as forças materiais das nações também se nutrem das resistências do espírito, **forjadas pela cultura**, mercê das quais o seu poder de sobrevivência tem superado o impacto das catástrofes. [...] De nada valem as nações, perante a história, se não souberem legar à posteridade uma luminosa mensagem de cultura!*

O processo de consolidação da cultura de valores requer três passos sucessivos: saber, querer e fazer. A construção de uma nova cultura nos estimula a busca dos meios para mobilizar cidadãos conscientes.

CAPÍTULO 1
ÉTICA E RESPONSABILIDADE SOCIAL

CONTEÚDOS DO CAPÍTULO

- Noções básicas de moral e ética.
- Ética e cidadania.
- Conceitos sobre responsabilidade social.
- Comunidade e projetos sociais.

APÓS O ESTUDO DESTE CAPÍTULO, VOCÊ SERÁ CAPAZ DE:

1. conceituar o que é ética;
2. conhecer os princípios fundamentais da ética das virtudes;
3. discutir os princípios da ordem social, tais como: solidariedade, subsidiariedade e participação.

1.1 NOÇÕES BÁSICAS DE MORAL E ÉTICA

A ética, de acordo com Rodrigues Luño (1993), é a ciência da moral. **A moral, por sua vez, é a arte de viver bem**. Autores clássicos entendem a ética como:

> *o ser do homem*, doutrina sobre o que o homem é e está chamado a ser
> *[...]. Note-se que para caracterizar a ética, estamos falando de realização (no singular), e não das realizações (plural) nos diversos aspectos da vida: financeiro, saúde,* status *etc., pois a* **moral** *diz respeito precisamente à realização; realização não deste ou daquele aspecto parcial, mas afeta a totalidade, o que se é enquanto homem.* (Lauand, 1994, p. 7-8, grifo nosso)

Dessa forma, **a moral é uma arte**, assim como o é:

- saber pintar;
- saber vender;
- tocar piano;
- entalhar madeira.

Então, como todas as artes, a **moral** exige uma série de conhecimentos teóricos e técnicos, como também experiências e destrezas necessárias para desempenhar com maestria qualquer atividade.

Para tocar piano, você deve ter conhecimentos teóricos de música, técnicas de movimentação dos dedos nas teclas etc. Para ser um bom pianista, não basta o domínio de conhecimentos teóricos, é preciso praticá-los.

A moral exige, além dos conhecimentos teóricos, a capacidade de pô-los em prática. Há a necessidade de adquirir bons hábitos, como:

- o sentido de justiça;
- o respeito ao outro;
- a solidariedade;
- a laboriosidade.

Podemos dizer que **o homem**, de acordo com Lorda (2001, p. 13, grifo nosso), **precisa**:

> ***Aprender o que é próprio do homem****: necessita aprender a falar e a escrever; a tratar os demais e a comportar-se na convivência; e mil coisas mais. Se não se educa, não desabrocham suas capacidades. [...]*

As capacidades do homem vêm dadas com sua natureza, mas o desenvolvimento dessas capacidades necessita da educação.

1.1.1 A ARTE DE VIVER BEM

Os hábitos de convivência social e de exercício da cidadania podem ser estimulados e fazem parte do processo educativo. **Mas como você pode desenvolver esses hábitos?** Fazemos duas considerações a respeito:

1ª. Ninguém é capaz de desenvolver a arte de viver bem somente à base dos bons desejos.
2ª. É preciso ter clareza do que consiste esse *viver bem* e adquirir atitudes necessárias para levar à prática desse conhecimento.

Como já vimos, não basta termos apenas boa intenção para tocar piano, pois precisamos de conhecimentos teóricos, aplicação de técnicas e muito treino para fazermos progressos. O mesmo acontece no processo de aquisição dos hábitos de convivência e do exercício da cidadania. Aliás, **todas as boas qualidades são adquiridas à força de prática constante**.

1.1.2 INTELIGÊNCIA E INSTINTO

É própria do homem a condição de ser livre. Você já deve ter lido algo sobre isso ou considerado como possível. O ser humano realiza isso, de acordo com Lauand (1994), por meio de "Um processo levado a cabo livre e responsavelmente e que incide sobre o nível mais fundamental, o do ser-homem". Os outros animais estão determinados por seus instintos, que lhes "dizem" o que fazer em cada momento. **O homem também recebe a influência dos instintos, mas não está predeterminado por eles**. Isso porque ele:

- possui inteligência e livre-arbítrio;
- possui uma bússola no seu íntimo (a consciência);
- não tem "piloto automático" que lhe diga o que fazer.

O homem precisa decidir individualmente o que fazer e definir a trajetória de sua vida com responsabilidade. No interior de sua consciência, pode escolher livremente suas ações e tornar-se responsável pela edificação do seu próprio ser.

Como isso acontece?

À medida que uma criança cresce, ela começa a perceber que não está só no mundo e que o mundo não é só para ela. Inicia-se, então, um **processo de descentramento**.

Nesse processo, o desenvolvimento de nossa inteligência nos permite perceber o que está a nossa volta. Iniciamos, assim, o reconhecimento de que as coisas têm suas leis e suas necessidades. É nessa abertura para o que está fora (o externo) que acontece a origem de nossa disposição básica para superar o egoísmo instintivo.

Contemplamos, então, o mundo e captamos uma ampla gama de valores, o que nos torna capazes de apreciar tudo que nos cerca e de escolher para além dos determinismos biológicos (que, para o leão, por exemplo, restringem-se à sobrevivência e à reprodução).

1.1.3 OS BENS E OS DEVERES

O homem, à medida que conhece o que está no seu entorno, percebe que os demais seres também têm necessidades. No processo de internalização de bens e deveres, **a nossa conduta é afetada por duas chamadas distintas da natureza**:

1. uma **interna** (a voz de nossas próprias necessidades);
2. outra **externa** (a voz das coisas que nos rodeiam).

O apelo das nossas necessidades instintivas ou primárias pode manifestar-se, por exemplo, nas necessidades de alimento e vestuário para o nosso corpo. Ao mesmo tempo, o ambiente externo em que estamos inseridos exige diversas respostas. Abre-se, assim, um campo para a tomada de posição diante dos deveres.

Os bens primários são apetecidos diretamente pelos instintos. **Outros são desejados, porque a inteligência os realiza** – como prever necessidades. O instinto não é capaz de se antecipar, ele apenas impulsiona a satisfação das necessidades do "aqui" e do "agora".

Sobre essa diferenciação entre inteligência e instinto, Lorda (2001, p. 32, grifo nosso) faz um paralelo interessante:

> *O **desenvolvimento da inteligência** amplia enormemente a possibilidade de descobrir bens, isto é, a possibilidade de descobrir coisas que convêm. O **instinto** busca localizadamente os bens que garantem a sobrevivência, mas a inteligência vai muito mais além. Logo se aprende a desejar como bens àquelas coisas que servem para conseguir os bens primários. Por exemplo, o dinheiro não é comestível, mas pode proporcionar comestíveis; nessa medida é um bem. [...] Essa relação não consegue descobrir o instinto, é captada pela inteligência.*

Há outras necessidades que desejamos satisfazer por causa da educação recebida. Por exemplo, os bens que têm a ver com a realização pessoal, tais como:

- habilidades, destrezas e conhecimentos;
- prestígio social, boa fama e êxito profissional;
- relações pessoais de amizade e amor;
- bens estéticos;
- costumes morais – as virtudes – que fazem um homem ser honrado e honesto.

A virtude, de acordo com Rhonheimer (2000, p. 199, tradução nossa), designa "a excelência do homem enquanto homem". Nessa perspectiva:

- **O trabalho** é o modo pelo qual o homem se insere na vida social, de forma a ganhar o seu sustento.
- **A inteligência** leva o ser humano a abrir-se para outros valores, como: o bem da família, a realização pessoal, o serviço prestado

aos outros, a contribuição para com a sociedade por meio de um trabalho benfeito etc.

- **Aprender a desejar os bens que são próprios da excelência humana exige**: ter educação dos sentimentos, saber aplicar os princípios morais e pôr em ordem as escolhas pessoais. Caso contrário, acabamos dominados unicamente pela satisfação dos bens primários.
- Saber quais são os bens que realizam a pessoa em plenitude, e possuí-los, constitui parte da educação moral.

Dessa sequência de condições, desse raciocínio simples aplicado ao que se entende como *valores*, formulam-se os **princípios básicos da conduta ética**:

- fazer o bem e evitar o mal;
- querer positivamente o bem dos outros como se quer o próprio bem;
- não querer um bom fim empregando maus meios.

Esses três princípios devem permear toda e qualquer decisão humana. A educação moral visa à interiorização dos valores humanos, de modo que o homem possa assimilá-los vitalmente e aplicá-los com responsabilidade pessoal às circunstâncias concretas.

É na proporção que praticamos a arte de viver bem, ou a arte da aplicação dos princípios fundamentais às situações que se apresentam, que desenvolvemos **o comportamento ético pessoal**. Conforme esclarece Hildebrand (1988, p. 4):

> *Assim o reconheceram já todos os grandes espíritos, um Sócrates e um Platão, insistindo sempre em que é melhor sofrer uma injustiça do que cometê-la. [...] Um homem é incapaz de ser moralmente bom se estiver cego para o valor moral das outras pessoas, se não distinguir o valor inerente à verdade do não valor inerente ao erro, se não entender o valor que há numa vida humana ou o não valor de uma injustiça.*

Nós, seres humanos, em razão de sermos dotados de inteligência, somos capazes de ouvir o chamado das coisas e das pessoas em nosso entorno e temos a consciência de que elas não existem somente para satisfazer nossas necessidades pessoais. Já os animais, que sentem só a voz dos instintos, não ouvem o apelo do meio que os circunda.

> EXEMPLIFICANDO: Um homem, em sã consciência, não pode alimentar-se tranquilo enquanto há ao seu lado alguém com fome, pois sabe o que ele sente e do que necessita. A sua presença ali, ao lado dessa pessoa, o condiciona e o obriga a fazer algo a respeito.

Portanto, a educação para os valores exige conjugar bens e deveres, porque, por vezes, uns limitam os outros. Sobre isso, Lorda (2001, p. 36, grifo nosso) assevera: "A moral, que é a **arte de viver bem**, é também a **arte de conjugar bens e deveres**, pôr cada coisa no seu lugar, pôr ordem nos amores".

1.2 ÉTICA E CIDADANIA

Os hábitos coletivos são fruto dos comportamentos individuais, influenciados pelos costumes e hábitos sociais: estilos de temperamento, tradições culturais, influências climáticas, preconceitos regionais etc.

Por vezes, os costumes gerais e, em consequência, os individuais vão adquirindo características não tão saudáveis, ganhando matizes egoístas, como os que presenciamos no dia a dia: violência, drogas, pornografia, prostituição infantil, massificação de comportamentos, abstencionismo, corrupção, sonegação, desinteresse pelo que se refere aos outros etc.

Não se contrapõe o bem comum ao bem particular, mas o contrário. O respeito ao bem dos outros e ao da comunidade torna possível o bem individual. Assim, cultivar o respeito ao próximo e ao bem comum engrandece a pessoa – tese que remonta à tradição filosófica grega.

Sobre isso, Millán-Puelles (1995, p. 217, tradução nossa) comenta que "a tese expressamente formulada por Aristóteles, em favor da escolha do bem comum, pressupõe indubitavelmente a liberdade (de arbítrio) dessa mesma escolha e o valor superior que a este bem corresponde".

O mesmo autor enfatiza o conceito apresentado com uma proposição aristotélica: "Se uma mesma coisa é um bem para um só homem e para a cidade, manifestamente é melhor e mais perfeito procurar defender o bem da cidade" (Millán-Puelles, 1995, p. 217, tradução nossa).

A **dignidade das pessoas** em uma determinada sociedade e também no âmbito das organizações cresce à medida que suas virtudes respondem ao chamado proveniente do seu entorno. Além de crescer, a dignidade é realçada no cumprimento do dever de colaborar com o bem comum. Assim, podemos considerar que **participar da consecução dos objetivos da empresa é um meio de realização pessoal e social**.

O **processo educativo**, que nunca acaba, deve ter em conta a conscientização de que todos nós devemos contribuir para com o bem comum e, especialmente, tomar consciência de que a sociedade, para ser construída, custou séculos de esforço de inúmeras pessoas. Mesmo que nos pareça natural ter hoje o que nos cerca, tudo isso foi fruto de trabalho.

Essa tomada de consciência é uma invocação a fim de que cada um contribua com sua parcela – que é intransferível – para a promoção social. **Trabalhar bem, com iniciativa e profissionalismo, é um serviço diretíssimo à sociedade**.

Nesse contexto, ainda recorrendo a Millán-Puelles (1995, p. 120, grifo nosso, tradução nossa), destacamos que:

> *A responsabilidade dos cidadãos com relação ao bem comum tem duas vertentes. Por um lado, é um dever primordial **intervir**, segundo as próprias possibilidades, nas distintas esferas da vida pública. Quando se esquece esse dever surgem: o desinteresse para com o que é de todos; o abstencionismo eleitoral; a fraude fiscal; a crítica estéril da autoridade; a defesa egoísta dos privilégios à custa do interesse geral.*

Na sequência, o autor citado acrescenta que: "Como não podemos viver fora da sociedade, para toda pessoa é uma obrigação de justiça colaborar na configuração social, empregando suas capacidades pessoais que só dentro da sociedade podemos adquirir e desenvolver" (Millán-Puelles, 1995, p. 121, grifo nosso, tradução nossa).

Isso é importante porque, ainda de acordo com Millán-Puelles (1995, p. 121, tradução nossa), com o qual concordamos, "Abre-se assim o grande campo das atividades culturais, benéficas, científicas, assistenciais, esportivas etc., com sentido social, promovidas pela livre iniciativa dos cidadãos".

1.2.1 PRINCÍPIOS BÁSICOS DA ORDEM SOCIAL CIDADÃ

Ao analisar com atenção as atividades propostas por Millán-Puelles (1995) no parágrafo anterior, é possível concluir que os princípios básicos que regem a ordem social são os de: solidariedade, subsidiariedade e participação.

1.2.1.1 PRINCÍPIO DA SOLIDARIEDADE

A **solidariedade** estimula cada um de nós a contribuir efetivamente para o bem comum, em todos os níveis da sociedade, principalmente partindo de nossa posição e de nosso círculo de influência ou possibilidades.

Esse princípio aplica-se às instituições sociais, a cada pessoa singular e a toda e qualquer organização. Torna-se necessário, assim, incutir no ser humano que ele não está destinado apenas a viver **com** os demais, mas também a viver **para** os demais. Deve haver um empenho de cada um para contribuir com o bem de todos, afastando as justificativas que nos colocam à margem desse dever.

O princípio da solidariedade manifesta-se por meio de obras concretas de serviço aos outros. Nesse contexto, os gestores podem promover o ambiente na organização, de modo a facilitar hábitos de convivência e solidariedade, por meio da valorização equilibrada entre o trabalho individual e o trabalho em grupo. Por exemplo:

- valorização da competitividade em termos de serviços aos outros;
- contribuição com o trabalho dos colegas;
- respeito às opiniões alheias.

A solidariedade ajuda a ver o outro como alguém que merece respeito e estímulo para desenvolver suas capacidades e preservar sua dignidade, e não como um instrumento qualquer, que deve ter sua capacidade de trabalho e sua resistência física exploradas a pouco custo e que deve ser abandonado quando já não serve.

De acordo com as nossas possibilidades materiais e intelectuais (entre outras), podemos fazer render os talentos pessoais em serviço a outros, saindo da carapaça de egoísmo e contribuindo para resolver os problemas do entorno em que vivemos. Para isso, **devemos começar a mudança por nós mesmos**, fundamentada na própria luta pessoal, para, em seguida, sermos a onda que se expande no lago, influenciando positivamente os outros. No entanto, não devemos limitar a prestação de solidariedade por meio de coisas materiais, mas auxiliar as pessoas a terem acesso aos bens da cultura e à formação espiritual.

Nesse contexto, concluímos que:

- O mesmo modelo de relação entre homens deve ser aplicado entre instituições e estados, com o intuito de contribuir para o desenvolvimento solidário da comunidade.
- São arbitrárias e injustas as limitações à liberdade das consciências ou às legítimas iniciativas de cada um, e sobre isso se ampara o direito dos indivíduos e das sociedades intermediárias diante dos possíveis abusos de poder por parte do Estado, impulsionando todos a se preocupar com o bem comum e garantindo a liberdade de constituir associações honradas.

- Um dos fatores que provocam a exclusão social é a impossibilidade prática de se obter a educação adequada para a participação social.
- A passividade dos que detêm o poder em promover o acesso à cultura e à participação sociopolítica dos menos afortunados constitui-se, nos tempos atuais, em uma das injustiças mais evidentes.

> O que seria da sociedade se as pessoas que trabalham e convivem entre si fossem passivas?

As pessoas empreendedoras são atraentes, sobretudo aquelas proativas, que sabem atuar não simplesmente buscando seus próprios interesses.

A observação e os estudos nos levam a concluir que **o que mais faz desprender a riqueza da ação da potencialidade humana é o amor**. Ele extrai da alma forças criadoras por meio do desejo das coisas impregnadas de boas intenções e dos objetivos de qualidade.

Ao contrário do que alguns pensam, **o desejo do Bem[1] é mais forte do que o egoísmo**. A qualidade do empreendimento dirigido ao Bem começa com firmeza e, com o tempo, vai solidificando-se mais. Já as motivações fundadas somente na busca de interesses egoístas acabam naufragando na perda de sentido, na experimentação da angústia e da tristeza, e esse é o estado de ânimo mais desfavorável para qualquer empreendimento.

Sobretudo, diante das dificuldades é possível verificarmos quando um empreendimento é dirigido com intenções dignas ou não:

- Quando a proposta for alcançar um objetivo que sirva para o Bem, normalmente crescemos diante das dificuldades e não desistimos.
- Ao contrário, se o empreendimento não possuir a intenção do Bem, as dificuldades acabam por servir de desculpa para "abandonarmos o barco".

Sobre esta última condição, Llano Cifuentes (1979, p. 39, tradução nossa) alerta que "As contrariedades representam muitas vezes o álibi

---

[1] O termo *Bem* aqui se reporta ao "conjunto de princípios fundamentais propícios ao aperfeiçoamento moral, quer dos indivíduos, quer da comunidade". Ou "o conjunto de fatores adequados a colocar e manter cada indivíduo no ápice de sua realização pessoal". Por essa razão, utilizamos a inicial maiúscula. (Houaiss; Villar, 2009)

que nos aquieta a consciência. Pensamos: Quando concebi aquele ideal, quando formulei aquele propósito eram outras circunstâncias; agora, na situação em que me encontro, já não tenho condições de levá-lo a cabo".

1.2.1.2 PRINCÍPIO DA SUBSIDIARIEDADE

A prática do princípio da **subsidiariedade** garante que nem Estado nem sociedade alguma devem jamais substituir a iniciativa e a responsabilidade das pessoas e dos grupos intermediários nos níveis em que estes podem atuar, tampouco destruir o espaço necessário para a **liberdade desses indivíduos**.

O fundamento da subsidiariedade encontra-se na posição central do homem na sociedade: **cada pessoa tem o direito e o dever de ser o autor de seu próprio desenvolvimento**.

Desenvolver o espírito de subsidiariedade é, na prática, desenvolver a capacidade de decisão e de empreendimento. Ensinar a atuar de forma proativa, tomando a iniciativa, leva a concentrar-se na solução dos problemas, e não em queixas inúteis. Esse princípio estimula cada um de nós a empregar os meios possíveis dentro de nossos círculos de influência para contribuir na edificação da sociedade.

O mesmo princípio, aplicado ao programa de desenvolvimento da cultura organizacional, deve promover a capacitação para a análise crítica de situações, a fim de que iniciativas em prol do bem comum sejam desenvolvidas.

1.2.1.3 PRINCÍPIO DA PARTICIPAÇÃO

Como o **bem comum** resulta da intervenção ativa de todos os cidadãos, deve haver uma **participação** com empenho por parte de cada um dos membros da sociedade, o que impulsiona todos a se preocuparem nesse sentido, combatendo as diferentes formas de desinteresse, abstencionismo, acomodamento etc.

Sabemos que os indivíduos somente participam se, de alguma maneira, sentem as coisas como próprias. Parte do interesse pelos problemas sociais desenvolve-se pela informação adequada e pela abertura à possibilidade de as pessoas cooperarem nas soluções.

O princípio da participação garante a liberdade de constituir associações honradas que contribuem para/com o bem comum. Procurar a promoção cultural, social e política como meta educativa constitui-se a maneira de combater todo o tipo de deficiência nas relações sociais.

1.2.2 O CULTIVO DAS VIRTUDES

O cultivo das virtudes morais constitui o cerne do desenvolvimento da cidadania. Contar com cidadãos que aprendem e praticam a arte de viver bem e conjugar harmoniosamente a busca de bens e o cumprimento dos deveres é fator decisivo na constituição de uma sociedade saudável.

Os princípios centrais que norteiam o desenvolvimento da pessoa devem ser praticados no cotidiano, tanto no ambiente de trabalho como no ambiente social e no familiar, pois **a ética é a arte de viver bem – de conjugar bens e deveres – aplicada ao contexto dos pequenos deveres que compõem o cotidiano**.

A aquisição de virtudes – bons hábitos – é fruto do trabalho permanente da aplicação dos princípios morais gerais às situações concretas. Por exemplo: da aplicação da regra áurea **"querer positivamente o bem dos outros como se quer o próprio bem"** decorre o crescimento da virtude da justiça, da solidariedade, da amizade e todas as outras.

O ser humano, tanto como profissional em sua atividade específica quanto na sua postura como pessoa, consegue alcançar melhorias como consequência desse trabalho de construção das virtudes. É para o que Lacerda (citado por Souza, 1960, p. 173) alertava, já há algum tempo, em seu discurso *Lição de liberdade e harmonia*: "Sofre muito a humanidade de dois males: o dos homens bons, que não têm noção alguma das técnicas que deveriam empregar para que se torne eficiente a sua bondade, e dos técnicos, em que se abalaram ou em que quase se perderam as qualidades humanas".

O comportamento ético evita esses dois males, pois desenvolve o espírito de profissionalismo, a consciência profissional e as virtudes que tornam melhores as pessoas que as possuem.

Esse cenário foi minuciosamente descrito por Pieper (1980, p. 113, grifo nosso):

> *Numa comunidade, num Estado, reina a justiça quando as três relações de base, as três estruturas fundamentais da vida comunitária estejam "justamente" em ordem: primeiro, a relação de cada um com cada um* (ordo partium ad partes), *depois a relação do todo social com cada um* (ordo totus ad partes); *e em terceiro lugar a relação de cada um com o todo social* (ordo partium ad totum). *Essas três relações como que constituem o alicerce da justiça, de acordo com a forma de ordenação correspondente:* **a justiça de permuta** (iustitia commutativa) *ordena a relação de cada ente social com seu semelhante;* **a justiça de distribuição** (iustitia distributiva) *ordena a relação da comunidade enquanto tal com cada um dos seus membros;* **a justiça legal "geral"** (iustitia legalis, iustitia generalis) *ordena a relação dos membros com o todo social.*

1.2.2.1 A VIRTUDE DA JUSTIÇA

A virtude da justiça é o hábito constante de **dar a cada um o que lhe é devido** (Gómes Pérez, 1983). Ela centra-se no exercício do dever de dar ao outro o que lhe pertence. Essa melhoria deve nos ocorrer em vários âmbitos de relacionamento:

- de cada um com cada um;
- do todo com cada um;
- de cada um com o todo.

A virtude da justiça é um **hábito operativo bom**. Os hábitos criam uma **segunda natureza**, isto é, uma facilidade para agir.

> **EXEMPLIFICANDO**: Um atleta que é corredor tem a "facilidade" para correr, pois adquiriu, à força de treinos e sacrifícios, a "segunda natureza", que é a de corredor. Para ele, torna-se conatural essa habilidade.

Da mesma forma, adquirimos a virtude à força de atos repetidos, como o de sermos justos, solidários, cumpridores, leais e imparciais nas ações do dia a dia, por exemplo. Enfatizamos esse aspecto, pois a aquisição de virtudes é fator-chave no nosso desenvolvimento moral, já que as virtudes tornam boas as pessoas que as possuem.

Assim, desenvolvemos a **arte de viver bem** ao decidirmos pelo que é justo nas diversas situações diárias. As relações de justiça devem primeiramente acontecer nas nossas vidas. **O reflexo dessa vivência individual será visto nos resultados coletivos: no convívio familiar e escolar, nos ambientes de trabalho, em espetáculos públicos etc.**

1.2.3 A ÉTICA DAS VIRTUDES NA SOCIEDADE

A dignidade transcendente do ser humano constitui uma visão plena do homem, o que pode nortear suas ideias sobre política, tendo em conta a sua dimensão única – **individualidade** – nos âmbitos **pessoal** e **social**. Também destaca a dignidade do homem como pessoa, quando se abarcam todos os aspectos da realização da sua existência, como ser dotado de inteligência, vontade, liberdade, afetividade, temporalidade, relação com o meio, transcendência, relação com Deus etc.

Caracteriza-se ainda por uma chamada à autorrealização, abraçando livremente os valores transcendentes e duradouros, bem como concede especial importância à liberdade pessoal, "a própria e a dos demais e, por conseguinte, tem uma consciência muito viva da responsabilidade pessoal [...] insiste de modo particular nos deveres com o próximo e considera seu cumprimento como um meio de desenvolvimento pessoal e de autorrealização" (Burke, 1994, tradução nossa).[2]

> O motivo para adotar um padrão diferente está no fato de a realização plena do homem passar pelo "outro". Eis a questão!

A pessoa cresce e enriquece relacionando-se com os demais de modo aberto e generosamente receptivo; a alternativa é o isolamento social e a alienação humana. Entendemos, então, que a centralidade da pessoa não só é compatível com a comunidade, mas se constitui numa condição de qualquer comunidade sã e dinâmica.

Uma civilização não fundada sobre o respeito à dignidade da pessoa acaba por se converter em uma massa sem alma, em um campo de concentração ou, ainda, em um Estado totalitário.

A **dignidade** de uma pessoa não se mede pelo critério do **ter**, mas do **ser**. O respeito não deve pautar-se pela dimensão visual do **fazer** (dimensão externa da ação) da pessoa, mas, sobretudo, do seu **agir** (dimensão interna da ação). Daí a importância de não classificar as pessoas pelo tipo de trabalho, pois este, sendo honesto, por minúsculo que seja, é engrandecido pelas atitudes internas da **dimensão do agir**. Portanto, a eficácia do trabalho não pode ser o único critério para orientar as decisões sobre os negócios, ou tecnologias a serem empregadas. Tem-se de dar prioridade à pessoa, do mesmo modo como o capital deve estar a serviço do trabalho.

O trabalho não pode ser um item de consumo, uma mercadoria, um instrumento utilitarista, mas deve estar voltado para o bem da pessoa, e não transformá-la em uma massa de manobra ou colocá-la no embrulho dos interesses egoístas.

A palavra *ética* tem sua origem na palavra grega *éthos*, que significa "costume" ou "comportamento consciente do homem". Não é um mero elemento de fora que se incorpora ao comportamento humano, e sim uma conduta escolhida de acordo com uma razão equilibrada.

---

[2] O artigo de Cormac Burke, aqui citado, foi publicado nos *Studi Catolici*, de Roma, n. 396, II, 1994, e apareceu no periódico *Aceprensa*, de Madrid, em 15 de junho de 1994. Dali foi por nós traduzido livremente.

Quando o homem determina a si mesmo, guiado por seu espírito interior, a agir bem, está atualizando seu *éthos*.

A ética é a ciência da conduta humana ordenada. Ela ajuda o homem a refletir sobre o seu próprio atuar, bem como a determinar quais são os modos de agir que aperfeiçoam a personalidade humana e a convivência social. Dirige-se ao **ser do homem** e o leva à sua máxima perfeição.

Ao contrário, as condutas de não valor trazem, como consequência, a caotização da vida pessoal e do entorno social. Portanto, podemos perceber que **a ética visa à realização da pessoa**, não segundo um ou outro aspecto particular, como seria a realização profissional, financeira, afetiva etc., mas à realização do homem como tal.

> EXEMPLIFICANDO: Você pode ficar satisfeito depois de verificar que o seu saldo bancário está alto, muito alto; no entanto, esse aspecto não significa que você esteja plenamente realizado.

Cada um de nós experimenta, mesmo que sujeitos a condicionalismos, a oportunidade de tomar decisões livres. No entanto, para atuar, não são suficientes os princípios e as convicções, é preciso querer colocá-los em prática. E a prática depende diretamente da nossa vontade, da nossa determinação e das escolhas concretas que fazemos.

É precisamente no campo ético que o homem atual está mais desguarnecido. Ele se volta para a realidade externa para conhecê-la melhor e transformá-la; entretanto, avança pouco no conhecimento de si próprio e na sua finalidade de vida. Com frequência, deixa o essencial em segundo plano. Logo, como todas as ações provêm das convicções que temos, não podemos esperar que exista boa água no rio se a fonte estiver contaminada.

Além da **falta de determinação**, outro desvio ético da nossa sociedade é o da falta de **unidade no agir**. Adotam-se posturas e critérios que variam de acordo com ambientes e circunstâncias, como bem o explicou Nádas (2012, grifo nosso):

> *Em **casa**, vestimos o chapéu do pai ou da mãe de família. No **trabalho**, o do empregado, o do executivo ou do patrão. No **clube**, o boné de atleta. Na **igreja**, somos piedosos fiéis. No ônibus, no metrô, o passageiro sisudo; na **rua**, o pedestre indiferente ou o motorista nervoso. O mal está em que, junto com o chapéu, trocamos as nossas hierarquias de valores, conforme o ambiente em que estamos [...]. Quando muito, adotamos atitudes éticas, não por profunda convicção do que é certo e do que é errado, mas pelo medo de sermos flagrados em alguma ilegalidade ou transgressão.*

O fato é que se pode falar de *moralidade* somente com a participação da inteligência e da vontade num ato determinado. No entanto, a sociedade enveredou pela linha da busca do progresso como solução para todos os problemas humanos. Ao falar sobre isso, o escritor russo Alexander Soljenitsyn (2006, p. 14, grifo nosso) aponta os resultados:

> *Estamos progredindo! A humanidade instruída prontamente depositou sua fé nesse progresso. E, no entanto, ninguém indagou a fundo: **Progresso sim, mas em quê?** Presumiu-se com entusiasmo que o progresso abrangeria todos os aspectos da existência da humanidade em sua inteireza. Tudo o que esquecemos foi a alma humana. Permitimos que as nossas necessidades aumentassem à solta, e agora não sabemos para onde dirigi-las. E, com a assistência obrigatória dos empreendimentos comerciais, necessidades cada vez mais novas são inventadas, e algumas são totalmente artificiais; e buscamo-las em massa, mas não encontraremos realização. E nunca encontraremos.*

Nesse mesmo engano encontramos muitos cursos de Ética, os quais, com muita frequência, acabam degenerando na **ética da mediocridade**, a ética segundo os moldes da média, do que todo mundo faz. Alguns se restringem ao "até onde posso ir para não ser preso".

> Todavia, a verdadeira postura ética é a busca da excelência, em uma visão magnânima que não se reduz a cálculos egoístas.

Em diferentes sociedades ou instituições, a grandeza do ser humano é medida pela somatória dos valores e das atitudes de seus integrantes. Assim, **todo homem está submetido a uma tensão entre o que é e o que deve ser**. É exatamente nesse processo de autorrealização que se insere a ética. É ela que estabelece princípios que regem a realização da pessoa, como: veracidade, imparcialidade, lealdade, solidariedade etc. Assim, se as ações estiverem em conformidade com esses princípios, elas levarão a uma estruturação harmônica da personalidade.

Quais movimentos fazemos para vivenciar a ética?

A prática da ética leva em conta dois movimentos, aqui analisados separadamente, mas que, na realidade, andam juntos como as duas faces de uma moeda. O primeiro é o movimento de dentro para fora do homem, e o segundo, de fora para dentro.

- **Primeiro movimento**: **Uma ação valiosa provém de uma pessoa de valor**, pois do menos não sai o mais, nem se tira dez de meia dúzia; bem como de uma árvore má não se colhem bons frutos. Daí a realidade de que "se conhece cada um pelo que faz". Aliás, já dizia o pintor francês Delacroix (citado por Lassaigne, 1950, p. 64, tradução nossa) que "a pintura fraca é a pintura de um fraco".

- **Segundo movimento**: É o da correção, o da busca árdua da ação de qualidade. A ação de valor aperfeiçoa a pessoa, resultando no cultivo das virtudes. No entanto, as ações que procuram alcançar a perfeição no fazer, se forem desvinculadas de qualidade no agir, podem render no curto prazo, de imediato; mas a médio e a longo prazos, desestruturam e caotizam.

Qualidade no agir significa virtude. A palavra *virtude*, muito esquecida nos dias de hoje, é o bom hábito. O vício, por outro lado, é o mau hábito. As virtudes são adquiridas à base de repetição de bons atos, os quais, no início, podem ser custosos, mas, à medida que são praticados, tornam-se cada vez mais espontâneos. Em relação a esse contexto,

Pérez López (1991, p. 657, tradução nossa) afirma que "Uma ética para empresários, diretores, em resumo, não consiste em um conjunto de regras para saber quando uma decisão é contrária à ética ou quando não é".

> Em que consiste, então?

Segundo o mesmo autor, "Consiste, essencialmente, em um conjunto de conhecimentos que ajudem os dirigentes a descobrirem as oportunidades que lhes brinda sua profissão para que cheguem a ser melhores pessoas, isto é, para que desenvolvam suas virtudes morais" (Pérez López, 1991, p. 657, tradução nossa).

1.2.3.1 VIRTUDE E VONTADE

Virtude vem da raiz latina *vir-*, que significa "força". **Onde reside essa força? Na vontade**. A vontade vai se enrijecendo e aumentando a capacidade de nos definirmos pelos valores. Dessa maneira, construímos uma "segunda natureza", porque a "primeira natureza", a bruta, pende para o caminho da facilidade, para a lei do mínimo esforço.

> Cada homem aperfeiçoa-se com bons hábitos, que são adquiridos à base de repetição constante de atos valiosos.

1.2.3.2 AS VIRTUDES E O SERVIR/SERVIÇO

A inserção social do homem se dá pela consciência familiar e pela consciência coletiva. Esse processo assume **o caráter de serviço** à sociedade por meio do trabalho, seja este qual for, e é o âmbito no qual se efetiva parte importante da realização da pessoa, pois:

·· corresponde a uma perfeição no "fazer" e é algo externo ao homem, ao mesmo tempo que reflete um aperfeiçoamento daquele que o realiza (qualidade no agir);

- expressa uma mútua interação entre qualidade do caráter e qualidade do trabalho realizado;
- proporciona como fruto a melhoria da personalidade, havendo um benefício direto em todos os níveis da instituição.

Nesse processo, **são potencializadas as relações do tipo servir/servir**, nas quais deve-se ressaltar o sentido de comprometimento com os objetivos de interesse comum e, sobretudo, criar um ciclo sinérgico positivo.

1.2.3.3 VIRTUDES, EDUCAÇÃO E POLÍTICA

Não adquirimos virtudes por decreto. O melhor modo de estimular os indivíduos a percorrerem esse caminho – talvez o único – é o bom exemplo. Qualquer sistema educativo estará comprometido sem o influxo do exemplo, que deve vir de cima. Assim, nada é mais deletério para o ambiente institucional que as virtudes estarem mais nas palavras dos seus dirigentes do que em suas ações.

Todo processo educativo tem repercussões no âmbito social, de tal forma que o homem de Estado (tanto como o pedagogo) deve ter uma ciência profunda da alma humana (Aristóteles, 1992). Isso significa que aquele que se dedica à atividade política (o **governante**), assim como **o pedagogo**, deve ter um conhecimento profundo de antropologia, pois:

- O primeiro necessita desse conhecimento para legislar, e o segundo, para educar.
- O primeiro opera sobre o cidadão desenvolvido; o segundo, sobre o cidadão em desenvolvimento.
- O educador também exerce função "política", porque trabalha desenvolvendo pessoas que possam contribuir com as instituições políticas; e o político deve ser um pedagogo, pois a educação deve fortificar as instituições políticas.

Desse modo, tanto a pedagogia como a política têm:

- um mesmo fim – a felicidade da cidade;
- o mesmo ponto de apoio – a psicologia humana.

Enfim, são áreas que prestam uma mútua assistência, pois **fazer do homem um homem bom supõe uma adequada articulação entre ética e política**. Entendemos, então, a educação como uma atividade eminentemente ética e, portanto, orientada a revestir um caráter individual, mas com uma essencial vertente política.

1.3 CONCEITOS SOBRE RESPONSABILIDADE SOCIAL

Os problemas sociais decorrentes das atividades das empresas despertam hoje um nível mais elevado de sensibilidade das pessoas. Isso é um fenômeno que ocorre pelo fato de a sociedade estar mais bem informada sobre a qualidade dos produtos e sobre seus impactos no **meio ambiente**.

> Mas, quando falamos em *meio ambiente*, estamos nos referindo a quê, especificamente?

Adotamos aqui a definição de Peters (2003, p. 18), o qual diz ser o meio ambiente, "em sentido estrito, o patrimônio natural, a natureza, considerada estática e dinamicamente, isto é, o conjunto de todos os seres vivos em suas relações entre si e com os elementos componentes do planeta (crosta terrestre e atmosfera)".

Assim, impactos da poluição ambiental e outros temas relacionados à responsabilidade social, tais como trabalho infantil, trabalho forçado, saúde e segurança, começam a pesar na decisão de compra dos consumidores.

Nesse contexto, você pode observar que, aos poucos, os conceitos relativos aos impactos das atividades da empresa no seu entorno tornam-se pauta de discussões nos meios de comunicação e configuram-se legislações específicas à proteção dos direitos dos cidadãos e à devida proteção e promoção do bem comum.

A preocupação com a contribuição relativa à ordem social e aos direitos humanos propiciou a aparição de organizações voltadas a essas novas necessidades sociais, denominadas *terceiro setor* (sem fins lucrativos), pois o **primeiro setor** corresponde às instituições públicas, e o **segundo setor**, às de iniciativa privada com fins lucrativos.

Os objetivos referentes às responsabilidades das empresas foram ampliados ou redirecionados a fim de que as organizações possibilitem o enriquecimento da sociedade e gerem lucro como meio de garantir o cumprimento da sua função social. Um dos pensadores mais influentes na área de administração de empresas, Peter Drucker (2002, p. 34-36) considera que,

> *Quando se pergunta a um típico homem de negócios o que é uma empresa, é provável que ele responda: "Uma organização para obter lucros". É provável que o economista típico também dê a mesma resposta. Essa resposta não é só falsa como é também irrelevante [...]. Para entender o que é uma empresa, devemos começar com a sua finalidade. Ela deve situar-se no exterior da própria empresa. De fato deve situar-se na sociedade, já que a empresa comercial é um órgão da sociedade.*

Podemos esboçar um breve perfil das organizações, considerando os aspectos éticos e de cidadania, com as seguintes diretrizes:

- Têm como finalidade a criação de valor para o cliente, sobretudo quando prestam um serviço a ele, para satisfazê-lo em suas necessidades.
- Elas realizam uma contribuição por meio de um serviço de qualidade.
- A **empresa cidadã** é aquela que define adequadamente a sua missão, não simplesmente com uma melhor posição no mercado, com o intuito de ser a número um, mas que visa contribuir fundamentalmente para que os problemas dos clientes sejam resolvidos, bem como atender às necessidades de todos os envolvidos ou implicados na atividade da organização (*stakeholders*).

A missão social da empresa é caracterizada por Drucker (2002) como uma atividade empresarial, instrumento da sociedade e da economia.

Estas duas últimas (sociedade e economia) podem acabar com a existência de uma empresa da noite para o dia.

Observe que, nesse conceito, está embutida concepção de que as instituições existem por tolerância da sociedade, e apenas enquanto esta e a economia acreditarem que as empresas fazem o seu trabalho e que este é necessário, útil e produtivo (Drucker, 2002).

> A verdadeira preocupação com a responsabilidade social consiste na adequação de produtos, serviços, instalações e operações da empresa aos princípios e valores ético-sociais.

No entanto, as práticas de responsabilidade social empresarial mais recorrentes consistem em ações motivadas por caráter extrínseco, como as seguintes:

- a satisfação de requisitos da legislação e das pressões da sociedade;
- a satisfação de normas internacionais, que exigem requisitos bem definidos de práticas socialmente responsáveis;
- o *marketing* de "responsabilidade social" de empresas que, para manterem suas atividades, difundem sua imagem por meio de ações caritativas, comprando, assim, a complacência dos cidadãos.

O *marketing* social, em geral, cria apelo afetivo para a marca, mas isso não significa que a empresa seja de fato direcionada por práticas de trabalho socialmente responsáveis em seus processos internos de produtos e/ou serviços.

> EXEMPLIFICANDO: Um exemplo desse disfarce do *marketing* social é de uma empresa que, na apresentação de sua missão, diz-se preocupada com seus colaboradores e clientes, promovendo abordagens de competição legítima de serviços no mercado, mas, na prática do dia a dia, o seu pessoal de frente, incentivado pelos seus gerentes, toma posições predatórias, antiéticas ou abusivas no comércio.

A ética deve permear as ações coordenadas nas organizações. Não se justifica usar de qualquer meio para atingir fins de lucro.

Há fundadores de empresas que foram pioneiros na disseminação das ideias da função social da empresa, ainda que a perspectiva se desse por meio de uma visão paternalista do papel do patrão em relação aos seus funcionários. Maximiano (2004, p. 406) informa que "Um dos principais representantes dessa corrente é Andrew Carnegie, fundador da U.S. Steel, que, em 1899, nos Estados Unidos, publicou *O evangelho da riqueza*, livro no qual estabeleceu os dois princípios da responsabilidade social corporativa: caridade e zelo (*stewardship*)".

Para compreendermos a importância da implementação de práticas de responsabilidade social, é interessante observarmos a síntese dos diferentes impactos positivos e negativos das organizações (Quadro 1.1).

QUADRO 1.1 – BENEFÍCIOS E PREJUÍZOS CAUSADOS PELAS EMPRESAS

Benefícios	Prejuízos
Emprego e pagamento de salário.	Despejos de resíduos.
Geração de riquezas e distribuição de lucros.	Esgotamento de recursos naturais.
Fornecimento de produtos e serviços.	Exploração de pessoas.
Criação de padrões de qualidade.	
Produção de conhecimentos e tecnologia.	

Fonte: Maximiano, 2004, p. 4.

A participação da empresa na construção do bem comum de seu entorno, no modo como aprimora as funções dos que dela dependem, constitui o núcleo genuíno da construção da sua responsabilidade social. Essa postura influencia a maneira como se desenvolvem as práticas de gestão da organização e o modo de atuar no seu ambiente social. O Quadro 1.2 resume algumas dessas práticas, que Melo Neto e Froes (1999, p. 76) denominam de *vetores*.

QUADRO 1.2 – OS SETE VETORES DA RESPONSABILIDADE SOCIAL

V1 - Apoio ao desenvolvimento da comunidade onde atua.
V2 - Preservação do meio ambiente.
V3 - Investimento no bem-estar dos funcionários e seus dependentes e um ambiente de trabalho agradável.
V4 - Comunicação transparente.
V5 - Retorno aos acionistas.
V6 - Sinergia com os parceiros.
V7 - Satisfação dos clientes e/ou consumidores.

Fonte: Melo Neto; Froes, 1999, p. 76.

Refletir sobre essas responsab-ilidades é nosso dever como cidadãos; pois, de acordo com Maximiano (2004, p. 407),

> *No contexto da responsabilidade social, a ética trata essencialmente das relações entre as pessoas. Se cada um deve tratar os outros como gostaria de ser tratado, o mesmo vale para as organizações. Ética, portanto, é uma qualidade das relações humanas e indicador do estágio de desenvolvimento social.*

Convém observar que esse comportamento ético requer a prática do sentido de justiça entre pessoas e empresas. A definição de *justiça* corresponde a dar a cada um o que é devido. Portanto, essa virtude deve ser cultivada como força motivacional para desenvolver a responsabilidade social e a consciência cidadã.

1.3.1 DIMENSÕES DA RESPONSABILIDADE SOCIAL DAS ORGANIZAÇÕES

Uma gestão consistente e apoiada nos conceitos de responsabilidade social atende a **duas dimensões**:

1. **uma interna**, que se refere aos colaboradores e aos seus dependentes;
2. **outra externa**, que se refere aos outros envolvidos com ela.

QUADRO 1.3 – RESPONSABILIDADE SOCIAL INTERNA E RESPONSABILIDADE SOCIAL EXTERNA

	Responsabilidade social interna	Responsabilidade social externa
Foco	Público interno (empregados e seus dependentes).	Comunidade.
Áreas de atuação	Educação. Salários e benefícios. Assistência médica, social e odontológica.	Educação. Saúde. Assistência social. Ecologia.
Instrumentos	Programas de RH. Planos de previdência complementar.	Doações. Programas de voluntariado. Parcerias. Programas e projetos sociais.
Tipo de retorno	Retorno de produtividade. Retorno para os acionistas	Retorno social propriamente dito. Retorno de imagem. Retorno publicitário. Retorno para os acionistas.

Fonte: Melo Neto; Froes, 1999, p. 89.

No Quadro 1.3, você pode observar as práticas de responsabilidade social mais frequentes nas empresas. Na sequência, poderá observar várias das diretrizes e conceitos aqui apresentados em um estudo de caso.

ESTUDO DE CASO

Promoção humana e educação para o voluntariado

Descreveremos neste estudo os resultados de aplicação do Programa de Qualificação Profissional e Cidadania (PQPC) dirigida a um grupo piloto de 27 funcionárias das secretarias de Educação e Saúde de Almirante Tamandaré, no Estado do Paraná.

Esse trabalho foi apresentado em um congresso como comunicação de pesquisa sob o título "Promoção humana e educação para o voluntariado" (Sertek, 2004) e retratou a interação de três núcleos – "atores" – para a participação social:

- alunos/dirigentes de empresas juniores da Universidade Federal do Paraná (UFPR);
- a referida secretaria de Estado (secretarias de Educação e Saúde de Almirante Tamandaré); e
- um instituto do terceiro setor.

Os resultados do programa foram satisfatórios no que se refere ao aprimoramento dos estudantes nas suas competências para o voluntariado e à efetiva preparação do público-alvo objetivando sua futura inserção profissional.

Objetivo

O PQPC emprega o Programa de Desenvolvimento de Ética das Virtudes (PDEV) como meio sensibilizador e capacitador de aspectos comportamentais, tanto para os monitores voluntários como para o público-alvo.

Os subsídios fornecidos por essa pesquisa:

- servem de base para a formação de diretores de empresas juniores, como proposta de educação para o voluntariado;
- contribuem na abordagem da ética das virtudes com a implementação de estratégias de aprendizagem e de práticas referentes aos conceitos éticos que redundem no fortalecimento da vida das organizações;
- servem para sensibilizar as pessoas a respeito do serviço comunitário por meio da disseminação dos valores éticos.

Inicialmente, foi aplicado no desenvolvimento de competências em valores éticos e de liderança para diretores de empresas juniores da UFPR, abrangendo diversas áreas do conhecimento, tais como: direito, economia, engenharia química, engenharia mecânica, oceanografia etc.

Nesse processo, verificamos ser esse um meio eficaz para **potencializar as qualidades de liderança e incentivar a preocupação com a necessidade de atuarmos com valores éticos e proativos em trabalhos de promoção humana e social voluntários.**

Descrição do PQPC

O PQPC visa à melhoria da capacidade profissional por meio do conhecimento das próprias potencialidades e do estímulo ao crescimento pessoal. Foi idealizado com a intenção de sempre haver a participação de voluntários (estudantes universitários entendidos como *facilitadores*) durante a aplicação do programa.

Foram selecionados seis universitários para atuarem como facilitadores do PQPC, os quais realizaram um trabalho voluntário de acompanhamento das tarefas práticas e das dinâmicas de grupo e procuraram **atingir os seguintes resultados**:

- motivação para o trabalho;
- aprimoramento da conscientização profissional;
- estímulo à formação continuada;
- conhecimento caracterológico;
- estabelecimento de metas de desenvolvimento pessoal e profissional etc.

Para a aplicação prática, os estudantes foram capacitados por meio de reuniões de preparação de dinâmicas. Contamos com a participação de um professor universitário como coordenador das atividades e também promovemos um *feedback* para cada um dos participantes, visando à obtenção de melhorias contínuas.

Enfatizamos que essa pesquisa, **como reflexão na ação**, demonstrou a interação dos atores sociais:

- academia (professores e alunos);
- governo (secretarias de município);
- comunidade (pessoas que participaram do programa).

Essa dinâmica integrada gerou conhecimento aplicável em situações similares de educação para o voluntariado.

Perfil do público-alvo

Das 27 funcionárias da prefeitura, dezessete profissionais tinham o ensino fundamental, nove o ensino médio e uma o ensino superior.

Metodologia

Ministramos palestras referentes à ética das virtudes, divididas em quatro módulos, durante dois dias de curso. Em cada módulo, efetuaram-se dinâmicas de grupo, auxiliadas pelos facilitadores (universitários voluntários), os quais tiveram papel decisivo na compreensão dos textos e na conexão entre as ideias tratadas na exposição teórica, bem como estimularam sua aplicação prática. **Na aplicação desse programa**, nossa equipe contou com dois professores, um coordenador e seis facilitadores, que desenvolveram os trabalhos em grupo.

Desenvolvimento

A receptividade das participantes para com os professores e os facilitadores foi muito positiva. A expectativa das pessoas encontrava-se ou na vontade de aprender, ou no receio perante o desconhecido.

A operacionalização do processo ocorreu por meio de diversos instrumentos, ferramentas e interações, como apresentamos a seguir:

- Aplicamos um questionário para identificar o perfil das participantes e as suas expectativas quanto ao curso, à profissão, à vida etc.
- Adaptamos as exposições de modo a facilitar a compreensão, empregando muitos exemplos por meio de figuras, histórias, contos, mitos etc.
- Procuramos, também, apresentar as ideias mediante uma linguagem adequada ao público.
- Observamos que, no segundo dia de curso, algumas das alunas manifestaram pequenas mudanças em suas atitudes, pois, para muitas, as dinâmicas do programa serviram como momentos de

explicitação de seus conflitos, suas dificuldades e suas perplexidades. Elas verificaram que, com os elementos apreendidos, estariam em melhores condições de poder ajudar outras pessoas ao seu redor, que também passavam por situações semelhantes.

Por suas experiências de vida, todas conseguiram entrar em sintonia com os temas tratados; no término do programa, percebíamos que elas estavam entusiasmadas em promover melhorias em seu trabalho e ao seu redor.

Resultados

Destacamos, no fim do projeto, os seguintes valores:

- a importância das pessoas – qualquer que seja o seu trabalho;
- a importância de não interromper a formação pessoal;
- a importância de não se acomodar perante as dificuldades;
- a certeza de que cada pessoa pode contribuir para a melhoria do todo;
- a compreensão da importância do hábito de leitura como processo de educação continuada.

Da primeira etapa do curso para a segunda, percebemos uma transformação em relação às ideias e à visão de mundo das participantes. Elas ficaram entusiasmadas por motivos relacionados à sua profissão e mostraram maior desejo de crescimento profissional.

Depoimentos mais significativos dos facilitadores

A seguir, apresentamos depoimentos dos universitários voluntários que contribuíram para a compreensão dos benefícios do programa:

Como você encara o voluntariado na formação pessoal?

Guilherme: Indispensável; tomada de consciência de que é possível fazer algo.

Luiz: Importante; evolução pessoal: fazer algo que possa melhorar a vida de alguém.

Weslley: Melhora o relacionamento com as pessoas.

Vanice: Bem interior.

Rafael: Fundamental, essencial; é um egoísmo não se mobilizar nem se sensibilizar para realizar trabalhos de cunho social, de ação comunitária e solidária, enfim, de voluntariado social; deveríamos, nós, universitários, ser obrigados a realizar atividades desse porte.

Você tirou alguma lição para sua vida e percebeu que precisa mudar em algo?

William: Pensar no entorno onde estamos inseridos e que, se quisermos melhorá-lo, devemos fazer a nossa parte, pensando também nos outros.

Guilherme: Grande oportunidade, por poder escolher.

Luiz: Não reclamar.

Weslley: Confirmou o que já previa: ampliar as possibilidades de ajudar os demais.

Vanice: Aprendi muito com uma senhora do grupo (pessoa simples, mas com raciocínio, ideias e pensamentos impressionantes! Muito forte e decidida); valorizar mais o que tenho; parar de reclamar.

Rafael: Dar mais valor àquilo de espiritual e intelectual que possuo e busco cultivar; procurar me desprender de coisas materiais sem sentido e sem grande utilidade; parar de me queixar da vida, procurando, assim, "arregaçar as mangas", agir e fazer.

Questionários

O questionário dirigido ao grupo de participantes, indicado a seguir, foi elaborado para respostas abertas e entrega anônima. Objetivou a identificação da representação social correspondente a cada questão, para a melhor compreensão das disposições de tipo coletivo. As questões foram as seguintes:

    a. Em sua opinião, que características definem o bom profissional?

    b. Como o bom profissional trabalha?

    c. O que o bom profissional faz para melhorar em seu trabalho?

    d. Que qualidade você possui e o que mais valoriza no seu trabalho?

e. Qual propósito de melhora, em seu comportamento atual, você acha que deveria formular para contribuir com a sua realização como bom profissional?

f. Em que você espera que contribua para o seu crescimento o Programa de Qualificação Profissional e Cidadania?

Nos subitens a seguir, indicamos os resultados e a análise das questões "a" e "e". Indicamos somente essas questões por elas serem as mais representativas. Empregamos, para a análise dos questionários e para a construção dos mapas de representações, a teoria das representações sociais (TRS), de acordo com os conceitos de Moscovici (2001).

Características do bom profissional

Identificamos como representação social do bom profissional características comuns às pessoas que participaram do programa PQPC. Por meio das respostas obtidas, resumidas no Quadro 1.4, elaboramos o mapa da representação do grupo relativo à figura do bom profissional, ilustrado na Figura 1.1.

QUADRO 1.4 – RESPOSTAS DOS PARTICIPANTES – CARACTERÍSTICAS DO BOM PROFISSIONAL

1. Faz o que gosta.
2. Educação, esforço e amor no trabalho.
3. Alegre, de bem com a vida, que atende bem.
4. Pontual, tem bom desempenho.
5. Dedicado.
6. Assíduo, pontual, de bom humor e caprichoso.
7. Gosta do que faz, trabalha com amor.
8. Legal, sincero.
9. Dedicado e amoroso.
10. Honesto e respeitável.
11. Apresenta bom desempenho.
12. Honesto, legal, que une.
13. Educado.
14. Estuda mais.

(continua)

RESPONSABILIDADE SOCIAL E COMPETÊNCIA INTERPESSOAL

(Quadro 1.4 – conclusão)

15. Sincero, dedicado.
16. Carinhoso, gosta do que faz.
17. Gosta da profissão.
18. Companheiro, amigo, gosta do que faz.
19. Competente, gosta do que faz.
20. Ético, respeitoso.
21. Dedicado, disposto, alegre e tranquilo.
22. Prestativo, dedicado, bem-humorado e bem valorizado.
23. Pontual, humano e faz o melhor.
24. Aquele que tem as seguintes características: eficiência, produtividade, pontualidade, capacidade de observação e análise, age com raciocínio rápido, atitudes coerentes e bom senso.
25. Sincero, honesto e de boa vontade.
26. Gosta da profissão.
27. Gosta da profissão e entende o que faz.

FIGURA 1.1 – MAPA DA REPRESENTAÇÃO DO BOM PROFISSIONAL

As características gerais do bom profissional estão bem desenhadas na mente das pessoas. Assim, identificamos como bom profissional:

- aquela pessoa dedicada ao trabalho e que tem entusiasmo pela profissão;
- aquela pessoa que manifesta capacidade de raciocínio, de análise e de visão para perceber a realidade (ver Figura 1.1).

Esse paradigma, quando foi compartilhado pelo grupo, favoreceu enormemente o desenvolvimento do processo de crescimento pessoal. A característica citada com maior frequência pelo grupo é o "entusiasmo", ou "amor ao trabalho", a qual proporciona ao profissional o impulso adequado e conveniente para superar as dificuldades e continuar se aperfeiçoando na vida profissional.

Propósito de melhoria no comportamento atual

A análise das respostas proporcionou a identificação das convergências do grupo para os propósitos de melhoria pessoal, extremamente úteis para outros trabalhos de capacitação com enfoque no desenvolvimento comportamental.

Utilizando como metodologia a análise das respostas pela perspectiva da TRS, verificamos, no Quadro 1.5, bem como no mapa conceitual da Figura 1.2, a necessidade de uma atenção especial aos desenvolvimentos dos estudos formais e da formação continuada.

QUADRO 1.5 – RESPOSTAS À QUESTÃO SOBRE PROPÓSITOS PARA A MELHORIA

1. Mudar de cargo.
2. Mudar a personalidade, ser uma pessoa séria.
3. Participar de palestras, cursos, reuniões, trabalhar tranquilo.
4. Fazer curso, continuar a estudar.
5. Estudar.
6. Voltar a estudar.
7. Trabalhar mais com a razão do que com o coração.
8. Estudar e refletir sobre o que é preciso fazer para ser um bom profissional.
9. Terminar os estudos.

(continua)

(Quadro 1.5 – conclusão)

10. Ter mais calma e tolerância.
11. Ser calmo e paciente com colegas.
12. Fazer cursos e estudar para ser melhor profissional.
13. Ser uma pessoa ágil e providente.
14. Estudar mais.
15. Reunir-se mais com a equipe de trabalho.
16. Procurar mais informações e fazer mais cursos de desenvolvimento.
17. Continuar a estudar, fazer cursos profissionalizantes.
18. Melhorar no que faz.
19. Procurar a união entre colegas e o respeito pela enfermagem e pela saúde.
20. Buscar a educação continuada e mais estímulo.
21. Falar menos e fazer mais.
22. Fazer reuniões com colegas de trabalho.
23. Ter capacidade de analisar o ser humano com uma visão humana mais ampla, holística, para assimilar sua dificuldade e oportunizar um atendimento qualificado eficiente.
24. Estudar mais um pouco.
25. Receber mais informação e apoio da secretaria e dos profissionais do meio.
26. Terminar os estudos.

FIGURA 1.2 – MAPA DA REPRESENTAÇÃO DE PROPÓSITO DE MELHORIA

O grupo, de forma notória, demonstrou ter necessidade de conhecimentos, meios de capacitação e, sobretudo, de acesso a esses meios. A avidez pela continuidade da formação em cursos de nível médio e especialização foi significativa. Verificamos, especialmente, a convergência geral, tal como indicado no Quadro 1.4, para o desejo de melhoria na capacidade de aprendizagem. **Ficou patente a consciência do aprender a aprender e da iniciativa pessoal como dimensões-chave para o crescimento pessoal**.

Conclusões gerais sobre o programa

O PQPC serviu, principalmente, de estímulo e motivação para tomadas de atitudes pelas participantes perante as dificuldades no trabalho. Observamos que muitas das participantes possuem o desejo de crescer profissionalmente, mas se acomodam e desistem de suas ideias e aspirações. Ao serem despertadas, percebem a importância de se dedicarem ainda mais ao que fazem e de não interromperem a formação pessoal.

Evidenciou-se, na aplicação do programa, que a falta de instrução acaba gerando:

- falta de recursos para lidar com as situações;
- um autopreconceito que as diminui perante as pessoas, o que causa desestímulo.

Assim, as 27 funcionárias se sentiram agradecidas ao perceberem que esses obstáculos são superáveis. A elaboração das metas para a construção do perfil profissional próprio e a descoberta de pontos fortes e fracos da personalidade e do trabalho levaram-nas a olhar a realidade de forma mais esperançada.

Para os **facilitadores**, esse programa proporcionou a oportunidade de se tornarem difusores de outro tipo de conhecimento, que ainda não tinham experimentado: atuar no aconselhamento e na motivação de pessoas, cujas decisões podem repercutir na própria vida delas e também na de outras pessoas do seu relacionamento.

Concluímos, com a pesquisa, que a interação entre os vários atores sociais – por meio de programas para estudantes universitários e pela dinâmica do PQPC, conectando academia, governo e comunidade de forma solidária – constitui-se uma experiência aplicável em situações similares, visando à educação para o voluntariado.

SÍNTESE

Neste capítulo, conceituamos a ética como a arte de bem viver, visto que se refere à máxima realização do ser humano. Essa realização se dá por meio da virtude, que é o hábito operativo bom. O termo *ética* provém da raiz grega *éthos*, que significa "costume". No entanto, não é suficiente uma leitura linear da expressão. É necessário atentar para a conotação que os gregos davam a essa palavra para melhor entender a acepção de ética/costume empregada por eles. Para essa civilização da Antiguidade, tratava-se do costume ou do hábito adquirido na busca da atualização ou da concretização do "ser" (arquétipo) que cada um está destinado a ser/manifestar. Podemos dizer que era uma forma de expressar o que há de melhor de si mesmo – a sua essência. Assim, a ética visa à construção da própria pessoa, que busca o aperfeiçoamento da totalidade do seu ser.

As virtudes não são puramente individuais porque o ser humano necessita dos outros para o seu aperfeiçoamento. Todas as boas qualidades individuais, para assim o serem, exigem uma contribuição para o bom relacionamento social. O fundamento de todo bem comum está na prática das virtudes, e entre elas estão a justiça e o respeito ao próximo.

Então, para o bom funcionamento da sociedade, há a necessidade de três princípios básicos: o da solidariedade, o da subsidiariedade e o da participação – que exigem o comprometimento de todos os seus membros.

A **solidariedade** corresponde a irmos além da justiça estrita, pois implica envolvimento e generosidade pessoais, tão próprios da vida humana.

A **subsidiariedade** pode ser traduzida como a capacitação dos indivíduos ou das entidades de modo que possam atuar com o máximo possível de autonomia. Contrário a isso seria o paternalismo, em que as entidades de nível superior apenas suprem as necessidades das instituições subalternas, sem dar as condições de fortalecimento para que andem com as próprias pernas. Esse princípio é decisivo para desenvolver o empreendedorismo na sociedade, seja dos indivíduos, seja das empresas.

Já a **participação** corresponde a atos voluntários de cada um de nós. É quando nos inserimos na estrutura social, imbuídos de responsabilidade, e de fato oferecemos uma resposta pessoal, junto com os demais, aos diversos problemas que afetam aquele núcleo social.

Lembrando que a democracia desenvolve-se na medida em que haja maior envolvimento das pessoas na construção da sociedade e em que a ética na empresa possa ser desenvolvida com a prática da ética de virtudes nos relacionamentos interpessoais. Consequentemente, se esse comportamento for compartilhado com outros membros da organização, irá gerar uma empresa virtuosa.

Por essa razão, estudamos a ética das virtudes, cujo fundamento está na busca do aperfeiçoamento pessoal e coletivo, por meio da assimilação e da prática das qualidades pessoais. Em *Ética à Nicômaco*, livro escrito por Aristóteles (1992), dedicado a seu filho Nicômaco, aparecem quatro virtudes morais: **prudência**, **justiça**, **fortaleza** e **temperança**. Embora a ética das virtudes não se resuma à prática dessas quatro qualidades, como se referem aos meios para buscarmos a excelência como seres humanos, elas tornam-se decisivas.

QUESTÕES PARA REVISÃO

1. Com relação às afirmações a seguir, indique a alternativa correta:
    I. A moral diz respeito precisamente à realização, não deste ou daquele aspecto parcial, mas que afeta a totalidade, o que se é enquanto homem.
    II. As virtudes são inatas como os instintos.
    III. Autores clássicos entendem a moral como o ser do homem, doutrina sobre o que o homem é e está chamado a ser.
    g. As afirmativas I e II estão incorretas.
    h. As afirmativas II e III estão corretas.
    i. As afirmativas I, II e III estão incorretas.
    j. As afirmativas I e III estão corretas.

2. O processo que visa à interiorização dos valores humanos: assimilá--los vitalmente e aplicá-los com responsabilidade pessoal às circunstâncias concretas – é o que denominamos:
    a. educação moral.
    b. educação emotivista.
    c. educação sintomática.
    d. educação pragmática.

3. Indique, com relação às afirmações a seguir, a alternativa correta:
    I. O princípio de subsidiariedade corresponde ao capital aplicado pelo governo.
    II. A solidariedade diferencia-se do princípio de reciprocidade.
    III. A justiça corresponde a dar a cada um o que lhe é devido.

a. Somente a afirmativa II está correta.

b. As afirmativas I e II estão corretas.

c. As afirmativas I e III estão corretas.

d. Somente a afirmativa III está correta.

4. Indique, com relação à afirmação seguinte, a alternativa correta: "Nem Estado nem sociedade alguma devem jamais substituir a iniciativa e a responsabilidade das pessoas e dos grupos intermediários nos níveis em que estes podem atuar, nem destruir o espaço necessário para a sua liberdade".

    a. Princípio da solidariedade.

    b. Princípio da participação.

    c. Princípio da subsidiariedade.

    d. Princípio da moralidade.

5. Quando falamos em "fazer o bem e evitar o mal, querer positivamente o bem dos outros como se quer o próprio bem e não querer um fim bom empregando meios maus", estamos nos referindo a ações e atitudes fundamentadas:

    a. em princípios morais.

    b. em normas positivadas.

    c. na eficácia e utilidade.

    d. na imposição de limites.

QUESTÃO PARA REFLEXÃO

1. Com base no estudo de caso deste capítulo, pesquise, reflita e discuta com seus colegas sobre os seguintes assuntos:

   a. O sistema de mobilização para a participação social envolvendo a interação entre os seguintes atores: entidade do terceiro setor, instituição pública e universidade.

   b. O modelo da hélice tríplice, que se refere ao sistema de interação entre os três atores – governo, entidades civis e universidade –, especialmente aplicado para sistemas de inovação. Sugerimos consultar o artigo *Hélice tríplice no Brasil: um ensaio teórico acerca dos benefícios da entrada da universidade nas parcerias estatais*, de Abdalla, Calvosa e Batista (2009).

CAPÍTULO 2
RESPONSABILIDADE SOCIAL E DESENVOLVIMENTO SUSTENTÁVEL

CONTEÚDOS DO CAPÍTULO

- Responsabilidade social e desenvolvimento sustentável.
- Comunidade e projetos sociais.

APÓS O ESTUDO DESTE CAPÍTULO, VOCÊ SERÁ CAPAZ DE:

1. conceituar *responsabilidade social* e *responsabilidade ambiental*;
2. definir *desenvolvimento sustentável* e *consumo sustentável*;
3. conhecer a evolução das normas referentes à responsabilidade socioambiental;
4. conhecer a legislação brasileira sobre os resíduos sólidos.

Os antigos filósofos gregos da natureza entendiam que esta era constituída por quatro elementos básicos: a terra, o fogo, a água e o ar. Na atualidade, podemos empregar termos como: *matéria-prima*, *energia*, *água* e *ar*. Em um tempo não tão distante, há cerca de um século, imaginava-se uma quase infinita disponibilidade dos recursos naturais, porém adquirimos forçosamente a consciência de limitação desses elementos, uma vez que estes são escassos, não renováveis e "requerem cuidados de alto custo, e em tudo e para tudo existe ainda uma escassa conscientização" (Calleja, 2007, p. 9, tradução nossa).

O futuro desses elementos básicos pode ficar comprometido pela falta de ações que visem a um amanhã possível para continuar empregando os recursos naturais de forma racional.

> - INFORME AO CLUBE DE ROMA – Em 1972, quando foi publicado o Informe ao Clube de Roma (organização civil internacional composta por especialistas respeitados), foi divulgado que, "se o aumento da população e da utilização de recursos naturais continuasse na mesma proporção dos últimos anos, a Terra entraria em colapso, e, consequentemente, a vida dos animais do planeta, incluindo o ser humano". (Oliveira, 2008, p. 21)
> - OS LIMITES DO CRESCIMENTO – No relatório dos especialistas do MIT (Massachusetts Institute of Technology), intitulado Os limites do crescimento, previa-se que dali a poucos anos haveria um esgotamento dos quatro elementos. Esse relatório foi um marco histórico, porquanto alertou sobre a limitação e a finitude dos recursos naturais, com a consequente conscientização dos atores sociais.
> - NOSSO FUTURO COMUM – Em 1984, a Organização das Nações Unidas (ONU) criou a Commission on Environment and Development, tendo como presidente a primeira-ministra da Noruega, Gro Harlem Brundtland, com a finalidade de criar uma agenda mundial para a mudança. As reuniões iniciaram-se em 1984, tendo como resultado a elaboração do relatório Nosso Futuro Comum, que somente foi publicado 900 dias depois, em 1987. Fato é que, nesses 900 dias, "morreram no mundo cerca de 60 milhões de pessoas como consequência de terem bebido água contaminada, de falta de água e de fome, e a maior parte destas pessoas eram crianças" (Calleja, 2007, p. 19, tradução nossa).

Esse relatório da ONU difundiu o conceito de **desenvolvimento sustentável** como sendo "aquele que atende à necessidade do presente se comprometer a possibilidade de as gerações futuras atenderem a suas próprias necessidades" (ONU, 1991, p. 46).

2.1 CONSUMO SUSTENTÁVEL

Destaque especial se dá, nesse início de milênio, ao consumo em padrões exagerados, o que ocasiona enorme prejuízo ao meio ambiente e consequências graves para o homem e a sociedade. Caso a tendência de consumo continue se dando nos níveis atuais, projeta-se que necessitaremos de dois planetas Terra nos próximos anos para manter tal padrão de consumo. Assim, aos poucos, os especialistas e profissionais da área de gestão, entre outras, estão conscientizando-se da necessidade de uma arquitetura global que vise ao enquadramento dos padrões e hábitos de consumo.

As empresas, por terem uma grande influência no seu entorno, podem e devem contribuir para o bem comum dos seus *stakeholders*, constituindo-se em poderosos atores de transformação social, caso estejam imbuídas do espírito e da prática de ações sustentáveis.

Assim, de forma programática, pensando na contribuição social das empresas, elas devem assumir uma **nova missão** para que o estilo de vida sustentável seja mais acessível à sociedade. **Essas ações exigem**:

- preparo, em termos de inovação tecnológica;
- estímulo a novos comportamentos dos consumidores;
- novas formas de interação com os fornecedores e usuários.

Todos os países, após a Revolução Industrial, sobretudo depois da década de 1930, vêm estimulando a capacidade industrial e a implementação de indústrias de base tecnológica, de modo a obterem bens de consumo de melhor qualidade e preços mais vantajosos. Observamos, por essa razão, o crescimento substancial da demanda e a oferta crescentes de bens, bem como a necessária expansão industrial e a criação de emprego. Diagnosticam-se esses elementos especialmente entre os BRICs (Brasil, Rússia, Índia e China).

Esse modelo de desenvolvimento, ao afetar diretamente as relações do homem com o seu meio, gerou uma sociedade altamente consumista, que influencia o comportamento do ser humano e implica o uso exacerbado dos recursos naturais.

A partir da década de 1960, começou a ganhar corpo um novo conceito, especialmente por meio da ONU: **a conscientização sobre a mudança comportamental ligada às relações entre o homem e o meio ambiente**.

Foi nesse âmbito que surgiu, aos poucos, o conceito de **consumo sustentável** (CS) ao lado de **desenvolvimento sustentável**, anteriormente citado. O CS aparece pela primeira vez, como noção e como objetivo, na Cúpula das Nações Unidas sobre o Meio Ambiente e o Desenvolvimento, realizada no Rio de Janeiro em 1992. Pouco depois, a Comissão de Desenvolvimento Sustentável da ONU explicita o conceito de CS como:

> *o uso de serviços e produtos que respondem às necessidades básicas de toda a população e trazem a melhoria na qualidade de vida, ao mesmo tempo em que reduzem o uso dos recursos naturais e de materiais tóxicos, a produção de lixo e as emissões de poluição em todo o ciclo de vida, sem comprometer as necessidades das futuras gerações. (CDS/ONU, 1995, citado por Sebrae, 2012, p. 14)*

No ano de 1998, a ONU desenvolveu o programa de CS, por meio da Unep (United Nations Environment Programme), que coordena a sua agência de Produção e Consumo Sustentável, a qual faz parte da Divisão de Tecnologia, Indústria e Economia (Avelino et al., 2010). Continuou o esforço no mesmo sentido e, na Cúpula Mundial sobre Desenvolvimento Sustentável, em Johannesburgo, no ano de 2002, propôs a mudança de padrões insustentáveis de consumo e produção de modo a conseguir transformações sobre maneiras de produzir e consumir das sociedades.

A noção de CS pode ser aprofundada, de acordo com Figueroa (2011), sob as seguintes perspectivas:

- **Consumo e consumismo**: A utilização que o homem faz dos bens ou serviços, que estão à sua disposição, com o fim de satisfazer as suas necessidades. De acordo com o sociólogo Zygmunt Bauman, "o consumismo é um tipo de acordo social que resulta da reconversão dos desejos, vontades ou esperanças humanas na principal força de impulso e de operações da sociedade" (Bauman, 2002, citado por Figueroa, 2011, p. 7, tradução nossa).
- **Consumo não sustentável**: Trata-se do "consumo que não tem em conta os seus efeitos sobre o meio ambiente, a pessoa e a sociedade [...] p. ex.: uma pessoa pode possuir um refrigerador obsoleto que consome muita energia (consumo não sustentável), porém ao mesmo tempo pode ser pessoa austera e não consumista" (Figueroa, 2011, p. 8, tradução nossa).
- **Consumo sustentável**: É definido como o "Uso racional que faz o homem dos bens ou serviços, a fim de satisfazer aquelas necessidades que permitem alcançar um desenvolvimento humano integral, reconhecendo os impactos e a responsabilidade destas ações sobre a sociedade e o meio ambiente" (Figueroa, 2011, p. 8, tradução nossa).

O que observamos em meio a toda essa conceituação é que as empresas, para se adaptarem ao ambiente comercial, exigente e dinâmico, têm de desenvolver novos produtos, mais competitivos, e lançá-los com maior rapidez no mercado.

A inovação constitui um diferencial competitivo para elas, pois, de outra forma, são penalizadas com o possível fracasso de suas atividades. Por sua vez, a necessidade de inovação gera um desenvolvimento social organizacional focalizado nas demandas de mercado, e busca-se, como consequência, a produção e o consumo de novos produtos de forma exacerbada, em que os critérios éticos de desenvolvimento sustentável e responsabilidade social quase não entram em jogo, ou, se entram, não transformam o núcleo essencial da atividade da organização, que deveria ser **a criação de riqueza compatível com o bem comum da sociedade**.

2.2 RESPONSABILIDADE AMBIENTAL E SOCIAL DAS EMPRESAS

Falar sobre a responsabilidade social da empresa exige, necessariamente, a promoção de ações em favor da sua continuidade histórica e de melhorias da qualidade de vida em seu entorno social. Aliás, ao abordar essa temática, Llano (2002, p. 49-65, tradução nossa) afirma que:

> *A empresa [...] caracteriza-se não só por sua capacidade de adaptar-se às rápidas mutações do entorno, mas também, sobretudo, porque constitui o motor da inovação social. Disto se pode inferir que a inovação constitui a responsabilidade social mais própria das corporações empresariais. [...] O núcleo da responsabilidade social da empresa vem dado atualmente pelo exercício de sua capacidade para suscitar novas realidades que promovam uma melhor qualidade de vida em seu entorno social. Qualidade de vida, obviamente, que não se identifica com o aumento do consumismo [...] tem como base o respeito à dignidade da pessoa humana e a atenção às suas operações superiores, entre as quais se destacam o conhecimento e o desenvolvimento efetivo de sua liberdade.*

> Qual, então, é a finalidade de uma organização? Por que as organizações são criadas?

As organizações nascem com a finalidade de facilitar que uma parcela enorme de pessoas da sociedade consiga adquirir os bens materiais e culturais que não teria possibilidade de obter por ação puramente pessoal.

Por que cobramos um comportamento ético nas e das organizações?

Como o ser humano é um ser social por natureza e o seu aperfeiçoamento passa pela convivência e pela prática pessoal e coletiva das virtudes, como a justiça e a solidariedade, é necessário solidificar as organizações na sua função de promotoras da coesão social, por meio dos princípios e valores éticos. Então, nada mais razoável que as empresas, como pequenas células do tecido social, sejam a matriz ou o suporte de uma ação promotor-integradora dos fatores do desenvolvimento social eticamente responsável.

Nesse contexto, o **princípio da subsidiariedade** é o fator diferencial para o crescimento de uma sociedade, especialmente em situações como a atual, em que há uma crescente pressão por mudança. Do princípio da subsidiariedade decorre a necessidade de desenvolver as pessoas e as instituições intermediárias, situadas entre indivíduo e Estado, de modo que exerçam ao máximo a sua responsabilidade no seu próprio nível.

Qual seria o comportamento ideal nesse ambiente?

Reforçar o princípio-chave do **máximo de liberdade** com o **mínimo de controle**. Esse tipo de comportamento ideal exige o desenvolvimento de virtudes humanas que possibilitem o *empowerment* social, de forma a sanar as deficiências com mais rapidez, seguindo a perspectiva de que as pessoas ou as instituições mais próximas dos problemas podem resolvê-los de maneira mais adequada ou, pelo menos, estão mais envolvidas na sua solução. Esse princípio organizativo da sociedade, por meio da capacitação das pessoas, exige um trabalho educativo permanente, o que se aplica totalmente à responsabilidade social.

2.2.1 DIRETRIZES DA UNESCO

A Organização das Nações Unidas para a Educação, a Ciência e a Cultura – Unesco (Delors, 1996, p. 37) indica como diretrizes educativas, em âmbito mundial, os seguintes pilares: **aprender a aprender, aprender a fazer, aprender a conviver** e **aprender a ser**.

> **O que essas diretrizes educacionais têm a ver com responsabilidade social das empresas?**

Nos cursos para o desenvolvimento de gerentes e diretores de empresas e de especialização em Gestão de Pessoas e Finanças, bem como nos cursos de graduação das faculdades de Administração, tem-se experimentado a necessidade de estimular uma educação que enfatize essas etapas propostas pela Unesco.

> **PARA SABER MAIS**
> DELORS, J. et al. **Educação**: Um tesouro a descobrir – relatório para a UNESCO da Comissão Internacional sobre Educação para o século XXI. São Paulo: Cortez, 1996.
> Essa pode ser uma excelente leitura para você compreender melhor as etapas referendadas pela Unesco.

O fato é que há uma urgência cada vez mais de que **o processo de desenvolvimento social** se adéque às questões mutáveis do ambiente, o que nos leva à necessidade de encontrar a solução de problemas cada vez mais complexos. Por sua vez, essa situação exige uma **forte e orgânica ação educacional** para que o processo de inovação não estimule ainda mais o crescimento de uma "sociedade sem alma", na qual os resultados econômicos e financeiros prevaleçam sobre os bens da cultura e do espírito.

O Programa das Nações Unidas para o Meio Ambiente (Pnuma), "com o apoio da ONU e de diversas organizações não governamentais, propôs, em 1991, princípios, ações e estratégias para a construção de uma sociedade sustentável" (Brasil, 1997b, p. 31). Entre os princípios propostos estão:

> *Modificar atitudes e práticas pessoais* (meio de se chegar à sustentabilidade). *Para adotar a ética de se viver sustentavelmente, as pessoas devem reexaminar os seus valores e alterar o seu comportamento. A sociedade deve promover atitudes que apoiem a nova ética e desfavoreçam aqueles que não se coadunem com o modo de vida sustentável.* (Brasil, 1997b, p. 32, grifo nosso)

Mas qual é a preocupação dessas organizações da ONU?

A preocupação básica reside no fato de que, se **a sociedade como um todo** enveredar por um processo extremamente reativo, influenciado, quase que por osmose, somente por critérios redutivos – tendo em conta predominantemente os aspectos técnico-econômicos em detrimento da qualidade de vida do ser humano –, ela **alimentará necessariamente os processos de deterioração social**, entre eles:

- a concentração de renda;
- a degradação do meio ambiente;
- o aviltamento da condição da dignidade humana no trabalho;
- a perda da qualidade de vida;
- o aviltamento do sentido do trabalho humano.

Nessas circunstâncias, o uso dos recursos naturais de forma não sustentável e socialmente irresponsável fica à mercê da velocidade das mudanças. Essa situação **exige dos atores envolvidos uma qualidade prudencial ética no governo do desenvolvimento social, de forma coerente, integrada e responsável**.

2.2.2 A EQUAÇÃO INOVAÇÃO *VERSUS* RESPONSABILIDADE SOCIAL

A equação inovação *versus* responsabilidade social necessita ser equilibrada por uma eficaz mentalidade de desenvolvimento, fundamentada nos **princípios da sustentabilidade** e **da ética das virtudes**. Isso significa utilizar os recursos naturais e as tecnologias de tal forma que o meio ambiente em que vivemos possa ser usado sem prejuízo para as próximas gerações.

> Qual a diretriz que orienta essa concepção?

Você já deve ter ouvido muito sobre ela: a **sustentabilidade**. De acordo com Martinez-Echevarria (1995, p. 19, tradução nossa), trata-se do "conceito-chave desta nova economia. Surgida da confrontação entre o capitalismo e ecologia, propõe o problema global das relações entre as pessoas e seu ambiente humano natural. Ainda que ambíguo e impreciso, este conceito central elimina pela raiz toda referência ao resultado".

Nesse âmbito, há a necessidade de conscientização da prática da análise e da tomada de decisão com base no tríplice balanço: econômico, ambiental e social.

- O **ambiental** e o **social**, por vezes, são relegados ao segundo plano. Esse abandono tem como justificativa a necessidade *sine qua non* dos resultados financeiros da organização.

- A contraposição entre o lucro da empresa e a responsabilidade ambiental e social não é adequada, pois **o lucro** é uma condição de trabalho da empresa; o lucro não é a sua finalidade, mas, sim, um meio para um fim, que é o serviço à sociedade.

Essa concepção é esclarecida por Drucker (2002, p. 34), quando afirma que "a lucratividade não é a finalidade, mas sim o fator limitante da empresa comercial e da atividade empresarial. Lucrar não é a explanação, causa ou filosofia do comportamento empresarial e das decisões empresariais, mas é o teste de suas validades".

> **Qual é o comportamento que temos observado nas empresas diante da concepção de sustentabilidade?**

Há, sem dúvida, a necessidade de conscientizar todos os afetados e interessados que atuam na empresa, enfatizando-se a ideia de que ela existe para um serviço à comunidade e para a produção de riqueza social.

E, importante, esse fator existencial da empresa – serviço à comunidade e produção de riqueza social – não se contrapõe ao lucro.

Na verdade, o lucro tem de estar voltado para a permanência e o crescimento da organização por meios legítimos, assegurando a sua existência futura, tendo em conta os impactos ambientais e sociais, por vezes imperceptíveis a curto prazo, mas desastrosos a médio e a longo prazo.

As empresas devem preparar-se para atuar eficazmente na gestão de suas responsabilidades econômica, social e ambiental, antecipando-se aos possíveis passivos escondidos, que recaem sobre a sociedade como um todo. Esses passivos se revelam frequentemente pelo aumento dos impostos, por penas mais severas que visam ao desestímulo às práticas irresponsáveis, pelas sanções, por normativas fortes e drásticas a fim de coibir abusos etc.

Esse tipo de **ação normativa gera, necessariamente, a difusão social da ética de limites**. Portanto, difunde-se o minimalismo[1] ético, como ressalta Rodriguez Ramos (1999, p. 4, grifo nosso):

> *Para* **Sócrates**, *mais importante do que a riqueza era a virtude, e se dispôs a morrer por não faltar com a verdade do que fazia e dizia. Selou seus ensinamentos com a própria morte.* **Aristóteles** *também defendeu um projeto educativo na Ética a Nicômaco, seu mais importante tratado de ética, dedicado ao filho. As pessoas agem procurando um bem, comenta no primeiro capítulo, e o maior bem (que torna a pessoa feliz) está na virtude: a felicidade não está na diversão. Seria absurdo que o fim do homem fosse a diversão e que o homem se afadigasse e padecesse toda a vida*

---

[1] Minimalismo – "princípio de reduzir ao mínimo o emprego de elementos ou recursos" (Houaiss; Villar, 2009).

por causa da diversão [...]. A felicidade é uma atividade de acordo com a virtude [...]. A educação, para Aristóteles, não está em fixar limites, mas em ensinar e viver de acordo com a virtude.

É possível que você esteja intrigado e se perguntando: "**Se a ética das virtudes já era enfatizada na época de Sócrates e Aristóteles, por que hoje estamos falando tanto sobre isso?**".

Hoje, na literatura especializada, é recorrente a referência à necessidade de as empresas terem práticas de responsabilidade ambiental e social que influenciem intrinsecamente as suas competências essenciais. Zadek (2001, p. 9, grifo nosso, tradução nossa), ao analisar o desenvolvimento socialmente responsável das empresas, sustenta:

> A **corporação denominada cidadã** *é entendida como aquela que aproveita como vantagem de oportunidades, para aprendizagem e ação, a construção de objetivos sociais e ambientais dentro do seu "core business", desenvolvendo efetivamente seus valores internos e competências. Esta formulação prové uma base forte para apoiar nossas expectativas de negócios e como a estratégia pode ser concebida e desenvolvida para canalizar as aspirações e desafios subjacentes ao desenvolvimento sustentável.*

Assim, promover o **voluntariado** ou a **ação social comunitária** é uma medida positiva e, muitas vezes, louvável, mas que não afeta o *core business*, isto é, a essência dos produtos, tecnologias e serviços oferecidos à comunidade.

> Não podemos esquecer que a responsabilidade social começa no desenvolvimento de produtos que se atenham a critérios de sustentabilidade.

As diretrizes atuais estimulam a transformação intrínseca das práticas industriais, desde o planejamento estratégico até a missão e a visão organizacionais, para que nelas se incorporem os princípios de sustentabilidade e de responsabilidade social de modo a permearem de cima a baixo a organização. Trata-se de uma espécie de "alma institucional", a qual gera ações orgânicas que envolvem todos os que estão direta ou indiretamente implicados com a empresa e o emprego dos seus produtos e serviços.

Por mais técnico que possa parecer um determinado serviço ou produto, ele encerra no seu âmago uma relação de justiça e confiança mútua entre fornecedor e consumidor, decorrendo disso inúmeras consequências de caráter ético-social.

> EXEMPLIFICANDO: Essa experiência ou concepção acarreta, nos cursos de Engenharia, por exemplo, um enfoque nos aspectos éticos:
> - de projetos;
> - de equipamentos;
> - de processos.
>
> Nesses aspectos técnicos, a eficiência, a resistência, a segurança, a exequibilidade, os tipos de materiais empregados, a manutenção etc. devem estar voltados para o atendimento das necessidades e das expectativas dos consumidores. Cada um deles encerra uma conotação de responsabilidade social, pois ocorrem dentro do âmbito da prestação de um serviço que afeta a vida do consumidor e da comunidade.

As decisões técnicas quase sempre têm repercussões éticas, sociais e ambientais para todos os envolvidos com a organização. Portanto, os aspectos éticos profissionais potencializam a excelência no trabalho.

Aqui a condição de **excelência** é entendida como fator de **qualidade humana e técnica**, a qual corresponde ao ideal clássico da formação na *polis* grega: a aspiração à felicidade dos cidadãos. Na Grécia, o processo para chegar a esse estado ocorria por meio da educação – *paideia* –, a qual tinha como meta a qualidade de vida que conduzisse à felicidade da cidade.

Esse modo de desenvolver uma organização exige:

- a capacitação dos cidadãos nos sentidos ético e social;
- uma sensibilidade interdisciplinar para harmonizar exigências técnicas e necessidades humanas.

O que percebemos, então, é que, para lograrmos um desenvolvimento segundo a perspectiva da responsabilidade social, **não podemos perder de vista a dimensão da dignidade da pessoa humana no processo de geração de riquezas**.

O que isso significa? Significa que a harmonia entre a técnica e a ética deve influenciar os critérios de decisão para o desenvolvimento de produtos e processos. Um possível caminho para atingir esse ideal é assimilar e aplicar os conceitos de:

- ética das virtudes;
- responsabilidade social;
- desenvolvimento sustentável.

No entanto, esse processo só é possível com a transformação das mentalidades; e, para provocar o efeito transformador de mentalidades, os fatores atuais que mais têm gerado iniciativas das empresas nesse **âmbito das práticas responsáveis**, de acordo com Waddock, Bodwell e Graves (2002, p. 133), são: "1) a visibilidade e atenção dada à proliferação de *rankings* 'melhores práticas', 2) um crescimento de uma gama de princípios e normas globais promulgadas por entidades internacionais, e 3) relatórios de iniciativas para contabilidade social com o chamado 'tríplice resultado'."

Afirmam ainda os autores citados que esses fatores se constituem em pressões institucionais e, portanto, "exigem a atenção à responsabilidade de práticas corporativas, particularmente no trabalho, [aos] direitos humanos e [às] práticas ambientais, [à] segurança e qualidade de produtos (Waddock; Bodwell; Graves, 2002, p. 133)."

Mas não é só isso. Para esses autores, as pressões também "criam demandas crescentes para transparência e contabilidade social" (Waddock; Bodwell; Graves, 2002, p. 133).

2.3 ECONOMIA VERDE (EV)

Um dos quatro eixos temáticos da Cúpula da Terra, ou Cúpula Rio+20, que a ONU promoveu em 2012, foi a **economia verde** (EV). No evento, houve um consenso entre os países sobre a utilização desse termo. Várias delegações entendem que uma das características-chave da EV é o combate à dissociação do crescimento econômico da utilização sem medidas dos recursos naturais e da degradação do meio ambiente. Trata-se de uma abordagem que visa ao cuidado com a ecologia e propõe como direção o bem-estar social, de modo a reduzir a pobreza e buscar a criação de emprego e trabalho dignos do ser humano.

As empresas comprometidas com esse modo de atuar devem procurar aumentar, no seu interior, a eficiência dos processos produtivos e reduzir ao máximo os níveis de contaminação do meio ambiente. Esse processo pode parecer, a princípio, um prejuízo competitivo para a empresa, por causa do aumento dos custos em virtude de novas tecnologias mais limpas; no entanto, como esclarecem Avelino et al. (2010, p. 11), a longo prazo, essas inovações tecnológicas provocam:

- a diminuição de gastos com recursos;
- a diminuição dos custos internos diretos, "ao otimizar os processos, poupam-se insumos e diminuem os resíduos não utilizados" (Avelino et al., 2010, p. 11);
- o aumento da competitividade da empresa, "principalmente quando o preço dos recursos naturais comece a aumentar devido à sua escassez" (Avelino et al., 2010, p. 11).

Assim, a conscientização dos atores sociais leva-os a adotar as políticas de EV, que podem ser:

- **Incluir externalidades nos preços,** a fim de que os custos ambientais e sociais sejam aplicados e/ou refletidos corretamente no mercado.
- Realizar e/ou participar de **licitações públicas sustentáveis.**
- Fomentar **reformas fiscais ecológicas.**
- Promover os **investimentos públicos** tanto em infraestrutura sustentável (transporte público e energias renováveis) como em capital natural.

Outro fator importante que precisamos considerar ao analisarmos o avanço da EV é que a empresa, ao adotar os princípios dessa economia em seus processos e recursos materiais, ganha experiência como **diferencial competitivo** para seus produtos, seus serviços e suas operações. **Logo, essa opção não é apenas ecossustentável, mas também rentável no que se refere à oferta de valor aos consumidores.**

2.4 GESTÃO AMBIENTAL E DE RESPONSABILIDADE SOCIAL

Experiências com consultoria e treinamento em desenvolvimento organizacional no levantamento de problemas para a implantação de sistemas de gestão ambiental e social permitem afirmar que esses processos encerram dificuldades de ordem humana – **as resistências às mudanças.**

Nesse contexto, Cagnin (2000), ao diagnosticar as barreiras comportamentais e as medidas de melhoria em empresas nacionais para a implantação de sistemas de gestão ambiental, como a ISO 14001, **destaca a falta de cultura organizacional.**

Ele afirma que "a maior dificuldade na implantação do SGA (Sistema de Gestão Ambiental) advém da falta de uma cultura organizacional e não da falta de técnicas. Esse aspecto é contemplado no Programa Ética e Disciplina em desenvolvimento pela ISO 9000" (Cagnin, 2000, p. 58). Esse autor explica a ISO 9000 tem como objetivo "mudar o modo de pensar das pessoas com relação aos processos de trabalho e de produção habitualmente desenvolvidos" (Cagnin, 2000, p. 58).

Para alcançar essa proposição, o programa sugere o gerenciamento da mudança e da cultura organizacional por meio do "estímulo da mudança cultural da empresa através de sensibilização e treinamentos permanentes e da identificação de pontos de convergência quanto ao desenvolvimento do negócio e à responsabilidade ambiental" (Cagnin, 2000, p. 58).

2.4.1 COMO PROCEDER PARA IMPLANTAR A CULTURA DA GESTÃO AMBIENTAL?

Todos os processos de mudança exigem uma forte coalizão de pessoas em torno das metas e dos objetivos. Isso é condição básica. De acordo com Zadek e Lohman (2001, p. 14, tradução nossa), podemos dizer que **as melhores práticas atuais são as apresentadas a seguir**:

> *a) encorajar as lideranças ao exercício da cidadania corporativa, b) construir a competência e responsabilidade social das entidades públicas e das organizações civis da sociedade, c) fortalecer as normas "voluntárias" de desempenho social e ambiental para empresas e outras organizações, d) inserir as melhores práticas indicadas nas normas de adesão voluntária sobre responsabilidade social e desenvolvimento sustentável em acordos e legislação.*

2.4.2 COMO IMPLANTAR A GESTÃO DE RESPONSABILIDADE SOCIAL?

Uma das iniciativas entre empresas para implantar a gestão de responsabilidade social foi a certificação de padrões de responsabilidade social emanada pela Social Accountability International (SAI), que desenvolveu a norma SA 8000 – **Padrão Global SA 8000**. Entre os objetivos enumerados por essa norma, encontramos a especificação de requisitos de responsabilidade social para possibilitar a uma empresa:

- desenvolver, manter e executar políticas e procedimentos com o objetivo de gerenciar temas aos quais a empresa possa controlar ou influenciar;
- demonstrar para as partes interessadas que as políticas, os procedimentos e as práticas estão em conformidade com os requisitos dessa norma (SAI, 2012).

O conteúdo apresentado, além de especificar os objetivos da norma, trata inicialmente da definição dos conceitos por meio dos quais serão normatizados os requisitos de responsabilidade social. **Os conceitos mais constantes são**:

- empresa;
- fornecedor/subcontratado;
- ação de reparação;
- ação corretiva;
- parte interessada;
- criança;
- trabalho jovem;
- trabalho infantil;
- trabalho forçado;
- reparação de crianças;
- trabalhador doméstico.

Os requisitos de responsabilidade social, uma vez definidos os conceitos, em uma visão geral, referem-se:

- ao trabalho infantil e ao trabalho forçado;
- à saúde e à segurança;
- à liberdade de associação e ao direito à negociação coletiva;
- à discriminação e às práticas disciplinares;
- ao horário de trabalho e à remuneração;
- aos sistemas de gestão.

Já **os critérios de auditagem** são definidos em relação a cada um desses requisitos. Todas essas orientações normativas apoiam-se em "elementos-chave das convenções da Organização Internacional do Trabalho (OIT) com sistemas de gerenciamento das famílias ISO. [...] A maior vantagem da SA 8000 está no fato de ser tanto um padrão de desempenho como de processo" (Instituto Ethos, 2004, p. 19-20).

2.4.2.1 NORMAS E EVENTOS RELATIVOS À RESPONSABILIDADE SOCIAL

A sequência cronológica de eventos e lançamentos de normas internacionais que fazem parte do processo de disseminação dos conceitos de responsabilidade social, que ocorreu desde a criação da Liga das Nações em 1920 e da constituição da Organização das Nações Unidas (ONU) em 1948, com a publicação da *Declaração Universal dos Direitos Humanos*, você pode acompanhar no Quadro 2.1.

QUADRO 2.1 – EVENTOS E NORMAS REFERENTES À DIFUSÃO DA RESPONSABILIDADE SOCIAL

Ano	Discriminação
1920	Criação da Liga das Nações, para promover a paz e a segurança mundiais no pós-Guerra.
1948	A Organização das Nações Unidas (ONU) publica a *Declaração Universal dos Direitos Humanos*, como consequência das atrocidades cometidas durante a Segunda Guerra Mundial.
1960	Formação do Clube de Roma (constituído por representantes de diversos países para analisar a situação mundial sobre o tema de impactos para o futuro da humanidade).
1972	Publicação de *Os limites do crescimento* pelo Clube de Roma, evidenciando a insustentabilidade do modelo de produção e consumo vigentes. Conferência de Estocolmo.
1977	A França cria a Lei do Balanço Social, que contempla os direitos humanos no ambiente de trabalho.
1983	Câmara americana lança o Prêmio ECO, para valorizar projetos sociais de empresas.

(continua)

(Quadro 2.1 – continuação)

Ano	Discriminação
1984	Primeiro balanço social é publicado no Brasil por uma empresa de fertilizantes: a circulação começa dentro da empresa e depois é divulgada aos clientes.
1986	Nasce a Fundação Instituto de Desenvolvimento Empresarial e Social (Fides), entidade que visa à humanização das empresas e sua integração com a sociedade, com base em princípios éticos. Desastre de Chernobyl (na então URSS), que acende as discussões sobre os perigos da energia nuclear.
1989	É fundado o The Natural Step, na Suécia.
1991	Começam a ser desenvolvidos os critérios de excelência do Prêmio Nacional de Qualidade (PNQ).
1992	Conferência das Nações Unidas sobre o Meio Ambiente e Desenvolvimento, no Rio de Janeiro – criação da *Agenda 21*. O Clube de Roma publica *Além dos limites*, um relatório que apresenta de modo contundente os prejuízos provocados pelo homem no meio ambiente e a incapacidade da natureza de se regenerar na mesma velocidade da degradação.
1993	Lançamento da certificação ambiental ISO 14000. É fundado o Forest Stewardship Council (FSC), para dispor sobre o uso sustentável das florestas.
1996	Criação da British Standards (BS 8800), para certificar a gestão da segurança e da saúde no trabalho.
1997	Surge a Global Reporting Initiative (GRI), para relatar as atividades sustentáveis das companhias. Desenvolvido o modelo de balanço social do Instituto Brasileiro de Análises Sociais e Econômicas – Ibase. É formalizado o Protocolo de Kyoto, em Conferência das Nações Unidas no Japão.
1998	Início da aplicação da SA 8000. Criação do Instituto Ethos, dedicado à promoção da Responsabilidade Social Empresarial (RSE).

(Quadro 2.1 – conclusão)

Ano	Discriminação
1999	Kofi Annan lança as bases para o Pacto Global; trata-se da primeira proposta vinda da ONU abordando o tema "responsabilidade social empresarial". Entra em vigor a Occupational Health and Safety Assessment Series (OHSAS 18001). Aprovados os Princípios de Governança Corporativa da Organização para a Cooperação e o Desenvolvimento Econômico (OCDE). Lançada a AA 1000, norma para prestação de contas para assegurar a qualidade da contabilidade, auditoria e relato social ético. Nasce o Projeto Sigma, com o objetivo de reunir as diferentes ferramentas em um único guia orientativo para as empresas.
2000	Criação dos Indicadores Ethos de Responsabilidade Social Empresarial. Lançamento das *Diretrizes para Relatórios de Sustentabilidade*, documento revisado e atualizado em setembro daquele mesmo ano, durante o Encontro Mundial para o Desenvolvimento Sustentável. Lançamento oficial do Pacto Global. Cúpula do Milênio, considerada a maior reunião de dirigentes mundiais de todos os tempos, de onde saíram as Metas do Milênio. Origem da série ISO 9000:2000. Publicação dos Indicadores Calvert-Henderson, que medem a qualidade de vida de um país.
2001	Lançado o modelo do balanço social do Instituto Ethos.
2002	As Nações Unidas aprovam a *Carta da Terra*, que pretende ter a abrangência da *Declaração dos Direitos Humanos*.

Fonte: Instituto Ethos, 2004, p. 26-27.

As contribuições significativas das iniciativas globais indicadas no Quadro 2.1 são observadas nas aplicações das normas internacionais, objetivando a proteção do meio ambiente, a promoção do conceito de *desenvolvimento sustentável* e a publicação do balanço social das empresas.

No entanto, é fundamental destacarmos que as orientações das normas sobre responsabilidade social e ambiental, para que atinjam os resultados pretendidos, necessitam ter, como ponto de partida, **a vivência dos valores éticos pessoais.**

Nesse processo, **uma das tarefas principais da administração é gerenciar os impactos sociais da atividade da organização**, levando em conta todos os *stakeholders*. Essa é uma condição em que a promoção e a participação para o desenvolvimento social tornam-se especialmente dever de todos, pois, conforme alerta Lacerda (citado por Souza, 1960, p. 161),

> *Nas sociedades economicamente desprotegidas, quando o pauperismo as estrangula, com todo o trágico e impressionante cortejo de suas consequências – subnutrição, males de carência, estagnação das fontes de produção e distribuição de riqueza – as reações espirituais se tornam difíceis e penosas, porque sobreviver é o único verbo que as massas exasperadas sabem conjugar, assoberbadas pelo presente e preocupadas com o futuro.*

Assim, como conclui o autor citado, é importante estarmos atentos para o fato de que "A melhor defesa do ideal democrático reside na valorização do trabalho com mais direta e eficiente participação individual, no problema geral da produção" (Lacerda, citado por Souza, 1960, p. 161).

Essa situação, por si só, evidencia o que foi destacado pelo autor: "Capital e trabalho não são valores que se combatam, ou se entredevorem, porque embasam e estruturam a harmonia indispensável à paz social" (Lacerda, citado por Souza, 1960, p. 161).

2.5 RESÍDUOS SÓLIDOS NO BRASIL

Com o propósito de possibilitar um amplo e diversificado estudo da questão dos resíduos sólidos no Brasil, fizemos uma pesquisa de textos disponibilizados pelo governo federal em endereços da *web,* nos quais destacamos o estado atual da reciclagem de resíduos sólidos, a legislação brasileira pertinente e a questão das sacolas plásticas.

TEXTO 1

Por dentro do Brasil – Meio ambiente: resíduos sólidos

O Brasil produz 161.084 mil toneladas de resíduos sólidos urbanos (lixo) por dia. A situação atual exige soluções para a destinação final do resíduo no sentido de aumentar a reciclagem e diminuir o seu volume, ou seja, é preciso ter menos lixo e só enviar para os aterros os rejeitos. O terreno para a construção de políticas é fértil, uma vez que o País apresenta uma boa cobertura de coleta dos resíduos sólidos urbanos, da ordem de 97%, embora o destino inadequado dos mesmos seja elevado. Atualmente, 59% dos municípios brasileiros dispõem seus resíduos em lixões.

A Lei de Saneamento Básico é um marco para a criação de possíveis iniciativas públicas com relação aos resíduos sólidos. A Política Nacional de Resíduos, [sic] disciplina a coleta, o destino final e o tratamento de resíduos urbanos, perigosos e industriais, entre outros. O texto da lei estabelece diretrizes para reduzir a geração de lixo e combater a poluição e o desperdício de materiais descartados pelo comércio, pelas residências, pelas indústrias, por empresas e hospitais. Harmoniza-se ainda com a Lei de Saneamento Básico e com a Lei de Consórcios Públicos. De igual modo, está inter-relacionada com as Políticas Nacionais de Meio Ambiente, de Educação Ambiental, de Recursos Hídricos, de Saúde, Urbana, Industrial, Tecnológica e de Comércio Exterior, e as que promovam a inclusão social.

A Política Nacional de Resíduos Sólidos trata da Logística Reversa, um conjunto de ações, procedimentos e meios destinados a facilitar a coleta e o retorno dos resíduos sólidos aos seus geradores para que sejam tratados ou reaproveitados em novos produtos, na forma de novos insumos, em seu ciclo ou em outros ciclos produtivos, visando à não geração de rejeitos. Ou seja, é o retorno dos resíduos (agrotóxicos, pilhas e baterias, pneus, óleos lubrificantes, sacolas plásticas, entre outros) pós-venda e pós-consumo.

O compartilhamento de responsabilidades e o estímulo econômico para atividades de reciclagem e destinação apropriada dos resíduos são tratados

> em toda a proposta. O documento institui o princípio de responsabilidade compartilhada pelo ciclo de vida dos produtos, abrangendo fabricantes, importadores, distribuidores e comerciantes, consumidores e titulares dos serviços públicos de limpeza urbana e manejo de resíduos sólidos.
>
> Estados e municípios contam com o apoio do governo federal para desenvolverem seus planos de desenvolvimento urbano a partir de variáveis ambientais. Entre elas, a promoção de coleta seletiva, construção de aterros sanitários, eliminação de lixões, manejo de materiais de construção descartados e o fortalecimento da realização de consórcios municipais para atuação conjunta nessas áreas.

Fonte: Brasil, 2010.

Também consideramos importante a atualização referente à legislação vigente no país, tema tratado no Texto 2.

> TEXTO 2
>
> *Por dentro do Brasil – Meio ambiente: Legislação*
>
> Até meados da década de 1990, a legislação ambiental cuidava separadamente dos bens ambientais, de forma não inter-relacionada. Desde então, o marco legal vem sendo aperfeiçoado com novas leis criadas para tratar o tema no contexto da política integrada de meio ambiente, praticada pelo Ministério do Meio Ambiente.
>
> O licenciamento ambiental prévio à instalação de qualquer empreendimento ou atividade que possa vir a poluir ou degradar o meio ambiente também é amparado por legislação específica. Tal processo tem como uma de suas mais importantes características a participação social na tomada de decisão pela autorização ou não do empreendimento ou, ainda, pela exigência de compensações ambientais. Essa participação acontece por meio da realização de audiências públicas. Também são consultados órgãos ambientais federais e estaduais, bem como outras instituições

públicas envolvidas direta ou indiretamente com o empreendimento a ser licenciado, como órgãos ligados à gestão de patrimônio histórico, aos temas indígenas e quilombolas, de controle de endemias, entre outros.

Tanto o IBAMA quanto os órgãos estaduais de Meio Ambiente atuam na concessão de licenças. O IBAMA atua, principalmente, no licenciamento de grandes projetos de infraestrutura que envolvam impactos em mais de um estado e nas atividades do setor de petróleo e gás na plataforma continental. Os estados cuidam dos licenciamentos de menor porte.

Legislação ambiental brasileira

- *Lei de Crimes e Infrações – tipifica as ações ilegais cometidas contra o meio ambiente e define formas de penalizações.*
- *Lei de Unidades de Conservação – contextualiza a conservação ambiental e determina as modalidades de unidades de conservação.*
- *Lei da Mata Atlântica – define regras para a produção e o uso dos recursos daquele bioma e também para a defesa das áreas remanescentes.*
- *Lei de Gestão de Florestas Públicas – regulariza o uso sustentável das florestas públicas, apresenta regras para concessões, cria o Serviço Florestal Brasileiro.*
- **Lei de Pagamento por Serviços Ambientais – conceitua o que são os serviços ambientais e o que caracteriza a sua prestação, além de instituir uma política nacional para o pagamento dos serviços ambientais.*
- *Lei da Competência dos Entes Federativos – determina as responsabilidades do governo federal, estados e municípios no que diz respeito ao meio ambiente.*

   * Atualmente em tramitação no Congresso Nacional.

Fonte: Brasil, 2010.

QUESTÃO PARA REFLEXÃO

Os textos a seguir são para você refletir sobre as possíveis iniciativas que podem ser desenvolvidas dentro do seu próprio círculo de influência. É interessante ressaltar que eles tratam de acontecimentos ocorridos nos anos de 2007, 2008, 2009 e 2011. E hoje, você já pode perceber alguma diferença em relação à situação anterior a essas campanhas de conscientização?

TEXTO 1

Sacolas plásticas

Sacolas plásticas são consumidas aos bilhões em todo o mundo – só no Brasil são cerca de 12 bilhões por ano. Elas são produzidas a partir do petróleo ou do gás natural, dois tipos de recursos não renováveis. Depois de extraído, o petróleo passa pelo refino, que emite poluentes.

Após transportar as compras de supermercado, a maior parte das sacolas é reutilizada como saco de lixo. No entanto, rasgam-se ou são desnecessárias, sendo elas mesmas transformadas em lixo, mas demoram cerca de cinco séculos para se degradar. Isso quando não são jogadas no chão e entopem bueiros, agarram-se a fios de alta tensão ou acabam em rios e oceanos, causando poluição e enchentes, que tornam as águas focos de doenças e, consequentemente, matam os animais que as ingerem.

Por causa disso, o MMA lançou, em junho de 2009, a campanha "Saco é um saco: para a cidade, para o planeta, para o futuro e para você", que busca chamar a atenção do cidadão brasileiro para o enorme impacto ambiental de se usar sacos plásticos.

Fonte: Adaptado de Brasil, 2009.

TEXTO 2

Política Nacional de Resíduos Sólidos completa um ano

Uma revolução silenciosa está em curso no Brasil nos últimos meses, mobilizando pessoas nos estados e municípios e em vários segmentos dos setores produtivos. Essa mudança vem sendo provocada pela Política Nacional de Resíduos Sólidos (PNRS), que completa um ano na terça-feira (2), e que estabeleceu um marco regulatório para a gestão dos resíduos sólidos. A nova política não só definiu um conjunto de normas a serem seguidas, como vem despertando na sociedade novas formas de consciência ambiental.

Conceitos como a responsabilidade e a solidariedade estão sendo resgatados no enfrentamento de um dos maiores e mais atuais desafios da sociedade, que é o manejo e a destinação ambientalmente adequada dos resíduos sólidos. Foram mais de 20 anos de debate no Congresso Nacional e, a aprovação da Política, representa um amplo consenso envolvendo todos os atores que fazem parte dos mais diversos ciclos da produção de resíduos sólidos no Brasil.

A PNRS trata de temas amplos e variados como área contaminada, ciclo de vida do produto, coleta seletiva, controle social, destinação final ambientalmente adequada, gerenciamento de resíduos, gestão integrada, reciclagem, rejeitos, responsabilidade compartilhada, reutilização e serviço público de limpeza urbana. E um dos principais focos da Política é gerar trabalho, emprego e renda, por meio da inclusão social de catadores de materiais reutilizáveis e recicláveis nas ações que envolvam a responsabilidade compartilhada, assim como minimizar os impactos ambientais provocados pela disposição inadequada dos resíduos.

Isso porque esses resíduos têm grande valor econômico, segundo estudo encomendado pelo Ministério do Meio Ambiente (MMA) ao Instituto de Pesquisa Econômica Aplicada (Ipea). De acordo com o estudo, o País perde cerca de R$ 8 bilhões por ano quando deixa de reciclar o resíduo que *poderia ter outro fim, mas que é encaminhado aos aterros e lixões das cidades. Dados da Pesquisa Nacional de Saneamento Básico (PNSB/2008) revelam que 994 municípios brasileiros dispõem do serviço de coleta seletiva. Ou seja, aproximadamente 18% dos municípios já têm esse tipo de serviço.*

Além disso, para fortalecer a gestão, o governo federal tem privilegiado a aplicação de recursos na área de resíduos sólidos por meio de consórcios públicos interfederativos, visando superar a fragilidade técnica, racionalizar recursos, garantir a sustentabilidade dos serviços e ampliar a escala no manejo dos resíduos sólidos. Desde 2007, o MMA, por meio da Secretaria de Recursos Hídricos e Ambiente Urbano, firmou parceria com 17 estados.

A primeira versão do Plano Nacional de Resíduos Sólidos será colocada em discussão e receberá contribuições da sociedade nas audiências públicas regionais, que ocorrerão nos meses de setembro a novembro deste ano [2011]. O documento também poderá receber contribuições da sociedade nesse mesmo período por meio da consulta pública que estará disponível na internet. A versão final será apresentada na Audiência Pública Nacional, prevista para novembro, em Brasília.

Campanha

Para que a nova política de resíduos sólidos seja absorvida rapidamente pela população brasileira, o governo federal, por meio dos ministérios do Meio Ambiente e do Desenvolvimento Social e Combate à Fome, lançou a campanha "Separe o Lixo e Acerte na Lata" em junho deste ano, como uma das ações de comemoração pelo Dia Mundial do Meio Ambiente (5 de junho).

O objetivo da campanha é preparar a sociedade para uma mudança de comportamento em relação à coleta seletiva de lixo, ressaltando os benefícios ambientais, sociais e econômicos do reaproveitamento dos resíduos sólidos para o País. Os três filmes da campanha estão sendo veiculados

> *nos meios de comunicação e já tiveram 7.350 exibições no canal do MMA no YouTube.*
>
> *Para ampliar a divulgação da campanha, foi criado um site com o objetivo de reunir as informações que permitam acompanhar a implantação da Política e sensibilizar a sociedade para o grave problema da destinação do lixo no Brasil. Desde que foi lançado, o site já teve tem 14.500 acessos e tem recebido diariamente sugestões e dúvidas sobre como separar o lixo seco e o úmido.*
>
> *A separação, em casa, dos dois tipos de resíduos permite ao catador, principal aliado no processo de reciclagem, um acesso mais rápido e higiênico aos resíduos descartados. Mesmo que ainda não exista o serviço de coleta seletiva em todo o País, esse tipo inicial de separação faz parte do processo de educação ambiental e da mobilização da sociedade para solucionar o grave problema do lixo.*

Fonte: Brasil, 2011.

2.6 COMUNIDADE E PROJETOS SOCIAIS

A educação para a participação social vem sendo estimulada por organismos internacionais como a Unesco e a ONU.

A passividade das pessoas, o individualismo, a indiferença no que diz respeito ao bem comum, a falta de conhecimentos para o exercício da cidadania, a concorrência exacerbada, as dificuldades para constituir grupos de interesse etc. afetam a qualidade de vida em sociedade. Esses indicadores têm de ser analisados e convenientemente tratados pelos atores sociais de modo coordenado, a fim de minimizar os processos de degradação social decorrentes desse estado de coisas em que se encontra o mundo atual.

Os fatos que relataremos no estudo de caso apresentado a seguir têm o objetivo de contribuir para a formação dos alunos/cidadãos, principalmente daqueles que estão nos últimos anos de cursos de graduação, os quais podem ser disseminadores do cultivo da "participação social ideal" no meio estudantil.

Você pode aplicar esse conceito (participação social ideal) em sua futura atuação profissional e, assim, promover iniciativas de socialização do conhecimento e de ações benéficas para a sociedade. Destacamos essa participação, embora, como consta em documento da ONU (2000), "O voluntariado não é um fenômeno novo, [pois] sempre fez parte do comportamento civilizado. O que é novo é o enfoque estratégico da atividade de voluntariado como meio para ampliar os recursos, abordar os problemas mundiais e melhorar a qualidade de vida de todos".

ESTUDO DE CASO

Visão histórica do problema do carvão

O objetivo aqui é fazermos a análise de discurso de dois textos nas perspectivas histórica e de responsabilidade social e ambiental. Nesse contexto, a questão que propomos para a discussão é: **Como se encaram os problemas ambientais na nossa sociedade?**

Nessa abordagem, indicamos dois textos para análise:

- um deles é o discurso do então deputado federal Jorge Lacerda (citado por Souza, 1960), que chama a atenção na Câmara dos Deputados em 1952 sobre o que vinha ocorrendo em termos de degradação do meio ambiente em Tubarão (SC), pela exploração desenfreada do carvão;
- o segundo texto é um artigo, do ano de 2007, referindo-se à mesma problemática após 55 anos.

Sugerimos a seguinte metodologia:

- **Leitura dos textos**: Formulação de visão crítica.
- **Escuta ativa**: Perguntar para outros colegas sobre sobre a visão deles referente à questão.
- **Debate**: Procurar identificar em grupo onde estão os problemas dos eventos citados.
- **Escrita**: Sintetizar as ideias que foram apresentadas.
- **Reflexão**: Rever o texto e procurar considerar os aspectos a melhorar na ação socioambiental.

TEXTO 1

Mensagem de Angústia

Discurso proferido na sessão de 6 de julho de 1952.

Democracia e Nação

Senhor Presidente, tive oportunidade, por várias vezes, de trazer ao conhecimento da Câmara dos Deputados alguns aspectos desoladores suscitados pela indústria carbonífera, no Sul de Santa Catarina. Municípios que produzem ou beneficiam o carvão quase nada recebem em troca pela riqueza oferecida ao país. É-lhes vedado, como se sabe, estabelecer qualquer taxa sobre o carvão produzido ou beneficiado. Do tributo existente, arrecadado pela União, quase nada lhes é destinado, como determina a lei.

A mineração revolve-lhes inteiramente o solo. Com as chuvas, os detritos do carvão são carreados para os rios, cujas águas, nas periódicas enchentes, vão inutilizar os campos e comprometer as lavouras. Os vales, outrora ricos e opulentos, se desfiguram num espetáculo de penúria.

Melhor fora não contar Santa Catarina com o carvão, a tê-lo, assim, com esse cortejo de flagelos: a esterilização da terra, a ascensão dos índices de mortalidade infantil, da tuberculose e de outras moléstias, o drama dos mineiros no fundo das minas úmidas, a inquietação dos mineradores e a angústia dos lavradores, que, paradoxalmente, amaldiçoam as enchentes, porque no bojo delas sobe, não o que fertiliza, mas a pirita, que calcina o solo.

Fomos a primeira voz a denunciar, nesta Casa, os aspectos pungentes dessa paisagem social e humana — até então inéditos em terras catarinenses — gerados pela mineração do carvão.

Senhor Presidente, desejo, agora, assinalar os sofrimentos de certa região catarinense, a Madre, no município de Tubarão. Banhada pelo rio Tubarão, era famosa pelos seus campos, em que pastavam 60.000 cabeças de gado. Célebres eram o queijo e a manteiga que produzia. O rio, bastante piscoso, fornecia peixe, em tal abundância, que, não só abastecia a localidade, como as regiões vizinhas. A Madre é, praticamente, uma extensa rua, densamente povoada, de cerca de 17 quilômetros, que perlonga o sinuoso rio Tubarão. Recordavam-me os seus moradores, quando lá estive a última vez, os bons tempos em que lançavam suas tarrafas nas águas do rio, e recolhiam, em quantidade, o peixe que nunca faltou nas mesas mais modestas.

Com uma simples tarrafada fazia-se uma boa refeição para a família inteira — dizia-me um velho habitante da Madre. A produção do camarão, pescado na vizinha lagoa da cidade de Laguna, onde desemboca o rio Tubarão, era calculada em Cr$ 15.000.000,00. Hoje, tudo se transformou. O próprio rio mudou de nome, ali na Madre. Passou a ser chamado rio Seco ou rio Morto. As pastagens vão desaparecendo. A água potável, a população vai buscá-la a quilômetros de distância. A água potável, de antigamente, se tornou salobra, no fundo dos poços, pela infiltração dos resíduos do carvão. Os peixes sumiram.

A Madre — que recebera do destino as águas que fertilizavam as terras, e os peixes que alimentavam as famílias — recolhe, agora, pela imprevidência e cupidez dos homens, os detritos do carvão, que contaminam os rios e devastam as várzeas. As enchentes, que eram bênçãos dos céus, naquele vale fecundo, converteram-se em flagelo.

Como desejaria a Madre que se lhe restituísse a tranquilidade de outrora! Nada mais aspiraria, senão àquilo que já lhe pertencia, por uma dádiva da natureza.

Esse problema, infelizmente, não se circunscreve, apenas, a essa região, mas a várias outras, no Sul catarinense, assoladas, igualmente pelas águas, que carregam os resíduos piritosos do minério.

Cabe ao Poder Público estudar e resolver o problema, que assume proporções de verdadeira calamidade.

Durante os debates travados nesta Casa, em torno do Plano do Carvão Nacional, logramos obter, através de emenda de nossa autoria, uma dotação de Cr$ 15.000.000,00, destinada a obras de assistência social, naquela área carbonífera, e cuja aplicação foi confiada às mãos honradas do Presidente da Comissão Executiva daquele plano, Coronel Pinto da Veiga. Esses recursos são, entretanto, para hospitais, creches, postos de saúde. E o problema, que venho focalizando, é de maior envergadura.

Sr. Presidente, é inacreditável que, para explorarmos, em nosso país, apenas 2 milhões de toneladas anuais de carvão, tenhamos de testemunhar tanta desgraça resultante da desídia dos poderes públicos. Imaginemos, então, se o Brasil produzisse, como os Estados Unidos, setecentos milhões de toneladas de carvão, isto é, trezentas e cinquenta vezes mais. O que nos aconteceria? Entretanto, nos Estados Unidos, como em qualquer país europeu ou asiático, a indústria carbonífera, pelas cautelas que lá são tomadas, não gera as tristes consequências que aqui presenciamos.

Só no Brasil, desgraçadamente, é que domina uma tal política de imprevidência. Como certos povos primitivos, derrubamos as árvores, para comer-lhes os frutos.

Saqueamos a terra, expropriando-lhe as riquezas, sem que nos preocupem as angústias das populações, decorrentes dessa nossa empreitada sinistra, de verdadeiros vândalos do solo.

É o Brasil em plena autofagia.

Sr. Presidente, não é justo, portanto, que uma região, que vivia tranquila, nos seus misteres da lavoura e da pesca, venha sofrer, pelo descaso dos governos, os efeitos nefastos de uma exploração voraz e inconsciente

> *das riquezas do nosso subsolo. Riquezas que, paradoxalmente, depauperam as zonas de que são extraídas.*
>
> *Esta é a mensagem de angústia, que transmito à Câmara dos Deputados, em nome, não só da população da Madre, como de outras regiões sofredoras do Sul de Santa Catarina.*

Fonte: Lacerda, citado por Souza, 1960, p. 83-86.

TEXTO 2

Preservação da vida e do trabalho na atualidade: o caso do polo carbonífero do Sul de Santa Catarina.

[...]

O conflito socioambiental da região carbonífera de Santa Catarina, cuja cidade polo é Criciúma, estabelece-se frente a um questionável progresso, trazido pela exploração do carvão, e as perdas socioambientais decorrentes dessa atividade econômica, que teve seu auge entre as duas guerras mundiais (1914-1945) e, num segundo momento, nas décadas 1970-1980.

[...]

O trem carvoeiro atravessa várias vezes a área central da cidade com os vagões carregados de carvão e sem nenhuma proteção, injetando, no ar, uma poluição com materiais pesados. A fuligem do carvão está nas cortinas das janelas, nos rostos das pessoas que moram próximo à via férrea.

Os amontoados de rejeitos de carvão, nos bairros da periferia da cidade, servem de local de brincadeiras das crianças. Todavia, com a umidade, os compostos químicos entram em autocombustão, sendo frequente a ocorrência de acidentes com crianças (queimaduras das pernas nas cinzas quentes, ingestão de material e gases tóxicos etc.). As doenças respiratórias aumentam com a umidade, pois os materiais particulados condensam-se no ar, aumentando o risco de obstrução das vias aéreas.

> *[...]*
> *Segundo a Unesc/Ipat (2000), a maioria da população da região de Criciúma percebe, como fonte de poluição, o carvão e as indústrias. Todavia, há possibilidade de que a poluição do carvão volte. Cogita-se a abertura de novas minas para a sustentação de mais uma usina termelétrica, além da já existente no município de Capivari de Baixo.*
> *[...]*
> *Se a continuação da exploração da indústria carbonífera representa a possibilidade de emprego para a maioria da população pobre e desempregada e, ao mesmo tempo, ganho para os mineradores, em contrapartida preocupa ambientalistas, profissionais e acadêmicos ligados ao meio ambiente. Há que se considerar os altos custos sociais e ambientais dessa indústria, em que pese a introdução de novas tecnologias para minimizar os efeitos nefastos.*
> *[...]*

Fonte: Gonçalves, 2007, p. 18-19.

SÍNTESE

Como vimos neste capítulo, o relatório *Nosso Futuro Comum* foi o que difundiu o conceito de desenvolvimento sustentável como sendo "aquele que atende às necessidades do presente sem comprometer a possibilidade de as gerações futuras atenderem a suas próprias necessidades" (ONU, 1991, p. 46). Por outro lado, esse conceito exige o comportamento adequado dos membros da sociedade a um novo paradigma de vida de relação com o meio ambiente, no que se refere ao cuidado e ao uso sustentável dos recursos naturais.

A responsabilidade social da empresa consiste na adequação de produtos, serviços, instalações e operações aos princípios e aos valores ético-sociais – a justiça e o respeito. A ampliação do conceito da missão da empresa, como a contribuição que esta realiza para os *stakeholders* – os afetados pela atuação da empresa ou envolvidos com ela –, permite compreender que ela não apenas busca fins de lucro, mas tem uma finalidade externa, que é a de produzir o bem comum. Uma boa medida é conscientizar-se de que a ética deve permear as ações coordenadas nas organizações, pois não se justificaria empregar qualquer meio para atingir fins de lucro, como seria o caso da concorrência injusta, do trabalho indecente, da sonegação, da corrupção, do emprego de processos prejudiciais ao meio ambiente e à sociedade.

Também refletimos sobre a EV como aquela que estimula o possível crescimento econômico utilizando os recursos naturais de forma sustentável. A EV constitui-se numa abordagem que visa ao cuidado com a ecologia e propõe como direção o bem-estar social, de modo a reduzir a pobreza e a buscar a criação de empregos e o trabalho digno do ser humano.

Destacamos, especialmente, as normas de adesão voluntária, visando à busca de padrões de sustentabilidade. Citamos, entre as várias iniciativas globais:

- os Princípios de Governança Corporativa da Organização para a Cooperação e o Desenvolvimento Econômico (OCDE);
- a AA 1000, norma para prestação de contas a fim de assegurar a qualidade da contabilidade, da auditoria e do relato social ético;
- o Projeto Sigma, que tem o objetivo de reunir as diferentes ferramentas em um único guia orientador para as empresas;
- a Cúpula do Milênio, considerada a maior reunião de dirigentes mundiais de todos os tempos, de onde saíram as Metas do Milênio;
- as normas ISO 9000:2000;
- a Carta da Terra, que pretende ter a abrangência da Declaração dos Direitos Humanos.

Apresentamos ainda a discussão em relação ao Plano Nacional de Resíduos Sólidos (PNRS), que foi posto em debate e recebeu contribuições da sociedade nas audiências públicas regionais, que ocorreram entre os meses de setembro e novembro de 2011.

QUESTÕES PARA REVISÃO

1. Com relação às afirmações a seguir, indique a alternativa correta:
    I. A contribuição da empresa aos *stakeholders* é uma manifestação de responsabilidade social.
    II. A finalidade da empresa comercial, de acordo com Drucker, é o lucro.
    III. A finalidade da empresa é a criação de riqueza respeitando o bem comum.
    a. As afirmativas I e III estão corretas.
    b. As afirmativas I e II estão incorretas.
    c. As afirmativas II e III estão corretas.
    d. Somente a afirmativa III está correta.

2. Com relação às afirmações a seguir, indique a alternativa correta:
    I. A responsabilidade social interna da empresa tem como foco a comunidade.
    II. A responsabilidade social externa manifesta-se em programas de voluntariado.
    III. A responsabilidade social da empresa verifica-se por meio da preservação do meio ambiente e do desenvolvimento sustentável.
    a. Somente a afirmativa I está correta.
    b. As afirmativas I e III estão corretas.
    c. Somente a afirmativa II está correta.
    d. As afirmativas II e III estão corretas.

3. Com relação às afirmações à seguir, indique a alternativa correta sobre as práticas de responsabilidade social da empresa:
    I. Construção de objetivos sociais e ambientais dentro do seu *core business*.
    II. Desenvolvimento de produtos que se atenham a critérios de sustentabilidade.
    III. Difusão de boa imagem da marca por ações de voluntariado.
    a. As afirmativas II e III estão corretas.
    b. As afirmativas I, II e III estão incorretas.
    c. As afirmativas I e II estão corretas.
    d. As afirmativas I e III estão corretas.

4. Com relação às afirmações a seguir, indique a alternativa correta sobre a norma SA 8000:
    I. Responsabilidade social refere-se somente ao trabalho infantil e ao trabalho forçado.
    II. Aplica um padrão de desempenho.
    III. A Social Accountability International (SAI) foi a responsável pelo desenvolvimento da norma.
    a. As afirmativas I e III estão corretas.
    b. As afirmativas I, II e III estão incorretas.
    c. As afirmativas I e II estão corretas.
    d. Somente a afirmativa II está correta.

5. Com relação às afirmações a seguir, indique a alternativa correta:
    I. Meio ambiente significa estritamente o meio físico.
    II. "Fazer" corresponde à dimensão interna da ação humana.
    III. O conceito de desenvolvimento sustentável refere-se ao limite do emprego dos recursos naturais de modo a não prejudicar a sua utilização pelas futuras gerações.

a. Somente a afirmativa II está correta.
b. As afirmativas I e III estão corretas.
c. As afirmativas I e II estão corretas.
d. Somente a afirmativa III está correta.

> **PARA SABER MAIS**
>
> Se você estiver interessado em ampliar seus conhecimentos sobre os assuntos que abordamos neste capítulo, sugerimos que leia estes dois livros:
>
> OLIVEIRA, J. A. P. de. EMPRESAS NA SOCIEDADE: sustentabilidade e responsabilidade social. Rio de Janeiro: Campus, 2008.
>
> TACHIZAWA, T.; ANDRADE, R. O. B. **Gestão socioambiental**: estratégias na nova era da sustentabilidade. Rio de Janeiro: Campus, 2008.

CAPÍTULO 3
GESTÃO DAS ORGANIZAÇÕES

CONTEÚDOS DO CAPÍTULO

- Conceitos de *organização*.
- Estruturas organizacionais.
- Gestão de mudanças e inovações nas organizações.
- Gestão participativa.
- Comunicação nas organizações.
- Motivação.

APÓS O ESTUDO DESTE CAPÍTULO, VOCÊ SERÁ CAPAZ DE:

1. descrever as características das estruturas organizacionais centradas em tarefas e em pessoas;
2. identificar as diferentes estruturas organizacionais, desde as funcionais até as estruturas em rede e por processo;
3. conhecer os passos-chave para a implantação de mudanças nas organizações;
4. caracterizar os procedimentos-chave para o envolvimento e a participação eficaz dos colaboradores nas atividades da organização;
5. conhecer os aspectos da comunicação empresarial que produzem a melhoria da gestão do conhecimento;
6. saber construir valores significativos compartilhados com a equipe.

3.1 CONCEITOS DE ORGANIZAÇÃO

Para o melhor entendimento da gestão de organização, iremos refletir sobre alguns conceitos referentes a tal prática, sob os seguintes enfoques: pessoa e empresa; a empresa como reflexo da pessoa.

3.1.1 PESSOA E EMPRESA

No início do século passado, Frederick Taylor (1960), um dos fundadores do **sistema de administração científica**, aplicava à produção os conceitos de *tempos* e *métodos*. Com isso, por meio da partição dos trabalhos em seus elementos átomos ou mínimos, conseguia resultados espetaculares de produtividade.

> Esse procedimento apoiava-se na concepção de eficácia, sendo os trabalhos divididos em **de planejamento** e **de pura execução**.

Também no início do século passado, Fayol (1960), com base em semelhantes ideias de divisão do trabalho, estabeleceu a **teoria clássica da administração**, na qual desenvolveu 14 princípios básicos. Nasceu, com isso, a **organização burocrática funcional departamentalizada**, cuja influência permanece até os dias de hoje. Os princípios fundamentais dessa organização são:

- Toda responsabilidade há de ser acompanhada da necessária autoridade (responsabilidade/autoridade).
- Todo subordinado deve depender de um único chefe (unidade de mando).
- Existem limitações no número de subordinados que um chefe pode supervisionar (*span* de controle).
- Cada objetivo deve ter um único responsável (unidade de direção).

A **escola de administração científica** nasceu com o propósito de ser a solução universal para a administração de empresas ou qualquer tipo de instituição. Esse modo de administrar apoia-se fundamentalmente em dar prioridade à tecnologia, à atividade ou à função sobre a pessoa. Para Stoner e Freeman (1999, p. 27), "A teoria clássica das organizações surgiu da necessidade de encontrar as linhas mestras para administrar organizações complexas como as fábricas". Por uma questão de eficácia, os adeptos da teoria clássica consideraram que **a divisão do**

trabalho favorece a especialização e, consequentemente, a capacidade de atingir uma melhor qualidade, atribuindo um número menor de atividades a cada pessoa. Assim, a concepção foi de que, para trabalhos especializados, podem ser treinadas as pessoas mais afeitas a determinadas funções, obtendo-se, assim, maior rendimento nos procedimentos de desenvolvimento das tarefas.

O **princípio de divisão entre tarefas de planejamento e de execução também se apoiou em um critério de eficácia técnica**, pois aquele que se dedica a estudar o conjunto das atividades precisa de uma formação mais acurada. A princípio, é capaz de organizá-las melhor e, portanto, definir adequadamente as tarefas que devem ser executadas pelos outros. **Uns planejam e outros executam**.

> Foram inegáveis os ganhos técnicos desse sistema, mas ao custo da conversão dos homens em engrenagens de uma máquina.

Esse modo de proceder colocou a eficácia técnica do trabalho ou da função como prioridade na organização da empresa. No entanto, sabemos que quando não são contempladas as necessidades das pessoas na organização, é afetada a dimensão essencial do ser humano, pois um indivíduo não pode ser tratado como simples meio ou recurso no processo organizativo.

> A dignidade da pessoa requer o respeito e a adequação do trabalho à sua natureza de caráter racional e livre.

Assim, nesse contexto de valoração da dignidade humana, Barnard (1938) promoveu outra abordagem para a administração de empresas: uma perspectiva mais voltada para as pessoas.

Em concordância com Barnard, os autores Stoner e Freeman (1999, p. 29) confirmam que "uma empresa só pode operar com eficiência e sobreviver quando os objetivos da organização são mantidos em equilíbrio com os objetivos e as necessidades dos indivíduos que para ela trabalham".

Assim, as concepções de Taylor e Fayol foram se mostrando ultrapassadas e as estruturas organizativas foram adquirindo perfis mais próximos daquilo que requer a dignidade das pessoas.

> Aqui, é necessário fazermos uma pergunta: Quais são os fatores que favorecem a dignidade das pessoas em uma organização?

Na proporção que os fatores motivacionais mais elevados são reconhecidos por parte das pessoas que compõem a organização, a configuração do trabalho é enriquecida com espaços para maior liberdade, fator que dá maior sentido às atividades e, portanto, maior dignidade aos colaboradores.

Sabemos que se estabelece nas empresas um processo de concausa – o modelo de pessoa que serve de base para o desenho da instituição configura as linhas mestras da estrutura organizacional e também a sua cultura, e esta, por retroalimentação, desenvolve ou inibe o crescimento da pessoa.

3.1.2 A EMPRESA: REFLEXO DA PESSOA

A distinção da organização voltada para as tarefas daquela que é voltada para as pessoas adquire, de acordo com Likert (1961), um valor enorme dentro da perspectiva da valorização e da promoção do ser humano na instituição, pois, como afirma Llano (1996, p. 108, tradução nossa), "há dois modos de conceber a empresa: como uma organização centrada nas tarefas que devem fazer os homens; ou como uma organização centrada nos homens que devem fazer as tarefas".

Assim, entendemos que a gestão das organizações atinge resultados distintos, de acordo com cada uma das abordagens.

1º Se forem **as tarefas o centro da atenção,** cabe ao administrador desenhar, definir, controlar e planejar essas tarefas, buscando resultados mensuráveis. Assim, **as pessoas estarão subordinadas às metas e às tarefas.**

2º Por outro lado, **se o eixo forem as pessoas,**

> *o que interessam são as suas aspirações, que se configurarão em objetivos, suscitando neles o desejo de atingi-los.* ***Desejo que se denomina motivação.*** *Não se trata já do homem se ajustar a uma tarefa que lhe foi atribuída, mas que a tarefa proceda desse homem estimulado pelo desafio de atingir um objetivo. Nesse caso, é o ser humano que configura o sistema de trabalho em vez de ficar configurado por ele. A tarefa de direção não é a de controlar o modo de fazer o trabalho, mas o estímulo ao trabalhador.* (Llano, 1996, p. 108, grifo nosso, tradução nossa)

Sob essa segunda perspectiva, origina-se um **enfoque humanista** na implementação das mudanças dentro da empresa, de modo a adaptá-la às novas circunstâncias.

O critério da prioridade das pessoas sobre as tarefas pode nortear o desenho da organização e dos trabalhos envolvidos, o que influencia o modo como os propósitos são formulados, como as informações e os conhecimentos são processados e como as pessoas são motivadas no trabalho.

Podemos considerar como **fundamento da cultura organizacional** os valores éticos compartilhados por seus membros e estimulados pelos altos dirigentes da empresa. Isso porque, de acordo com Llano (1996, p. 109, tradução nossa),

> *A empresa se desenvolve do âmago das pessoas. Corresponde ao estilo de vida dos que a criam, é o reflexo do caráter dos que a levam a cabo. Floresce a partir do modo de ser dos que a conduzem, é o fruto do espírito, do impulso e ânimo dos que a dirigem, e corresponde ao miolo existencial de seus homens.*

> Recebe a **denominação de *instituição***, segundo Pérez López (1994), aquela que promove uma cultura organizacional com base no sentido ético do trabalho e na centralidade da pessoa na empresa.

3.2 ESTRUTURAS ORGANIZACIONAIS

As organizações, ao longo do século passado, adotaram formas estruturais diversas, em razão:

- das necessidades;
- do tipo de atividade;
- da situação do mercado;
- do estado dos recursos tecnológicos envolvidos;
- da formação e da educação dos funcionários;
- de sua localização geográfica;
- da legislação pertinente etc.

Esses fatores passaram a exigir a definição de estruturas organizacionais mais eficazes. Há algumas que são dominantes e mantêm os seus traços característicos de forma constante ao longo do tempo, as quais listamos na sequência: **funcional, divisional, matricial, em ambientes de mudanças**, em **redes** e **horizontais**.

3.2.1 ORGANIZAÇÃO FUNCIONAL

A primeira preocupação das empresas de tipo industrial foi – em um primeiro momento – dominar as tecnologias de fabricação para aumentar a produtividade.

Na proporção que conseguiram sucesso na aquisição desse tipo de conhecimento, outros problemas passaram a ter prioridade, entre os quais estão:

- o aprimoramento da função de vendas;
- a administração de pessoal;
- a distribuição eficaz do que era produzido.

Muitos conhecimentos foram agregados progressivamente à empresa por meio de especialistas em determinadas funções. Nascia, assim, a figura da estrutura organizacional baseada em funções – que caracteriza as empresas funcionais. De acordo com Ricart (1996, p. 143, tradução nossa),

> *A estrutura funcional orienta-se para os* inputs *da empresa, costuma ser muito centralizada, apoia-se na supervisão hierárquica, no planejamento e na padronização dos procedimentos. Por tudo isto, a organização funcional é adequada para empresas de certo tamanho, em entornos estáveis, com estratégias focadas e muito orientadas para a eficiência. [...] Em termos mais dinâmicos, a organização funcional desenvolve especialistas funcionais e, por causa disso, tende a criar barreiras entre funções, o excesso de burocracia e demasiados compartimentos estanques na organização.*

As organizações do tipo funcional geram um distanciamento crescente dos funcionários com relação à atividade-fim da empresa (atendimento das necessidades de clientes). Kanter (1997, p. 63), ao tratar de novas vertentes para a gestão das organizações, afirma que "a principal preocupação da burocracia é administrar uniformemente uma rotina conhecida, guiada por experiências passadas, e as necessidades atuais apontam para explorar as oportunidades onde quer que ocorram".

A especialização funcional dificulta a comunicação horizontal entre os diversos departamentos, pois o que é ótimo para determinada função muitas vezes acaba por prejudicar outras. Exemplos clássicos são os conflitos de objetivos entre o departamento de produção e o departamento de vendas, ou, ainda, entre o departamento de projetos e o departamento de produção.

Qual é o grau de vulnerabilidade da organização funcional?

Ela apresenta alta vulnerabilidade, porque sabemos que o critério de ajuste dos conflitos interfuncionais não pode ser simplesmente o **"ótimo da função"**, mas o **"ótimo para o conjunto"**.

Em uma dinâmica organizacional, conseguimos minimizar os conflitos quando o foco dos objetivos essenciais da organização e, concomitantemente, o de seus membros, dirige-se ao atendimento das necessidades dos clientes. No entanto, para que isso ocorra, não devemos priorizar simplesmente o que é melhor para a produção, para o projeto etc., mas sim o atendimento de necessidades e anseios do usuário ou do consumidor.

3.2.2 ORGANIZAÇÃO DIVISIONAL

Quando precisaram encontrar **soluções para atender à diversificação de produtos e mercados**, empresas como a IBM e a Dupont foram pioneiras e inovaram em termos de estrutura organizacional. Iniciaram a implantação de estruturas divisionais que possibilitaram a definição mais clara de cada produto ou mercado no que diz respeito aos resultados destes para a empresa e à responsabilidade dos gestores pelo produto e/ou serviço.

Como afirmam Stoner e Freeman (1999), são várias as vantagens de uma estrutura divisional para a empresa, pois, "Como todas as atividades, capacidades e competências especializadas necessárias para produzir e vender produtos específicos são agrupadas num mesmo lugar e sob um único comandante, todo o trabalho pode ser mais facilmente coordenado e mantido em um alto nível de desempenho" (Stoner; Freeman, 1999, p. 234).

Na defesa da importância da estrutura divisional, os autores apresentam ainda uma série de argumentações:

> *Tanto a qualidade como a velocidade na tomada de decisão é aumentada. As decisões no nível divisional são tomadas mais perto do local da ação. [...] a carga sobre a administração central é aliviada, porque os gerentes de divisão têm maior autoridade.* (Stoner; Freeman, 1999, p. 234)

Além disso, eles afirmam que talvez o mais importante seja o fato de a responsabilidade ser bem definida – "O desempenho de uma administração divisional pode ser medido em função dos lucros ou prejuízos da sua divisão" (Stoner; Freeman, 1999, p. 234).

3.2.3 ORGANIZAÇÃO MATRICIAL

As organizações do tipo matricial têm condições de atender, simultaneamente, a dois tipos de requisitos: por exemplo, ao requisito funcional e ao do negócio ou projeto. Ou, então, para citarmos mais um exemplo, entre os inúmeros possíveis: podem, simultaneamente, atender à estrutura divisional para produtos combinada com uma estruturação destinada a atender políticas internacionais.

Conforme as empresas foram se expandindo e com o desenvolvimento da globalização, elas recorreram ao emprego desse tipo de estrutura, em que há uma dimensão de linha gerencial por via de uma função ou de um departamento e outra relativa ao negócio específico.

> Nesse modelo, os funcionários estão subordinados, ao mesmo tempo, a um gerente funcional ou divisional e a outro de projeto ou de grupo.

Cada empregado reporta-se:

- ao **gerente divisional**, no que se refere aos produtos/negócios;
- ao **gerente nacional**, para tratar de questões de âmbito de política internacional da organização.

Como em algumas organizações, o sistema matricial é aplicado enquanto se desenvolve um projeto específico, de acordo com Bartlett e Ghoshal (1990, p. 138-154), há uma tendência de o estado de ânimo das pessoas ser afetado ao se extinguir um projeto e iniciar outro. Também se torna um fator delicado a dificuldade de adaptação dos funcionários à dupla autoridade, sistema em que, por vezes, podem ocorrer diretrizes conflitantes e responsabilidades mal definidas.

Nesse contexto, os estudos de Katz e Allen, citados por Fitte (1996, p. 40, tradução nossa), apontam que, "se as hierarquias de autoridade não são firmemente estabelecidas e efetivamente comunicadas, há o perigo, de acordo com alguns analistas, de que diretivas conflitantes e responsabilidades mal definidas lancem alguns administradores numa situação caótica".

Ainda que o sistema de tipo matricial seja de grande versatilidade e adaptabilidade a situações bastante complexas, é preciso extrema prudência em seu emprego. Devemos, para isso, prever a necessidade de preparação das pessoas no que diz respeito:

- a habilidades de negociação;
- à capacidade de saber distinguir os âmbitos de autoridade dos gerentes a que estão subordinados;
- à capacidade de compaginar prudencialmente as diretrizes dos seus gerentes.

3.2.4 NOVAS ESTRUTURAS ORGANIZACIONAIS EM AMBIENTES DE MUDANÇA

Após conhecermos esses modelos de estruturas organizacionais, devemos estar atentos para transformações advindas das novas tecnologias de informação. Elas abrem horizontes amplos e possibilitam formatos de instituições extremamente interativos.

Nesse contexto, as empresas contam com elementos facilitadores à implantação de modelos mais ágeis para dar respostas ao contexto de mudanças atuais. Assim, à medida que o conhecimento agregado às atividades torna-se o valor necessário, **as ferramentas das tecnologias de** informação se mostram extremamente úteis para o desenvolvimento da aprendizagem organizacional.

A difusão de conhecimentos é um elemento facilitador, mas, evidentemente, realça ainda mais a necessidade da capacidade de aprender a aprender e de um maior envolvimento das pessoas na vida da empresa.

Assim, o desenvolvimento de culturas organizacionais que valorizam o ser humano comporta a possibilidade de trabalhos em equipes autogerenciáveis, em que há cada vez mais responsabilidade compartilhada pelo resultado das tarefas. Nesse sistema, **a supervisão entre pares ocorre de forma natural, tornando praticamente supérfluo o controle formal**.

Quando assumimos a necessidade de desenvolver atividades buscando resultados para os clientes, estes, em alguns casos, são incorporados à gestão da empresa, onde exercitam o controle interno e passam, desse modo, a serem o pivô da gestão moderna.

As empresas inteligentes modernas introduzem conceitos novos apoiados em sistemas de tecnologia de informação que eliminam a necessidade de controles burocráticos. **Substitui-se o controle formal por maior transparência, qualidade e rapidez informativa**. Nas palavras de Stoner e Freeman (1999, p. 238),

> *A comunicação é a chave para a coordenação eficaz. A coordenação depende diretamente da aquisição, da transmissão e do processamento de informações. Quanto maior a incerteza com relação às tarefas a serem coordenadas, maior a necessidade de informação. Por isso, é útil pensar na coordenação essencialmente como uma tarefa de processamento de informação.*

Como característica ou tendência geral, verificamos que as organizações estão se tornando mais planas e menos hierarquizadas. Também deduzimos disso a necessidade de haver maior capacidade potencial de coordenação de atividades dentro da empresa. Há a demanda de capacidades de gestão de pequenos grupos e de aprimoramento de conhecimentos e habilidades para desenvolver trabalhos em equipe.

Para atender a tais características, os modelos de gestão e de estrutura devem contribuir para a flexibilidade e o envolvimento dos funcionários, bem como atender aos requisitos de minimização de controles e maximização da responsabilidade pessoal. Segundo Stoner e Freeman (1999, p. 237), o grau de necessidade de coordenação dentro da organização depende "da natureza e dos requisitos de comunicação das tarefas realizadas e do grau de interdependência entre as várias unidades que as realizam".

Ainda esclarecem os autores citados que

> *Quando essas tarefas exigem ou podem se beneficiar do fluxo de informações entre unidades, o ótimo é ter um alto grau de coordenação. [...] Um alto grau de comunicação provavelmente será benéfico para trabalhos não rotineiros e imprevisíveis, para trabalhos em que os fatores no ambiente estejam mudando e para trabalhos em que seja alta a interdependência entre as tarefas.* (Stoner; Freeman, 1999, p. 237)

Como aumentar o envolvimento de funcionários nesse ambiente de mudanças?

Uma solução é o desenvolvimento de uma cultura de trabalho em equipe adequada ao tipo de atividade da organização (mercado, necessidades e formação de pessoas). São as equipes que ultrapassam limites interfuncionais e geram sinergias em trabalhos multidisciplinares.

Os elementos-chave para a integração das pessoas na empresa são:

- inserção na cultura da organização;
- visão de futuro;
- visão compartilhada de objetivos;
- metas e valores éticos etc.

Como você pode concluir, a responsabilidade compartilhada exige maiores e melhores níveis de formação técnica e humana nas novas configurações empresariais. **O exercício da autoridade torna-se cada vez menos determinado por posição hierárquica e mais por domínios de conhecimento**.

3.2.5 ORGANIZAÇÕES EM REDE

Esse tipo de estrutura decorre da tendência de definição das competências essenciais da própria empresa, portanto, das suas características competitivas peculiares, dificilmente imitáveis pela concorrência. Ricart (1996) apresenta três tipos distintos de organizações em rede, ilustrados na Figura 3.1.

FIGURA 3.1 – TIPOS DE REDES

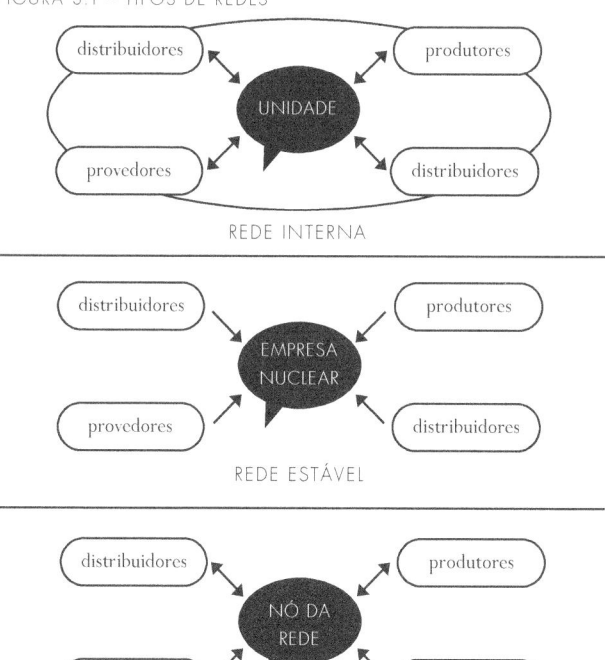

REDE INTERNA

REDE ESTÁVEL

REDE DINÂMICA

Fonte: Ricart, 1996.

Podemos verificar na figura que as redes podem ser internas, estáveis e dinâmicas.

As redes **internas** aproveitam os recursos de iniciativas por meio do intraempreendedorismo, que se caracteriza pela participação dos diversos atores dos negócios da própria organização em um novo projeto, no qual atuam como fornecedores.

Já as redes **estáveis** caracterizam-se pelo uso do sistema de subcontratação parcial, o que afeta algumas atividades de sua cadeia de valor: "Apesar de que os nós têm proprietários distintos, a empresa central desempenha um papel coordenador e fixa as relações estáveis com os outros membros da rede" (Ricart, 1996, p. 152, tradução nossa).

Por fim, as redes **dinâmicas** caracterizam-se como menos estáveis e estruturam-se para um determinado fim, como um projeto que envolve várias empresas, formando uma equipe de desenvolvimento – **quando a tarefa é finalizada, a rede se extingue**.

3.2.6 ORGANIZAÇÕES HORIZONTAIS

Na busca por derrubar barreiras interfuncionais, as organizações chegaram à estrutura horizontal. Esse modelo promove a melhoria dos sistemas de comunicação entre departamentos por meio de equipes interdisciplinares, forças-tarefa, coordenações de projeto etc.

Nas organizações voltadas para o mercado, primeiro devemos identificar os processos-chave que agregam valor para o cliente e, depois, definir as tarefas. São as equipes que atendem ao desenvolvimento das atividades do processo. Na Figura 3.2, vemos, esquematicamente, a organização do tipo horizontal comparada com a do tipo vertical.

FIGURA 3.2 – ORGANIZAÇÃO VERTICAL × ORGANIZAÇÃO HORIZONTAL

ORGANIZAÇÃO VERTICAL
- Direção geral
  - Departamento de Produção
  - Departamento de *Marketing*
  - Departamento de Projetos

ORGANIZAÇÃO HORIZONTAL

Líderes	Processos	Objetivos
líderes dos processos	processos-chave	objetivos-chave dirigidos a resultados
líder de gestão de pedidos	processos de pedidos através de equipes	redução de ciclos de tempo
líder de gestão logística integrada	processos de logística através de equipes	redução de custos
líder de gestão de tecnologia	processos de tecnologia através de equipes	produtividade

Fonte: Ricart, 1996.

> Esses dois tipos de estrutura, em rede e horizontal, constituem a tendência das organizações que mais bem se adaptam às circunstâncias atuais.

No entanto, não basta simplesmente configurar a estrutura para conseguir mudanças de mentalidade e hábitos profundamente arraigados. É necessário um trabalho de desenvolvimento pessoal, a fim de que os membros da organização contribuam para a eficácia das estruturas, pois o diferencial será, fundamentalmente, a adequação do comportamento das pessoas às novas formas de trabalho, as quais exigem, necessariamente, mais cooperação e participação por parte de todos.

3.3 GESTÃO DE MUDANÇAS E INOVAÇÕES NAS ORGANIZAÇÕES

Já foi constatado que as empresas que apresentam uma maior capacidade de inovação têm maior competitividade; logo, há a necessidade de, cada vez mais, buscar alternativas dentro das organizações, pelo simples fato de as empresas terem de se adaptar às pressões do entorno. A rapidez desse processo torna-se um fator diferencial competitivo.

3.3.1 CONTEXTO ATUAL

As mudanças em todos os âmbitos da empresa constituem-se em exigência de nossa época. Nesse contexto, são necessárias maior capacidade de adaptação e iniciativa por parte de todos os seus membros. Nessa situação, de acordo com Kotter (2000, p. 25),

> *As posições no alto da hierarquia, principalmente, requerem bastante liderança para lidar com um ambiente altamente volátil na empresa. As pessoas nesses cargos têm de ser capazes de lidar com controles e sistemas de planejamento, sistemas de recursos humanos e estruturas organizacionais complexos.*

Existe a tendência, em muitos setores, principalmente naqueles fundamentados em conhecimento, de agregação de valor aos produtos e aos serviços por meio de domínios de conhecimento. Dessa forma, fatores como **criatividade** e **inovação** são decisivos para a competitividade.

Adotando o conceito de *liderança* como a capacidade ou a qualidade daqueles que conduzem alterações, verificamos um aumento da demanda desta em todos os níveis da empresa, desde o pessoal de frente até a alta direção. Conduzir mudanças criativas e inovadoras revela-se, assim, uma tônica importante para o desenvolvimento e a sobrevivência das organizações. Para produzir inovações, as pessoas que compõem a organização são mais solicitadas no desenvolvimento de seus conhecimentos, suas habilidades e suas competências.

Toda mudança causa, por consequência natural, a apreensão das pessoas, pois há mudanças que podem não dar certo. Em todos os casos, exigem-se alterações de hábitos individuais, o que provoca resistências ativas ou passivas. Constatamos, então, que as repulsas surgem em função de uma percepção de perda de domínios pessoais. Como é necessário aprender a fazer coisas novas de novos modos, por mais boa vontade que se tenha, qualquer tipo de mudança irá gerar resistências.

3.3.2 FATORES IMPULSIONADORES DAS MUDANÇAS NAS ORGANIZAÇÕES

As mudanças são impulsionadas, fundamentalmente, por três fatores:
1. ameaças externas que afetam a sobrevivência da empresa;
2. oportunidades externas que abrem novos campos de ação;
3. a necessária rapidez de resposta às solicitações do mercado.

Esses fatores explicitados devem balizar a ação da alta gerência na elaboração de estratégias competitivas.

3.3.2.1 AMEAÇAS EXTERNAS

Considerando a realidade brasileira, percebemos que a influência das novas tecnologias em um meio de competição agressivo tem levado as organizações à necessidade da inovação como fator-chave, a fim de evitar a concorrência frontal com grupos poderosos. Nesse contexto, a estratégia da diferenciação de produtos e serviços é o caminho das pequenas e médias empresas. Trata-se de criar um referencial competitivo por meio de valor agregado em aspectos da produção regional. Como lembram Stoner e Freeman (1999, p. 300),

> *Mudanças ambientais ameaçam a sobrevivência da organização. Como qualquer sistema, as organizações dependem de seu ambiente externo e devem interagir com ele. Se uma organização perde o contato com seu ambiente, ela pode se ver oferecendo produtos ou serviços que poucas pessoas desejam comprar, enquanto concorrentes mais ágeis abocanham parte de sua fatia de mercado.*

Nesse sentido, esclarece Ricart (1996, p. 150, tradução nossa), com propriedade, que "o cliente está cada vez mais exigente e requer maior valor agregado e serviço. As empresas precisam dirigir-se para o cliente".

3.3.2.2 OPORTUNIDADES EXTERNAS

As pressões externas que favorecem as mudanças são as novas tecnologias, os novos conhecimentos, os novos materiais e as exigências do mercado ou dos clientes. As de cunho ambiental acabam por trazer oportunidades de crescimento, pois desenvolvem a capacidade de resolver problemas ou de se antecipar às necessidades, ou, ainda, de abrir novos campos de atividade.

Quando o ambiente torna-se mais competitivo, inicialmente, fazem-se mudanças de ordem incremental (passo a passo): primeiro diminuem-se os custos, depois, melhora-se a produtividade e, no final, dá-se um passo à frente. Essas são etapas necessárias para mudanças mais radicais.

Muitas empresas, de acordo com Kotter (2000), fizeram, por assim dizer, a "lição de casa", o passo a passo, e agora precisam de mais criatividade e inovação em aspectos-chave. Portanto, não basta uma mudança incremental. É necessário haver, sobretudo, aquela mudança que abre novos mercados (aspectos-chave), produtos e domínios de conhecimento. **Torna-se, então, essencial desenvolver capacidades competitivas dificilmente imitáveis**.

3.3.2.3 RAPIDEZ DE RESPOSTA

Em virtude da necessidade de rapidez de resposta às solicitações do meio competitivo, as organizações veem-se na urgência de inovar em termos organizativos. Há uma constante procura por novas formas de estrutura, mais flexíveis, com menos níveis hierárquicos. Atualmente, são necessárias "Organizações muito mais planas, com menos hierarquia, em que cada dirigente tem um número maior de colaboradores diretos a supervisionar e, sobretudo, maiores níveis de autonomia na organização. Observa-se um esforço progressivo para tornar realidade a autonomia de decisão dos empregados" (Kotter, 2000, p. 150).

É impressionante como uma boa parte dos gerentes têm dificuldades para conduzir mudanças. Kotter (2000, p. 34) afirma que, "Embora gerentes experientes costumem ter total consciência desse fato, só um número surpreendentemente pequeno deles reserva algum tempo antes de uma mudança organizacional para avaliar de forma sistemática quem poderia oferecer resistência à iniciativa de mudança e por quê".

FIGURA 3.3 – DIAGRAMA DE CAMPO DE FORÇA

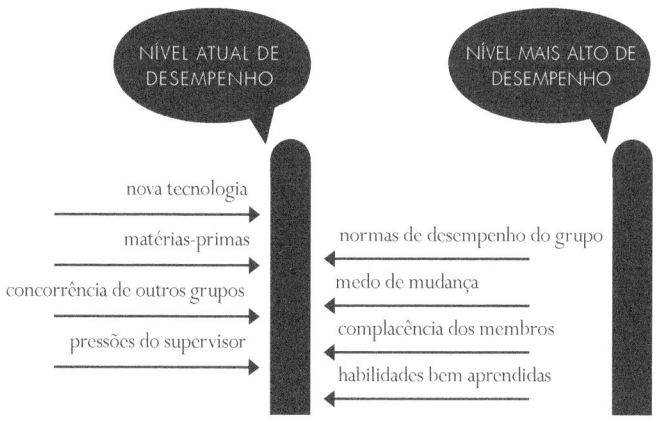

NÍVEL ATUAL DE DESEMPENHO

NÍVEL MAIS ALTO DE DESEMPENHO

nova tecnologia
matérias-primas
concorrência de outros grupos
pressões do supervisor

normas de desempenho do grupo
medo de mudança
complacência dos membros
habilidades bem aprendidas

Fonte: Stoner; Freeman, 1999.

Utilizando o modelo de Lewin, citado por Stoner e Freeman (1999), os que lideram esse processo não podem subestimar as resistências. Devem, sim, saber trabalhar suficientemente a conscientização e a superação das oposições por meio de frequentes e apropriadas **comunicação** e **preparação para a mudança**. De acordo com o modelo, podemos verificar que há forças que impulsionam a mudança e outras que a impedem e tendem à permanência do *status quo*.

Desse modo, saber lidar com essas questões passa a ser condição-chave de qualidade de liderança, pois, como **constantemente ocorrem mudanças**, é necessário maior habilidade em lidar com resistências humanas de comportamento.

O adequado trabalho – no que diz respeito ao desenvolvimento do ambiente ou ao clima organizacional – tem relação direta com a motivação das pessoas, sendo que a **motivação extrínseca** deve ser dimensionada adequadamente, pois devemos pensar sempre no benefício da mudança. As recompensas devem ser equilibradas entre as que se referem ao esforço pessoal, que deve ser valorizado, e as que se relacionam ao esforço coletivo ou de equipe. A definição do *in medio virtus*[1] entre o individual e o coletivo é sempre difícil, cabendo aos líderes a determinação das recompensas adequadas. Eles devem, sobretudo, primar por evitar a concorrência predatória, pois a melhor filosofia é a da competição legítima, para servir mais e melhor ao bem do conjunto.

É sabido que as **motivações intrínsecas** levam a uma maior atratividade por mudanças, pois encerram o desejo de aprender coisas novas, o desafio para atingir outros patamares de excelência e de serviço, a satisfação no trabalho que realizamos, entre outros fatores.

Mas, como procedermos para que haja essa motivação? Os funcionários têm de captar e se esforçar real e objetivamente pelos resultados do empreendimento, como se fosse algo próprio.

Por fim, a **motivação transcendente** é aquela em que se toma a ação pensando no bem do conjunto e dos outros.

> Por essa razão, a dimensão ética é absolutamente necessária nos processos de mudança, pois todo processo em que se usam artifícios de manipulação constitui-se em uma verdadeira armadilha.

Ao diagnosticar as resistências às mudanças, Kotter (2000, p. 35) aborda aspectos que têm conotação ética, observando que

> *É óbvio que todas as pessoas afetadas pela mudança experimentam uma perturbação emocional de alguma ordem. Mesmo mudanças que parecem ser "positivas" ou "racionais" envolvem perda e incerteza. Contudo, por diversas razões, indivíduos ou grupos podem reagir de maneiras muito diversas à mudança – desde a resistência passiva ou a tentativa agressiva de solapá-la até abraçá-la sinceramente.*

---

[1] Expressão latina que significa: "a virtude está no meio".

Esse diagnóstico é de grande importância para as reações emotivas que desencadeiam boa parte das ações das pessoas. Nesse mesmo sentido, como demonstra O'Toole, citado por Boyett e Boyett (1999), há muitas **razões** para as pessoas resistirem às mudanças, entre as quais se destacam as que analisaremos a seguir.

1. **Percepção do resultado negativo**
   O indivíduo ou o grupo que precisa mudar vai ser negativamente afetado pela mudança ou, pelo menos, pensa que vai.

   Vries (1999, p. 62, tradução nossa) explica que "a mudança desperta uma multidão de medos: do desconhecido, da perda de liberdade, da perda de *status* ou posição, da perda da responsabilidade e autoridade, e da perda de boas condições de trabalho e dinheiro".

2. **Medo de mais trabalho**
   Paul Strebel, diretor do Programa de Mudança para Gerentes Internacionais do International Institute for Management Development, em Lausanne (Suíça), citado por Vries (1999), afirma que os funcionários resistem à mudança principalmente porque as grandes alterações afetam os termos de pacto pessoal que eles têm com suas organizações. Strebel (citado por Vries, 1999) identificou três dimensões comuns entre esses pactos pessoais: formal, psicológica e social.

   - **Formal** – Captura as necessidades básicas em termos de desempenho e tarefas do cargo.
   - **Psicológica** – Aborda principalmente os aspectos implícitos do relacionamento com o funcionário.
   - **Social** – Os funcionários avaliam a cultura da organização por meio da dimensão social de seus pactos pessoais.

3. **É preciso mudar os hábitos**
   Nas mudanças, é necessário que os funcionários mudem os hábitos, muitas vezes já arraigados – essa é uma das razões para resistirem a elas.

4. **Falta de comunicação**

   Antes de compreender e aceitar uma alteração proposta, Kotter (2000) lembra que a maioria das pessoas busca respostas para uma série de perguntas, como as que apresentamos a seguir:

   - O que isso vai significar para mim?
   - O que isso vai significar para a organização?
   - Quais são as outras alternativas?
   - Serei capaz de agir de forma diferente?
   - Acredito realmente que essa mudança é necessária?
   - Esta é a direção certa?

   No entanto, é comum a organização não comunicar com eficácia **qual** é a alteração, **como** e **por que** ela está sendo feita, bem como não expressar claramente as expectativas de desempenho para o futuro.

   Ainda segundo Kotter (2000), em resposta a essas perguntas, na maioria das empresas a comunicação é 100%, 1.000% ou 10.000% deficiente.

5. **Incapacidade de alinhar a organização como um todo**

   Ocorre quando a estrutura, os sistemas, a tecnologia, as competências essenciais, o conhecimento e as habilidades dos funcionários e a cultura da organização (valores, normas, crenças e premissas) não são alinhados e integrados ao esforço de mudança.

6. **Rebelião dos funcionários**

   Algumas pessoas resistem à mudança porque acreditam que estão sendo obrigadas a mudar. Daryl Conner, fundador e presidente da Organisational Development Resources (ODR), citado por Vries (1999, p. 84, grifo nosso, tradução nossa), afirma que

   > *Não resistimos à incorporação de algo novo às nossas vidas tanto quanto resistimos à consequente perda de controle. Na verdade, a expressão **resistência à mudança** é um pouco confusa. As pessoas*

> *não resistem à mudança tanto quanto resistem às suas implicações – resistem ao sentimento de ambiguidade que surge quando o familiar deixa de ser relevante.*

Em suma, as pessoas não resistem à mudança tanto quanto resistem a ser modificadas.

Nesse sentido, a implantação de mudanças exige requisitos básicos para sua eficácia. A seguir, apresentamos um bom resumo das providências a serem tomadas, propostas por Kotter (1999) em forma de oito passos:

1º passo – Infusão do senso de urgência.
2º passo – Formação de uma poderosa coalizão orientadora.
3º passo – Criação da visão.
4º passo – Divulgação da visão.
5º passo – Capacitação de outras pessoas para atuar conforme a visão.
6º passo – Planejamento e promoção de vitórias em curto prazo.
7º passo – Consolidação das melhorias e do desenvolvimento de novas mudanças.
8º passo – Institucionalização das novas abordagens.

Esses passos para a implementação de mudanças exigem, por parte dos líderes, o desenvolvimento de qualidades para sua execução. Cada um dos passos requer, não só dos dirigentes, mas de todas as pessoas, **qualidades éticas fundamentais,** como decisão ou prudência, sentido de justiça, solidariedade e temperança – que é o controle emocional –, bem como a fortaleza para empreender e manter o esforço necessário a fim de não se perder a paciência ou se desistir do processo.

Vemos, então, que as mudanças exigem, principalmente, uma virtude: a **firmeza da vontade**. Isso porque cada passo corresponde a um bem árduo que se conquista com constância e tenacidade. Não podemos querer resultados sem um trabalho prévio que possibilite criar condições facilitadoras das mudanças – trata-se do cultivo da ética das virtudes. Covey (1994) faz uma abordagem semelhante por meio da metáfora do agricultor, em que descreve o trabalho de acordo com as etapas da lei da fazenda: preparar o solo, plantar as sementes, cultivar, tirar as ervas daninhas, regar etc.

3.3.3 ORGANIZAÇÕES DE SUCESSO

O desenvolvimento da cultura organizacional apresenta-se como importante ferramenta de suporte para a disseminação e o fortalecimento das novas diretrizes requisitadas pelas mudanças.

> **O QUE É CULTURA ORGANIZACIONAL?**
> Pode ser considerada uma importante força para moldar e manter a identidade de uma organização. Segundo Covey (1989), é "o conjunto de conhecimentos importantes, como normas, valores, atitudes e crenças, compartilhados pelos membros da organização".

A própria cultura da organização pode, dependendo da profundidade das mudanças, sofrer alterações que venham exigir atenção especial à comunicação adequada entre todos os colaboradores da instituição, bem como entre todas as entidades com as quais ela se relaciona em nível operacional, tático ou estratégico.

O conhecimento das mudanças específicas – como as eventuais alterações nos valores maiores da organização, que refletem em sua cultura – é de extrema importância para os colaboradores, a fim de que possam compreender corretamente o processo.

3.3.4 O SER HUMANO COMO DIFERENCIAL COMPETITIVO

Apesar do fato de haver muitas variáveis que contribuam para o maior ou menor nível de sucesso de uma organização – entre elas, a utilização de tecnologias de vanguarda, o posicionamento mercadológico adequado e a existência de um planejamento estratégico bem elaborado –, **são as pessoas que vêm a ser, cada vez mais, o real fator de diferenciação entre as empresas de sucesso e as que fracassam.**

Considerando esse entendimento, Chiavenato (1999, p. 43) afirma que os "Bens humanos, portanto, nos apresentam um paradoxo. Como as pessoas constituem a sua vantagem competitiva, a empresa precisa investir nelas, desenvolvê-las e ceder-lhes espaço para seus talentos".

As relações no ambiente de trabalho passaram por diversas mudanças nos últimos anos, principalmente a partir da década de 1980, em virtude do rápido desenvolvimento da tecnologia. Essa alteração teve um impacto direto na atuação dos recursos humanos, que se viram diante do desafio imposto pela nova realidade: abandonar a postura focada em processos burocráticos para seguir outra posição – a de alavancar o crescimento das organizações utilizando-se os recursos criativos e inovadores das pessoas.

Portanto, os dirigentes de topo devem estar atentos às inovações em práticas de gestão e desenhos organizativos, às formas de enriquecimento de trabalhos e aos modos de desenvolver pessoas, com a finalidade de criar maiores chances de sucesso para suas organizações, e não somente incentivar inovações em produtos e serviços. É ainda dentro dessa óptica que fatores como **competência**, **relacionamento** e **valores** devem ser considerados para efeito de análise de mudanças.

O caminho seguido pelas organizações, em um primeiro momento, foi o de investir em processos que viessem a garantir resultados. O **ser humano** é, ainda hoje, na prática administrativa, considerado como **recurso** em um número significativo de instituições. Entretanto, já há algum tempo, **as empresas de boa visão posicionam o setor de recursos humanos como responsável pela integração das estruturas internas e externas da empresa**.

O impacto desse entendimento sobre **a importância do ser humano como diferencial competitivo** demanda um aumento da capacidade de gerenciar situações diversas, complexas e, por vezes, ambíguas, pois uma empresa não é simplesmente um conjunto de produtos, e sim um conjunto de pessoas com individualidades a serem respeitadas, com competências e habilidades que devem ser utilizadas em harmonia para criar novos negócios.

3.3.5 DESENVOLVIMENTO ORGANIZACIONAL COMO SUPORTE AO PROCESSO DE MUDANÇAS

O gerenciamento do processo de mudança organizacional, quando relacionado principalmente a aspectos culturais, pode ser facilitado por uma abordagem que incorpore os conceitos referentes ao desenvolvimento organizacional. Este pode ser definido como um "esforço de longo prazo, apoiado pela alta administração, para melhorar os processos de solução de problemas e de renovação de uma organização através de uma administração eficaz da cultura organizacional" (Stoner; Freeman, 1999, p. 302).

Os **processos de solução de problemas** referem-se aos métodos utilizados pela organização para lidar com ameaças e oportunidades em seu ambiente, ao passo que o **processo de renovação** refere-se ao modo como os administradores adaptam seus processos de solução de problemas ao ambiente.

> O desenvolvimento organizacional, na prática, procura concentrar-se nas pessoas, sendo, assim, uma cultura que molda as atitudes dos colaboradores e determina como a organização interage com o ambiente.

A organização deve permitir que os profissionais se posicionem como agentes de contínua transformação, desenhando processos e uma cultura que aumente a capacidade da empresa de mudar e de se adaptar a novas situações e a novos ambientes.

Portanto, sob essa perspectiva, é de igual relevância a **identificação de habilidades**, **conhecimentos** e **competências** dos membros que a compõem, como meio de possibilitar a otimização de competências entre eles.

Assim, as características peculiares de cada instituição devem ser respeitadas, e isso significa, entre outros aspectos, que o fato de um processo de gestão de mudanças ter obtido sucesso em uma organização não garante que o mesmo ocorrerá em outra, ainda que apresentem características semelhantes de produção, pois as pessoas que fazem parte de cada uma dessas empresas não são as mesmas.

3.3.6 ESTRATÉGIAS DE MUDANÇAS

Entendemos que, em um ambiente estável, onde ocorrem poucas mudanças, há menor reflexo das inovações organizacionais na estratégia e na configuração da empresa. Logo, se tomarmos como verdade a frase "a necessidade é a mãe da criatividade", é possível verificar que as dificuldades ou as exigências por novas soluções tornam-se fatores geradores da inovação.

Ainda que produtos e serviços tenham qualidade, à medida que as barreiras comerciais caem, as empresas sofrem com o aumento da concorrência no setor. A competição pelos mercados torna-se mais acirrada, e os produtores, caso não tomem outras medidas, são forçados a tornar, necessariamente, os preços menores. Nessas circunstâncias, é natural que ocorra a fase de comoditização dos produtos.

Assim, como o fator competitivo passa a ser o preço, o negócio, para ser viável economicamente, necessita que o ganho se dê em escala de produção. Portanto, a organização, para ganhar em volume como vantagem competitiva, tem de reduzir custos, ser eficiente em produzir e distribuir, fazer parcerias especiais etc.

> As estruturas funcionais e burocráticas são as mais eficientes para negócios de grande volume e mercados relativamente estáveis, mas totalmente inadequadas para estratégias de diferenciação, nas quais os produtos são ajustados às necessidades dos clientes.

Quando a qualidade do produto torna-se pré-requisito, é necessário recorrermos a estratégias de diferenciação que atendam a necessidades específicas e bem segmentadas de clientes. Gianesi e Correa (1994, p. 62), ao estudarem características e qualidades que vão sendo agregadas aos produtos – como o clima do atendimento, a competência, a cortesia, a credibilidade, o desempenho, a velocidade de atendimento, o atendimento pós-venda, o prazo de entrega etc. –, para que atendam às necessidades específicas dos clientes, afirmam: "As estratégias de competição devem então ser baseadas na diferenciação, no aumento de qualidade do serviço prestado e na criação de *switching costs*[2] (custos que oneram o consumidor no caso da troca de fornecedor)".

Hoje, um dos importantes *switching costs* corresponde à percepção, por parte dos consumidores, do grau de confiabilidade e excelência da instituição, sendo esse fator fundamental para obter-se a lealdade dos clientes. O sucesso dessas estratégias depende basicamente do desempenho da função de operações.

A conquista e a satisfação do consumidor, adquiridas na diferenciação em relação à concorrência, geram a necessidade de um projeto estratégico das operações de serviço. Segundo Porter (1980), citado por Gianesi e Correa (1994, p. 21),

> *há três estratégias genéricas que uma empresa pode utilizar, separadamente ou em conjunto, para competir nos mercados: liderança em custos, através de economia de escala, redução de custos pela experiência, minimização de custos em áreas como pesquisa e desenvolvimento, serviços, vendas, publicidade, entre outras; diferenciação, através da criação de algo que o setor industrial como um todo perceba como sendo exclusivo, como, por exemplo, projeto, imagem da marca, tecnologia, serviço ao consumidor, rede de distribuição, entre outros; e foco, através do atendimento excelente, em qualidade, serviços e custos, a um segmento de mercado restrito e bem definido.*

---

[2] Literalmente "custos de mudança".

Mais especificamente, de acordo com Porter (1980), uma empresa pode montar suas opções estratégicas com base nas seguintes dimensões:

- **especialização** em uma linha de produtos e/ou segmento de mercado;
- **identificação da marca**, principalmente por meio de publicidade;
- **integração vertical**, para frente ou para trás;
- **seleção de canais de distribuição**;
- **qualidade** do produto e liderança tecnológica;
- **políticas de preços** e posicionamento de custos referentes à manufatura, à distribuição ou aos serviços associados;
- **serviços associados ao produto**, como suporte a projeto, assistência técnica, crédito, entre outros;
- **alavancagem** financeira e operacional;
- **relacionamento** com a matriz e com instituições governamentais.

Em uma contribuição importante sobre o assunto, Kotler (1991), ao analisar elementos da competitividade em produtos e serviços, considera o valor fornecido ao consumidor como a diferença entre o **valor percebido** e o **preço pago** por ele.

> Entende-se como *valor percebido pelo cliente* aspectos que agregam maior valor tanto ao produto como ao serviço (padronização, velocidade, aparência, assistência técnica etc.). O preço compreende, além do valor monetário pago pelo consumidor, outros itens que devem ser minimizados, como custos de tempo, energia e desgaste psicológico.

Recebe destaque, atualmente, especialmente como **fator de diferenciação** da organização, o **tempo** ou a **velocidade de adaptação** às circunstâncias mutáveis do meio ambiente. Dessa forma, passa a ser decisiva para a competitividade, na maior parte das atividades, a rapidez de resposta às solicitações do mercado e às estratégias da concorrência.

Nesse contexto, a flexibilidade da organização, que é sua capacidade de oferecer respostas mais rápidas à adequação de soluções às exigências novas de clientes, requer formas estruturais mais ágeis, além de pessoal capacitado.

Constata-se que, para um ambiente estável, as tarefas na organização seguem um esquema mais padronizado, em que as competências e as habilidades têm contornos mais definidos e, portanto, pode-se procurar um desenvolvimento ótimo por meio de uma estrutura funcional.

Em ambientes mais turbulentos, as necessidades dirigem a organização para estruturas mais planas e flexíveis, com tarefas pouco definidas, a fim de que os funcionários sejam mais criativos e proativos, bem como desenvolvam maiores habilidades para a solução de problemas. Em contrapartida, dirigentes e gerentes devem prover seus colaboradores de maior e melhor informação, conhecimento e poder de decisão em hierarquias inferiores da empresa.

As organizações de base tecnológica precisam, além do exposto anteriormente, diferenciar-se por meio de seus conhecimentos essenciais. O domínio de conhecimentos constitui-se em fator-chave competitivo no momento atual, segundo a análise feita por Polanyl, citado por Johnson e Lundvall (2000, p. 11, tradução nossa):

> *Especialmente a inovação inicia no sistema de produção, pelo fato de que as partes importantes da base de conhecimento são tácitas, e provém da "rotina-base" do* "learning by doing"*, – do uso e interação – e não necessariamente das atividades de pesquisa ligadas propriamente à ciência e tecnologia.*

Assim que um **conhecimento** é explicitado e socializado na organização, tornando-se de domínio e/ou sendo considerado ciência-base para a atuação da empresa, ele possibilita o desenvolvimento de competências essenciais e transforma-se em **fator gerador de inovação e evolução**.

O diferencial competitivo, hoje, se dá, sobretudo, pela base de ciência e tecnologia que se domina, e não tanto em termos de produtos ou serviços oferecidos que lideram o mercado. Os autores Nonaka e Takeuchi (1997) levam em conta esse fato quando afirmam que o sucesso de empresas como a Honda, a Matsushita (atual Panasonic) e a Kao etc. encontra-se na habilidade de encontrar novas formas de gestão, que levem ao aumento da capacidade de geração de conhecimento organizacional.

3.4 GESTÃO PARTICIPATIVA

Uma instituição é constituída para atingir fins que as pessoas isoladamente teriam dificuldade ou impossibilidade de conseguir, como é o caso da produção e da distribuição da maior parte dos produtos e serviços aos quais os indivíduos têm acesso. Cada um deles exige o concurso de muitos atores da sociedade para a sua consecução – como é o caso, por exemplo, de uma folha de papel, de que dispomos com facilidade no escritório de uma organização.

3.4.1 ENVOLVIMENTO DOS FUNCIONÁRIOS

No processo citado anteriormente – a fabricação do papel –, desde a extração da matéria-prima, que é a celulose, até o produto final, há a demanda de uma cadeia enorme de transformações. Dessa forma, graças à cooperação e à interação de muitas organizações, há a oferta de produtos e serviços que suprem necessidades e promovem o desenvolvimento social. Sem essa adequada interação dos atores na sociedade, seria muito difícil termos acesso a determinados tipos de bens e serviços, em razão de sua complexidade.

FIGURA 3.4 – ELEMENTOS ESSENCIAIS DE UMA ORGANIZAÇÃO

ações humanas   necessidades

coordenação das ações

satisfação das necessidades

Fonte: Pérez López, 1994.

Assim, o desenvolvimento da sociedade por meio do seu sistema produtivo possibilita a solução de problemas e o atendimento das necessidades humanas com maior facilidade e qualidade.

O que caracteriza uma organização?

Para que se caracterize uma organização, não é suficiente que se agreguem a ela pessoas que tenham fins comuns; faz-se necessário que suas ações sejam minimamente coordenadas, pois "O verdadeiramente decisivo é que estas pessoas se organizem – coordenem sua atividade – ordenando a ação humana para a consecução de resultados que, ainda que por razões diferentes, estimem que lhes interessa atingir" (Pérez López, 1994, p. 19, tradução nossa).

Dependendo da adequação ou do alinhamento dessas finalidades, há maior ou menor comprometimento com a missão da organização.

FIGURA 3.5 – COMPOSIÇÃO DO SISTEMA REAL

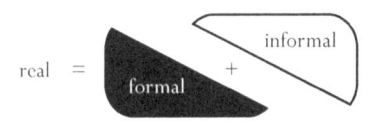

real = formal + informal

Fonte: Pérez López, 1994.

As fórmulas ou os modos de coordenar ações humanas para atingir os objetivos são regidos por sistemas de gestão que melhor se ajustem à realização dos objetivos da empresa e das pessoas a ela ligadas.

Por meio de uma análise simplificada, podemos concluir que a organização compõe-se de um sistema formal e outro informal de interações – conforme vimos na Figura 3.5.

O sistema formal é aquele que prevê o que as pessoas devem fazer para a empresa e, em contrapartida, o que vão receber dela por estarem trabalhando, sendo responsável por configurar a estrutura da empresa. **Esse tipo de estrutura** (sistema formal) representa o esqueleto de funcionamento do sistema produtivo e distributivo (o que se deve fazer para a empresa) e do sistema de incentivos (o que se recebe da empresa).

No entanto, **a empresa real não é uma estrutura de deveres e benefícios**, como fica configurado no sistema formal. A organização pressupõe, sobretudo, a interação entre pessoas que buscam um fim comum, o que não está totalmente previsto no sistema formal.

O entendimento de que o **sistema real** de funcionamento da empresa caracteriza-se pela combinação do **sistema formal** com o **sistema informal de interações** (que ocorre sem que haja necessidade de criar procedimentos) facilita o desenvolvimento da organização, pois é evidente que ambientes organizacionais que transmitem confiança e solidariedade são mais motivadores, estimulando a criatividade das pessoas.

Nesse contexto, o desenvolvimento do sistema espontâneo de interações torna-se fator-chave no desenho das formas de instituição que melhor favorecem as necessidades de inovação, criatividade, responsabilidade profissional e atendimento das necessidades do cliente com mais rapidez.

3.4.2 PODER NAS ORGANIZAÇÕES

Convém, no momento, aprofundarmo-nos no conhecimento sobre os usos do poder dentro da organização. O poder é exercido pela autoridade e, segundo Bochenski (1989), esta representa uma relação do tipo ternária **entre**:

- alguém **portador** de autoridades;
- alguém **sujeito** à autoridade; e
- um âmbito específico em que o portador exerce ou pode exercer a sua autoridade.

FIGURA 3.6 – AUTORIDADE – RELAÇÃO TERNÁRIA

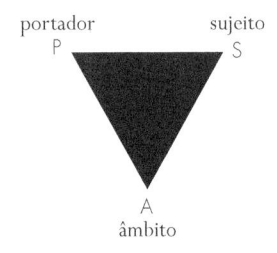

```
       portador          sujeito
          P                 S
                ▼
                A
              âmbito
```

Fonte: Bochenski, 1989.

No caso em que alguém exerce a autoridade, evidenciam-se os seguintes fatores, extremamente úteis, apresentados por Bochenski (1989):

1. **O portador de autoridade quer comunicar algo ao sujeito.** Por exemplo:
   - para que o chefe de negócios exercite a autoridade, tem de começar por transmitir uma ordem aos funcionários, que são seus subordinados;
   - para que o astrônomo pretenda ensinar a alguém sobre a Lua, tem também de querer comunicar sua ciência.

2. **O portador de autoridade comunica de fato a informação**, de forma assertiva, ao sujeito. Isso pressupõe que está em condições

de empregar certos sinais, como palavras, movimento de bandeiras, projeções de uma lanterna etc., capazes de transmitir o que ele deseja.

3. **O sujeito capta os sinais, em um primeiro momento, como meros processos materiais**, e, assim,
    - escuta o som;
    - vê o movimento de bandeira ou a projeção da luz, que estão fazendo parte daquele processo.

4. **O sujeito compreende os sinais**, isto é, está em condição de "decifrá-los", pois só assim pode chegar ao conhecimento da comunicação.

> Esses quatro pontos estão presentes em qualquer comunicação.

Na comunicação envolvendo autoridade, consideram-se, além disso, os seguintes aspectos:

5. **O sujeito não somente entende os sinais**, mas também o conteúdo do que está sendo comunicado em forma de asserção como ponto essencial.

6. **O sujeito reconhece** e admite o que lhe foi comunicado.

Há vários tipos de autoridade, que são formas concretas ou modos pelos quais um portador exerce sua influência sobre o sujeito em um determinado âmbito. Um desses tipos é o que provém do cargo ou da hierarquia na organização – **autoridade formal** (hierárquica, deontológica) –, que se costuma designar por *autoridade de linha*, a qual, segundo Stoner e Freeman (1999, p. 259), é "a autoridade dos administradores diretamente responsáveis, em toda a cadeia de comando da organização, por alcançar os objetivos da organização".

Outro tipo é o da **autoridade de** *staff* (epistemológica), que, de acordo com os mesmos autores, "é a autoridade dos grupos ou indivíduos que fornecem aconselhamentos ou serviços aos administradores de linha" (Stoner; Freeman, 1999, p. 259).

Portanto, **há uma categoria de autoridade (a formal) que se refere ao uso do poder mediante as ordens daquele que manda por força do seu cargo**. O campo específico do exercício desse tipo de autoridade refere-se, fundamentalmente, ao que deve ser feito. Esses mandatos podem ser adequados ou inadequados, justos ou injustos, convenientes ou inconvenientes, mas não verdadeiros ou falsos.

O outro tipo de **autoridade é a do domínio de conhecimento do especialista, que se exerce por meio de proposições** (conceitos, explicações, conhecimentos explícitos ou tácitos), pois já não se refere simplesmente a ordens (visite tal cliente, programe tal máquina, implante tal sistema), mas aos conhecimentos das ciências ou técnicas necessárias para realizar uma atividade com perfeição. Essa autoridade relaciona-se a um conteúdo que pode ser verdadeiro ou falso, quando confrontado com a ciência a que pertence ou, ainda, mais provável ou menos provável, quando confrontado com as hipóteses até então válidas.

Quando a autoridade se exercita por via de proposições, também pode ser denominada *epistemológica* ou *do saber*. É, por exemplo, a autoridade do operador de máquina, no que se refere ao conhecimento tácito (*know-how*), o saber que ele tem pela sua experiência na execução de determinadas tarefas.

As **tarefas de um líder empresarial**, de acordo com Llano (1996, p. 108), cada vez mais se assemelham aos processos de ensino-aprendizagem. Isso se dá pelo fato de a matéria-prima do trabalho ser de natureza intangível, como, estimular a inovação, o espírito empreendedor, entre outras habilidades. **O gestor, portanto, deve ser hábil na construção dialógica do conhecimento.**

FIGURA 3.7 – MECANISMO DE RETROALIMENTAÇÃO EM RELAÇÕES DE ENSINO-APRENDIZAGEM DINÂMICAS

retroalimentação em processo dialógico

ENSINAR
direção

APRENDER
execução

autocontrole dialógico, desenvolve trabalhos em equipe de alta capacidade de inovação

cooperação de autoridade formal do saber

ciclo dinâmico de ensino-aprendizagem

3.4.2.1 DELEGAÇÃO DA AUTORIDADE

A **autoridade deontológica ou de hierarquia** pode ser delegada, pois, de acordo com Bochenski (1989, p. 28, tradução nossa), "existe delegação quando o portador cede e transmite sua autoridade a outra pessoa". Por exemplo: quando o supervisor de produção indica a um subordinado que se encarregue da preparação de uma máquina, está delegando sua autoridade para aquele funcionário.

Já a **autoridade epistemológica** não permite o processo de delegar, uma vez que os conhecimentos do portador não se delegam, sendo necessário estabelecer o processo de ensino-aprendizagem.

Hoje, os líderes têm de ter **competência comunicativa** para conseguir conduzir mudanças e atingir resultados, pois isso também significa melhoria nos processos de ensino-aprendizagem. Não podemos transmitir, por meio de ordens, o domínio de conhecimento, habilidades e competências a outros. Assim, a tarefa dos líderes cada vez mais está em estimular e desenvolver continuamente as qualidades e as competências de seus colaboradores.

Essas ideias são esclarecidas também por Stoner e Freeman (1999, p. 260), que definem *delegação* como sendo o "ato de atribuir a um subordinado autoridade formal e responsabilidade pela realização de atividades específicas". Mesmo tendo delegado autoridade para um sujeito em determinado âmbito, o portador principal de autoridade não pode abdicar da responsabilidade pelos resultados da ação. **Pode e deve compartilhar a responsabilidade com subalternos**.

Nesse âmbito, dentro de um sistema estanque de delegação, Moller (1992) sugere que se levem em conta alguns princípios em termos de responsabilidade e autoridade, os quais se resumem na compreensão, por parte do profissional, de suas responsabilidades e sua autoridade, acertando com seu chefe se as tarefas são de classe **A**, **B** ou **C**:

- **A** – Você pode executá-las sem perguntar ou reportar-se de volta ao seu chefe.
- **B** – Você pode executá-las sem perguntar ao seu chefe, mas isso exige que se reporte a ele quando as concluir
- **C** – Você pode iniciar as tarefas, mas não pode responsabilizar-se por elas sem consultar seu chefe.

Esse tipo de conselho é extremamente útil para igualar quadros mentais entre as pessoas que trabalham dentro da organização e estão compartilhando responsabilidades.

3.4.3 EMPOWERMENT

Para agregar o valor advindo da aquisição de novas tecnologias e da rapidez de inovação de produtos e serviços – considerando o fato de que é preciso agregar **conhecimento** às atividades da empresa – é necessário desenvolver formas de trabalho que possibilitem:

- ·· a socialização;
- ·· a criação;
- ·· a combinação e a internalização dos conhecimentos (ver Figura 3.6).

Isso gera pressão para a mudança de estilos de gestão. Os sistemas interativos de cadeia de autoridade de linha (deontológica) e de saber (epistemológica) devem se ajustar em equipes multidisciplinares flexíveis e com alta qualidade de decisão. As cadeias de geração do conhecimento e os processos inovadores exigem modelos e estruturas organizacionais (do tipo **antropológico**) mais do que sistemas mecanicistas tayloristas.

> *É curioso verificar que a lista popular das maiores empresas da Fortune, que mede as organizações mercantis somente sob parâmetros numéricos, em vendas, ativos ou benefícios, tenha respondido frontalmente com* The 100 Best Companies to Work for in America *(As cem melhores companhias para se trabalhar na América), que se atém aos seguintes parâmetros qualitativos: remuneração aos componentes da empresa, oportunidades de capacitação, segurança ou permanência no trabalho, orgulho pela pertença à empresa, confiança na justiça das relações laborais e companheirismo e cordialidade nelas.* (Llano, 1996, p. 108, tradução nossa)

O termo *empowerment* de nenhuma maneira pode significar uma delegação sem responsabilidade. Conforme esclarece Llano (1996), "A construção do contexto para a mudança consiste em preparar os participantes, compreender o que sabem e o que não sabem fazer, trabalhar com eles, observar o seu desempenho, proporcionar-lhes *feedback* e promover o diálogo constante". Aliás, como afirma Chiavenato (1999, p. 215):

> *O empowerment exige pessoas treinadas e capacitadas [...] [e] impõe as seguintes condições para funcionar:*
> *1. Envolva as pessoas na escolha de suas responsabilidades e na definição dos métodos para executar as tarefas.*
> *2. Crie um ambiente de cooperação, de compartilhamento das informações, discussão e de estabelecimento conjunto dos próprios objetivos.*
> *3. Encoraje as pessoas a assumir iniciativa, tomar decisões e colocar em uso os seus conhecimentos e habilidades.*
> *4. Peça opinião das pessoas; quando surgirem os problemas, veja o que elas pensam e faça-as ajudar a desenhar as soluções.*
> *5. Saia do meio do caminho; deixe as pessoas colocarem suas ideias e soluções em prática.*
> *6. Mantenha a equipe com moral alto e confiança, reconhecendo os sucessos, recompensando resultados e encorajando um elevado desempenho.*

Portanto, aplica-se à situação em que maiores e melhores condições de poder de decisão são dadas às pessoas em níveis hierárquicos inferiores, favorecendo o envolvimento e o crescimento do sentido de responsabilidade pelos resultados globais a atingir. *Empowerment* **é um processo que busca favorecer a gestão de responsabilidade individual e coletiva em todas as instâncias da organização**.

Isso ocorre em razão da descoberta de que o reforço à tomada de decisão feita pelas pessoas que estão mais próximas de onde ocorrem os problemas gera o envolvimento e o crescimento de sua capacidade de iniciativa. Os trabalhos assim equacionados e enriquecidos por novas competências tornam-se mais atrativos e desafiadores.

3.4.4 ESTILOS DE ORGANIZAÇÃO

As organizações, em sua grande maioria, continuam despreparadas para trabalhar em um ambiente de constantes mudanças, em razão de terem o poder muito centralizado e de não favorecerem o desenvolvimento do potencial criativo e inovador dos seus membros. Elas estão, em certo sentido, viciadas pelo estilo gerencial fundamentado na desconfiança presente nas empresas de estilo departamental.

De acordo com Hehn (1999), "As organizações departamentais tradicionais (burocráticas) têm uma dinâmica organizacional dominada por uma forte noção de território, valorização do poder e da hierarquia, independência das áreas, forte relação de lealdade entre chefe e subordinados".

Ainda em relação às organizações burocráticas, também é da mesma opinião Kanter, citado por Hehn (1999), quando afirma que "a burocracia tende a centralizar-se em cargos, uma vez que a autoridade emana do cargo, e o status ou nível hierárquico é fundamental. As organizações pós-empreendedoras tendem a centralizar-se mais nas pessoas, emanando a autoridade do *expertise* ou dos relacionamentos".

Líderes são os que conduzem mudanças e, por essa razão, como há uma enorme pressão para mudanças de todo os tipos e com mais rapidez, eles são mais necessários. O enfraquecimento dos territórios cultivados pelo sistema departamental dá-se por meio da organização orientada para processos, nos quais se reforça o sentido do trabalho cooperativo e solidário.

Esse tipo de estrutura mais flexível exige, por sua vez, um grande esforço para vencer as resistências à mudança, e o desenho das organizações passa a ser elemento importante na inovação da gestão empresarial.

Assim, as organizações mais bem preparadas para um ambiente de mudança são as que se caracterizam por aquelas dimensões que Senge (1990) desenvolveu em sua obra *A quinta disciplina*: mestria pessoal, modelos mentais, visão compartilhada, aprendizado em equipe e pensamento sistêmico:

- A primeira disciplina – **mestria pessoal** – refere-se ao autodomínio, à situação em que as pessoas buscam com esforço uma melhoria continuada dos seus conhecimentos, com afã de saber e aprender, e acabam por adquirir um domínio de ofício como o dos antigos artesãos.

- A segunda trata dos **modelos mentais**, exigindo uma abertura de cabeça e de coração (razão e emoção) para atuar em condições extremamente imprevisíveis.

- A terceira refere-se à necessidade de haver uma **visão compartilhada** que vise a um alinhamento de metas, objetivos e esforços.

- A quarta é a que leva à **aprendizagem em equipe**, pois as *learning organizations*[3] são capazes de trabalhar em equipes multidisciplinares e adquirir conhecimento.

- Por fim, a quinta disciplina – **pensamento sistêmico** – abre o horizonte das pessoas dentro da organização, que passam a encarar suas ações e propostas de trabalho com uma visão do todo, sabendo avaliar as várias dimensões do impacto destas em um sistema.

---

[3] Organizações que aprendem.

3.4.4.1 EQUIPES INOVADORAS

O **conhecimento tácito**, que se efetiva pela experiência dos profissionais nas diversas áreas (inclusive de pessoas de fora da organização e de áreas que, em princípio, não estão diretamente relacionadas com produtos e serviços fornecidos), de acordo com Nonaka e Takeuchi (1997), precisa ser aproveitado e socializado.

Esse é o primeiro passo para a disseminação do conhecimento na empresa, o que exige um ambiente de confiança mútua. Nesse contexto, as equipes multidisciplinares adquirem papel-chave no processo de inovação. É nessas condições que o *empowerment* nos trabalhos em equipes produz a **sinergia positiva** necessária para o processo de conexão de realidades mentais complementares e, por vezes, diferentes, gerando soluções inusitadas.

> O processo de externalização exige sistematização e generalização – extrair do que sabemos e elaborar tacitamente o conceito ou a teoria e os porquês que podem ser aplicados em outros casos.

A **combinação dos conhecimentos explícitos** também ocorre por meio da interação entre pessoas de formações distintas, como engenheiros de produção, engenheiros de projeto, pessoal de *marketing*, economistas, psicólogos etc.

As **visões complementares e o somatório dos conhecimentos formais** desses profissionais constroem um conhecimento aprimorado e operativo, formando **domínios de conhecimento** da organização que hoje são fatores estratégicos de inovação. Esse ciclo de conversão completa-se com a internalização do conhecimento, que, dessa forma, torna-se tácito.

> Esse processo, quando devidamente trabalhado, pode ser viabilizado em equipes destinadas à solução de problemas específicos ou à consecução de novos projetos dentro da organização.

O modelo de gestão participativa apresentado (o da quinta disciplina ou das *learning organization*) pode ser utilizado para a condução de mudanças, pois o seu esquema pode ser levado para todas as instâncias da empresa e também para clientes e fornecedores.

Para realizar melhor o trabalho ou esse processo, de acordo com Climent (1994, p. 151, grifo nosso, tradução nossa), é importante seguir uma pauta quaternária:

> *1. Cada pessoa deve **saber e entender a missão da equipe** para a qual trabalha.*
>
> *2. Para atuar com iniciativa própria, cada pessoa deve **ter competência suficiente**.*
>
> *3. Para realizar **decisões acertadas**, as pessoas necessitam de informação, não só da área de sua responsabilidade, mas também do todo para que sua área trabalha, e para isso é **necessário comunicação**.*
>
> *4. As pessoas necessitam que se confie nelas e que não venham a ser punidas injustamente por erros que possam cometer ao tomar iniciativas. A **confiança** significa saber que, quando se atua de boa fé e comete-se um erro, não se perde o emprego, a carreira ou se sofre uma punição injusta.*

A respeito do envolvimento das pessoas nas atividades é sugestiva a regra de ouro, formulada por Gubman (1999, p. 209, grifo nosso) em seu livro *Talento*:

> *você recebe na vida aquilo que dá. Quando você demonstra um interesse genuíno pelas pessoas, é isso que recebe de volta. Se você quer engajamento, entusiasmo e energia de seus empregados, demonstre-lhes essas coisas. Eles mostrarão de volta para você e seus clientes.*
>
> *O engajamento das pessoas exige, como afirmam os autores, um processo que envolve explicar, perguntar e envolver e que é descrito da seguinte forma:*
>
> ***Explicar**: as pessoas precisam saber aonde vão. É preciso dar-lhes explicação sobre o que se pretende delas, ajudando-as a identificar:*

- *um panorama para que possam saber aonde vão;*
- *o que estão tentando fazer para chegar lá;*
- *de que modo elas podem contribuir;*
- *e o que ganham em ajudar.*

Perguntar: *é melhor perguntar-lhes como elas podem contribuir, a pergunta é a melhor forma de envolvimento.*

Envolver: *Nancy Siska, vice-presidente da Cargill, diz que "as pessoas precisam ser donas dos problemas que trazem para você e ajudar a solucioná-los". Wayne Anderson, da Amoco, diz que: "As pessoas querem saber que fazem diferença".*

Um trabalho importante, no qual são citados vários casos de empresas que estimulam a iniciativa das pessoas, é relatado por Pinchot e Pinchot (1995), destacando o potencial de empreendedorismo latente nas organizações. Transcrevemos um dos relatos na sequência:

> *No início dos anos 70, o colapso da indústria de construção naval de Roterdã ameaçou a existência de vários departamentos da Endenburg Electrotechniek, especialmente um do qual os estaleiros locais contratavam serviços de eletricidade. A gerência se dirigiu ao departamento em questão e comunicou o que se temia ouvir: que a empresa provavelmente teria que fechar o departamento e reduzir o pessoal.*
>
> *As deliberações se concentraram nessas mudanças traumáticas, até que um eletricista sugeriu uma alternativa: os membros do departamento passariam a vestir terno e gravata e tentariam angariar serviços para os outros departamentos da empresa. Desse modo todos começaram a ver: a expansão dos negócios nos outros departamentos compensaria a perda registrada no departamento deficitário. Se eles fechassem negócios para os outros departamentos, logo seriam chamados para os serviços de eletricidade e retornariam à atividade. A equipe do departamento desenvolveu um plano com um horizonte de tempo de três meses, submeteu-o à administração e obteve o sinal verde. Essa tática foi um sucesso total e os membros da diretoria que haviam proposto reduções de pessoal renunciaram.*

Como você pode perceber, trata-se de um exemplo real e significativo do modelo de **gestão participativa**.

3.5 COMUNICAÇÃO NAS ORGANIZAÇÕES

Uma característica importante encontrada em Nonaka e Takeuchi (1997) é o estudo do processo de interação entre os conhecimentos **tácito** e **explícito**.

- O conhecimento **tácito** é o que está no interior das pessoas, sob a forma de experiências, hábitos, qualidades e competências. Em geral, é de difícil explicitação e advém de nossas experiências tanto no posto de trabalho como na solução efetiva de problemas, do aprendizado com outras pessoas ao longo da vida profissional etc.
- Já o conhecimento **explícito** – por vezes denominado *know-why* – é o que foi sistematizado, visando ao aprofundamento nas causas dos fenômenos ou no porquê dos resultados atingidos. A explicitação é decisiva para a criação, o acúmulo e a disseminação dos conhecimentos. Parte desse conhecimento é adquirida por via formal – nas escolas, em treinamentos, em cursos de especialização etc. – e parte por meio da experiência. Na construção do conhecimento de tipo explícito, partimos da experiência concreta e sensível, a fim de captarmos o genérico, o conceitual e o aplicável a outras situações similares.

Podemos estabelecer um parâmetro entre os dois com base no entendimento de que o **conhecimento tácito** é pessoal, já adquirido e assimilado, enquanto o **explícito** é obtido após madura reflexão e pesquisa. Este último pode ser externado por meio de sistematização e elaboração de artigos científicos ou configurado em procedimentos apresentados dentro da empresa etc.

Parte considerável dos conhecimentos adquiridos pelos componentes de uma organização é de natureza tácita, sendo que a forma mais eficaz de assimilação desse aprendizado se dá como na formação do artífice: aprendemos trabalhando com alguém, ou seja, *learning by doing*.[4]

Devemos lembrar que há áreas específicas de conhecimento que exigem habilidades especiais, difíceis de serem explicitadas, as quais são transmitidas por meio de uma aprendizagem socializada e da interação entre o detentor do conhecimento e o aprendiz.

> Toda aprendizagem que supõe desenvolver a arte de fazer necessita de habilidades desenvolvidas por meio do exercício e da prática constante.

A matriz indicada na Figura 3.8 mostra graficamente o resultado da conversão dos conhecimentos do tipo tácito e explícito. Essa alteração de um para o outro tipo gera as possibilidades indicadas na matriz.

FIGURA 3.8 – CONVERSÃO DOS CONHECIMENTOS

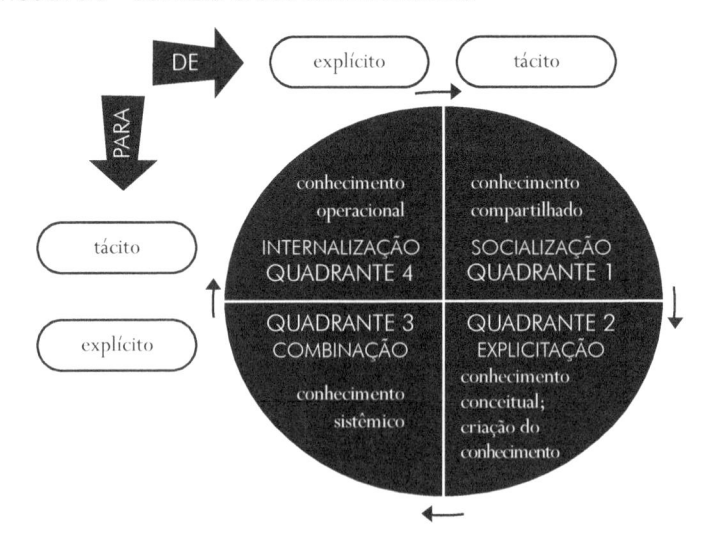

DE: explícito / tácito
PARA: tácito / explícito

- Quadrante 1 – SOCIALIZAÇÃO: conhecimento compartilhado
- Quadrante 2 – EXPLICITAÇÃO: conhecimento conceitual; criação do conhecimento
- Quadrante 3 – COMBINAÇÃO: conhecimento sistêmico
- Quadrante 4 – INTERNALIZAÇÃO: conhecimento operacional

Fonte: Nonaka; Takeuchi, 1997, p. 80.

Constituem-se, de acordo com nomenclatura de Nonaka e Takeuchi (1997), quatro modos característicos de conversão do conhecimento:

---

[4] Aprender fazendo.

1. tácito para tácito, denominado *socialização do conhecimento*;
2. tácito para explícito, denominado *explicitação*;
3. explícito para outros de tipo explícito, denominado *combinação*;
4. explícito para tácito, quando ocorre a *internalização* ou *assimilação*.

A efetiva criação do conhecimento ocorre especialmente na fase de explicitação do conhecimento (conversão do conhecimento tácito em explícito). Por meio do trabalho de busca das causas, do porquê dos efeitos observados, das melhores práticas empregadas, das experiências com resultados etc., construímos ciência, possibilitando a formulação de regras de atuação, generalizações e princípios gerais que podem ser transmitidos pelos meios usuais de aprendizagem, livros, procedimentos formais, cursos de treinamento e desenvolvimento etc.

Para a **retenção** e a **disseminação** dos conhecimentos na organização, é preciso haver o processo interativo de explicitação e internalização dos novos conhecimentos. É bem clara a necessidade de ocorrer a sequência básica desse processo:

1. há a **socialização do conhecimento** – aprendizado pela forma interativa entre os detentores de conhecimentos do tipo tácito;
2. em seguida, processo de **explicitação do conhecimento** – formulação do conhecimento por meio da ciência, dos processos ou dos procedimentos;
3. na sequência, a **conexão interativa** entre várias fontes de conhecimento explícito, que se expande e se aprofunda no conhecimento adquirido;
4. por último, a **assimilação dos conhecimentos**, para que estes se transformem em competências e habilidades adequadas às aplicações.

A adequação do desenvolvimento das equipes ao modo mais eficaz, a fim de que o conhecimento seja **adquirido, criado, acumulado** e **explorado** dentro da organização, torna as empresas mais capacitadas, que podem, assim, diferenciar-se de seus competidores.

É importante que o ciclo de conversão dos conhecimentos possa ser implantado de forma sistemática, de modo a transformar-se em uma cultura de aprendizagem organizacional. Nos vários níveis da organização, o hábito de usar esse procedimento propicia a disseminação e a retenção do conhecimento por parte de todos os atores que nela atuam. **A organização como um todo aprende quando se torna atenta às necessidades de todos os** *stakeholders*.

A implementação desse processo gera o que Nonaka e Takeuchi (1997) denominam *espiral do conhecimento*, sendo que a sua disseminação e assimilação desenvolvem e aprimoram uma cultura criativa e inovadora.

3.5.1 AS CONDIÇÕES CAPACITADORAS DA ESPIRAL DO CONHECIMENTO

Nesse processo, uma enorme importância é dada às **cinco condições capacitadoras** da criação do conhecimento organizacional, apresentadas por Nonaka e Takeuchi, a saber: **intenção, autonomia, flutuação, redundância** e **variedade de requisitos**.

FIGURA 3.9 – CONDIÇÕES CAPACITADORAS

- intenção
- autonomia
- flutuação
- redundância
- variedade de requisitos

CONDIÇÕES CAPACITADORAS

Fonte: Adaptado de Nonaka; Takeuchi, 1997.

> **Como se caracterizam essas cinco condições capacitadoras?**

1ª **A intenção**

A intenção diz respeito à aquisição de domínios tecnológicos estratégicos, constituindo-se em **domínio de conhecimento**. Ela tem por objetivo a criação de um diferencial competitivo para a organização, caracterizado por conhecimentos nucleares ou essenciais, bem como supõe uma sinalização ou uma comunicação a todos os funcionários sobre a linha de desenvolvimento dos conhecimentos, segundo as prioridades estabelecidas. As tecnologias essenciais passam a ser o núcleo comum e a força de desenvolvimento da organização.

2ª **A autonomia**

As **ideias originais** – que dizem respeito à autonomia – emanam de indivíduos autônomos e difundem-se dentro da equipe, transformando-se em ideias organizacionais. Portanto, uma das condições capacitadoras é o desenvolvimento das competências adequadas para a constituição de equipes auto-organizadas, em que aproveitamos a potencialidade criativa de equipes interfuncionais. O enriquecimento das soluções acontece por meio do estímulo à interdisciplinaridade e da capacidade de interação entre profissionais de diversas áreas do conhecimento.

3ª **A flutuação**

Dentre as condições capacitadoras, a **flutuação** ou **caos criativo** é a consideração da abertura para o todo. Faz-se necessária a revisão das perspectivas tradicionais de abordagem dos problemas ou dos enfoques, por vezes rígidos, da organização, em que devemos levar em conta a sua adequação às novas características do mercado. Nesse âmbito do processo, salientamos a condição reflexiva, pois uma pessoa que reflete quando age, transforma-se em um pesquisador no contexto prático. Assim, é necessário estimular o envolvimento de todos no processo de inovação, e a organização criadora do conhecimento precisa institucionalizar a reflexão na ação durante o processo para tornar o caos realmente criativo.

4ª **A redundância**

A redundância é a **superposição intencional dos conhecimentos** entre vários atores dentro da organização. Objetiva-se, por meio dela, que as funções não sejam estanques e que haja a possibilidade de uma maior interação entre elas. Um benefício extremamente interessante e proveitoso é obtido pelo compartilhamento de informações e pelo desenvolvimento interativo de conceitos. A participação de equipes distintas, dentro da organização, no desenvolvimento de produtos e serviços, produz resultados melhores na previsão de problemas de interface e acarreta uma melhor adequação às necessidades dos clientes. Também potencializa as interações informais na organização, agilizando a tomada de decisão e envolvendo os funcionários com os objetivos gerais da instituição. O modelo aplicado no Japão é citado como fonte de benefícios para a maior interação entre áreas tradicionais, como a de *marketing*, de projeto e de produção. As equipes interfuncionais para o desenvolvimento de projetos acabam sendo bastante vantajosas em termos de diminuição de tempo de execução e minimização de problemas nas fases de produção e montagem de produtos, graças à antecipação e à interação intencionalmente buscadas pela redundância de atividades.

5ª **A variedade de requisitos**

A variedade de requisitos define-se como uma **complementação da redundância**, na qual se procura favorecer a interação entre os conhecimentos específicos das várias áreas afetadas por um projeto ou por uma necessidade a ser atendida. O suprimento da diversidade de requisitos gera um produto ou um serviço bem mais adequado às condições específicas desejadas pelos clientes e pela sociedade como um todo.

3.5.2 MODELOS DE INTERAÇÃO DOS CONHECIMENTOS

> Há modelos para implantarmos a interação dos conhecimentos em uma organização?

O modelo que sugerimos para adquirir, criar, acumular e explorar o conhecimento nas instituições pode ser implantado de acordo com a Figura 3.10, na qual você pode identificar cada uma das seguintes fases: **compartilhamento do conhecimento tácito, criação dos conceitos, justificação dos conceitos, construção de um arquétipo** e **difusão interativa do conhecimento**.

FIGURA 3.10 – MODELO DE CINCO FASES

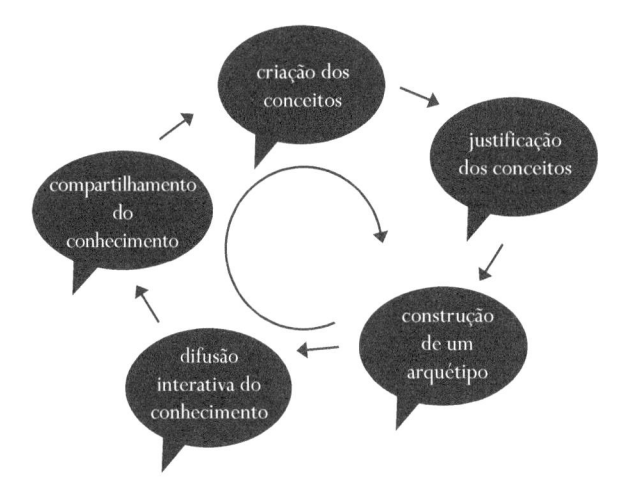

Fonte: Nonaka; Takeuchi, 1997, p. 96.

Primeira fase

Para o **compartilhamento dos conhecimentos** de tipo tácito, convém que sejam estimulados o envolvimento dos funcionários nos processos, as metas e os objetivos da organização. Podemos alcançar os resultados por meio da capacitação e do desenvolvimento das pessoas, para que, assim, tenham uma ação efetiva na tomada de decisão. Os sistemas participativos, nos quais as pessoas têm a responsabilidade de intervir tanto em pequenas como em grandes decisões, geram sinergia nas equipes, estimulando a capacidade de iniciativa e a criatividade.

Segunda fase

A **criação de conceitos**, de acordo com Nonaka e Takeuchi (1997), relaciona-se com o emprego da metáfora, pois o apelo do simbólico para uma diretriz de inovação acaba sendo fator gerador de soluções inesperadas e surpreendentes em produtos e serviços. Por exemplo: "o máximo para o homem e o mínimo para a máquina" foi o conceito revolucionário que norteou o projeto do Honda City.[5]

Terceira fase

A **justificação dos conceitos** corresponde à fase em que procuramos determinar a solução mais plausível para a execução do projeto.

Quarta fase

Construir um arquétipo ou realizar um anteprojeto corresponde à fase de implementação prática das ideias criativas, quando realizamos o contato com as dificuldades aplicativas do sistema, serviço ou produto.

Quinta fase

Durante o processo de desenvolvimento, há a **difusão dos conhecimentos** – o conhecimento e suas formas de conversão de tácito para explícito vão fluindo por todos os níveis, chegando a todas as pessoas da empresa. Ao estimularmos essa difusão de conhecimentos de forma institucional, há a produção do conhecimento organizacional por meio da assimilação e do intercâmbio entre as pessoas, ou seja, há o **compartilhamento do conhecimento**.

3.5.3 CATEGORIAS DE MODELOS DE GESTÃO ORGANIZACIONAL

Os modelos de gestão organizacional são estudados e categorizados em dois estilos-chave mais comuns:

---

[5] O projeto do Honda City é paradigmático no campo administrativo para todas as empresas como *case* de sucesso mundial, e dele se extraem melhores práticas no que se refere à abordagem de *empowerment* para as empresas que procuram "empoderar os seus colaboradores". Para saber mais sobre o estilo japonês de *empowerment*, consulte Nonaka; Takeuchi (1997).

1. *top-down* – de cima para baixo, que corresponde ao modelo burocrático; e
2. *bottom-up* – de baixo para cima, em que há mais flexibilidade e maior autonomia das camadas inferiores de funcionários na empresa, o que favorece o intraempreendimento.

Segundo Nonaka e Takeuchi (1997), o modelo burocrático, *top-down*, aplica-se a situações mais estáveis de mercado e a tipos fixos de produtos e serviços, além de propiciar melhores condições para o manejo do conhecimento explícito, mas negligencia o aproveitamento do conhecimento tácito na organização. Por outro lado, o modelo *bottom-up* acaba sendo mais adequado para lidar com o conhecimento do tipo tácito; no entanto, por sua ênfase na autonomia, torna mais difíceis a disseminação e o compartilhamento desse desenvolvimento na organização.

Nonaka e Takeuchi (1997) propõem um modelo de gestão misto, no qual a gerência média tem papel-chave na conexão entre diretoria e pessoal de frente ou de chão de fábrica. Trata-se do modelo *middle-up-down*, no qual ocorre o favorecimento da combinação e da internalização dos conhecimentos, aliado à virtude das forças-tarefa, que são mais apropriadas para a socialização e a explicitação dos conhecimentos.

Nonaka e Takeuchi (1997) são bastante práticos no modo de aplicação desse modelo de gestão *middle-up-down*, isto é: da gerência média para o topo da hierarquia e da gerência média para os colaboradores do nível de operações da empresa. Os autores propõem práticas importantes, tais como:

- criar uma visão do conhecimento;
- desenvolver uma equipe do conhecimento;
- construir um campo de alta densidade na linha de frente;
- "pegar carona" no processo de desenvolvimento de novos produtos;
- adotar um modelo gerencial *middle-up-down;*
- adotar a organização em hipertexto;

construir uma rede de conhecimentos com o mundo exterior.

Esse procedimento é extremamente útil para a criação, o desenvolvimento e a retenção do conhecimento. O desenvolvimento da cultura e da aprendizagem organizacional pode seguir os princípios elencados pelos autores em questão.

3.6 MOTIVAÇÃO

A compreensão adequada do que é *motivação* pode se dar por meio de uma breve história, que se resume em três tipos de comportamentos de pessoas diante das suas atividades profissionais. Vamos à história!

Conta-se de três pedreiros que estavam em uma obra, todos igualmente levantando paredes de tijolos com argamassa de cimento. Um visitante que ali passava resolveu indagar sobre o que cada um estava fazendo, sem que os demais tivessem a oportunidade de ouvir a indagação, pois estavam em pontos distantes uns dos outros.

O primeiro, sem hesitar, respondeu que "estava ganhando a sua vida, afinal de contas precisava se manter", e desfiou uma interminável série de dificuldades e condicionalismos para levar avante o trabalho que ali realizava.

A seguir, o segundo personagem, figura dinâmica e empreendedora, alguém que sabia o que queria, respondeu à mesma pergunta: "Estou construindo esta parede do edifício e tenho como meta levantar um metro a cada hora, pois aqueles que me contrataram vão precisar terminar essa obra ainda neste ano", e destacou vários aspectos de sua competência e produtividade, bem como o quanto ele tinha conseguido de prestígio graças às competências adquiridas na preparação do cimento, na técnica de levantar no prumo e nos esquadros as paredes, não só de tijolos, mas em diversos tipos de materiais de construção.

Finalmente, questionando o terceiro pedreiro sobre a razão do seu modo de trabalho, o visitante constatou em sua resposta algo maior que o aspecto material do trabalho, pois ficou claro para ele que a atividade de pedreiro, além de ser artesanal, era enriquecida com arte, significado, amor e interesse, elementos que não notou naqueles dois anteriores. Sua resposta foi: "Estou construindo uma catedral". Esse trabalhador enxergava a finalidade de sua atividade, visualizava a sua missão. Ele ainda explicou a sua preocupação pelo andamento da obra como um todo, preocupando-se com seus companheiros de trabalho e com o resultado final.

Dos três comportamentos, podemos verificar motivações dominantes bem diferentes:

- O primeiro tinha uma significativa motivação extrínseca, isto é, a tarefa a ser realizada não contava muito, o que importava predominantemente era a satisfação de necessidades de caráter básico ou de manutenção pessoal, e vimos pouco envolvimento na tarefa que realizava.
- No segundo, encontramos a atitude do profissional competente, que se identifica com sua profissão, cuja motivação dominante era de caráter intrínseco (motivação intrínseca), pois o que lhe movia era o interesse, o gosto pela tarefa e o desejo de aprender e crescer.
- Já o último deles tinha adquirido uma visão transcendente do seu trabalho, ultrapassando os resultados imediatos e efêmeros da tarefa materialmente realizada, projetando o horizonte da sua atividade de forma mais ampla.

Em sua teoria motivacional, Pérez López (1994, p. 55) descreve a **motivação extrínseca** como aquela que move a pessoa pelos incentivos externos que recebe em troca do trabalho ou pelo medo de uma possível punição. A **motivação intrínseca** é a que se realiza pelo envolvimento da pessoa tanto na aprendizagem como no desafio em tarefas inovadoras. Já a **motivação transcendente** é aquela presente na pessoa que identifica a sua missão na sua atividade – ela compreende qual é a sua contribuição para o conjunto e o bem que a atividade que realiza confere às pessoas que são afetadas por ela. Essa motivação é a que melhor imprime o caráter de responsabilidade pelo bem comum em virtude da ação humana. **O trabalho, nessa perspectiva, transforma-se em um serviço que prestamos às outras pessoas, cuja dimensão dominante é, portanto, a cooperação**.

É importante observarmos e considerar que, em uma atividade, além da troca do trabalho por um determinado salário, também está em jogo o reconhecimento que o empregador ou os líderes têm pela atividade que o profissional realiza. Os prêmios por produtividade e qualidade têm relação direta com a motivação intrínseca, pois reconhecem o crescimento na aprendizagem, o envolvimento do profissional, a participação em inovação etc. Como bem salientam Ramon Pin e Suárez (2001, p. 36, tradução nossa):

> *Para que as compensações econômicas dentro da empresa cumpram sua finalidade em continuar mantendo sua componente intrínseca, devem basear-se na seguinte lógica: retribuir o desempenho da pessoa e não só o do posto de trabalho, já que este deixa de ter sentido sem as suas ocupações. Neste sentido, a mensagem que aporta Lawlerf é que o empregado deve ser valorado em função das metas estratégicas conseguidas, habilidades, conhecimentos e rendimento individual.*

É importante sabermos, porém, que a motivação transcendente não substitui as motivações extrínseca e intrínseca: as três ocorrem de forma combinada na atuação humana. Por isso, as pessoas devem buscar a sua própria manutenção (motivação extrínseca) e o desenvolvimento profissional, procurando crescer pelo aprendizado e pelos desafios do trabalho (motivação intrínseca). A dimensão transcendente imprime um modo de atuar que considera o impacto das ações próprias na vida das outras pessoas, destacando especialmente a dimensão ética da ação humana e o seu caráter de contribuição social. Caso não haja essas características em uma determinada atividade, perdemos a possibilidade de construção de ambientes solidários e participativos.

Portanto, desenvolver a capacidade colaborativa é importante para atuarmos com significado e sentido na atividade profissional. Aliás, de acordo com Frankl (1989, p. 75), "Toda pessoa humana representa algo de único e cada uma das situações da sua vida algo que não se repete. Cada missão concreta de um homem (ou mulher) depende relativamente deste 'caráter de algo-único', desta irrepetibilidade [sic]".

Para suprir a necessidade de ter um sentido para o trabalho nos sistemas de gestão, foi desenvolvida por Soriano e Rey (2005) a denominada *direção por missões* (DPM). Para esses autores,

> *Apesar da crescente pressão mundial por resultados econômicos em curto prazo, não faltam na história recente casos de empresas que obtiveram sucesso ao apoiar-se em uma missão que dá sentido ao trabalho de seus funcionários. [...] A chave do sucesso nesse novo sistema é conseguir que todos os membros da organização participem ativamente da missão da empresa.* (Soriano; Rey, 2005, p. 131)

Todos nós necessitamos de um encaixe vital, um algo pelo que lutar, algo de valor ou de significado pelo qual valha a pena lutar.

Em geral, as pessoas buscam o sentido simplesmente em experiências prazenteiras, mas fugazes. Não é suficiente a busca de um bem que não contemple o todo da pessoa. É necessário um sentido profundo para a própria existência. Algo que satisfaça a sede de grandeza que se encerra em cada ser humano.

> *Atualmente os empregados estão procurando um sentido em seu trabalho. Eles sabem que gastam muito mais tempo no trabalho do que em qualquer outra atividade das suas vidas. Os seus trabalhos não deveriam ter sentido? Eles não teriam o direito de ter um trabalho significativo? Todos querem ser recompensados justamente pelos seus esforços. Mas isto não é suficiente para os empregados atuais. Sua real motivação vem de acreditar que o seu trabalho tem um propósito e que ele faz parte de um esforço maior para conseguir algo verdadeiramente valoroso* (George, 2001, p. 42, tradução nossa).

Em seu livro *Psicoterapia e sentido da vida,* Viktor Frankl (1989) apresenta uma experiência para aqueles que não conseguem enxergar que a satisfação sensível não pode ser o determinante na definição da conduta:

> *Se alguém há a quem a própria vida não tenha suficientemente convencido de que não se vive para "gozar a vida", consulte a estatística de um psicólogo experimental russo que, certa vez, mostrou como o homem normal experimenta, em média, nos seus dias, incomparavelmente mais sensações de desprazer que de prazer.* (Frankl, 1989, p. 70)

Também Frankl (1989, p. 159) ensina que os valores podem ser categorizados em três tipos ou campos:

1. Um campo está relacionado com a **ação criativa**: a pessoa faz, age ou cria neste mundo. São os valores que o autor chama de *valores criadores*, os quais encerram a contribuição do indivíduo no conjunto, no sentido de se chegar a uma diferença positiva.

2. Outro campo refere-se à **qualidade de vivências** da pessoa no seu dia a dia, a respeito de como se relaciona com os outros, como ama as coisas e as pessoas. Esses valores são os que se desfrutam com a beleza das coisas da vida e o bem que se pode fazer. Frankl denomina-os de *valores vivenciais*.

3. Outro grupo relaciona-se à **atitude da pessoa diante da dor e do sacrifício** – isso ocorre quando a pessoa padece de alguma contrariedade ou sofrimento. Comporta qualquer situação em que os valores chamam para uma responsabilidade maior – esses são os que o autor chama de *valores de atitude*.

Assim, cada pessoa, com seu modo de ser particular, pode e deve contribuir para o bem do conjunto, como dentro da sua família, com seus amigos, na sociedade da qual faz parte, no ambiente de trabalho etc. "Enquanto os valores criadores ou a sua realização ocupam o primeiro plano da missão da vida, a esfera da sua consumação concreta costuma coincidir com o trabalho profissional" (Frankl, 1989, p. 161).

> A reação vital total de uma pessoa se dá por meio dos motivos, o que significa dizer que ocorre mediante as razões que encontra para agir.

Todo motivo é, de fato, um valor interiorizado. A qualidade dos motivos que levam as pessoas a agirem representa aspectos do seu desenvolvimento motivacional. Por exemplo: uma pessoa madura norteia-se por um conjunto de motivos de qualidade, que atribuem riqueza à sua existência. Os valores, então, são aqueles elementos que ajudam as pessoas a reconhecerem o valor de uma ação justa e o não valor de uma injustiça. Assim, dependendo da categoria de valores que se desenvolvem pessoal e coletivamente, será possível contribuir para a construção social e ter a preocupação efetiva pelos outros.

Para que haja o desenvolvimento de energias que levem às obras de qualidade, faz-se necessária a educação da vontade por meio das aquisições das virtudes. Por exemplo, como afirma Lacerda (citado por Souza, 1960, p. 90-91),

> *Se Aleijadinho obedecesse a impulsos imediatistas e utilitários, ter-se-ia recolhido a uma Casa de Misericórdia, para remediar os males dos seus dedos, dilacerados pela lepra. Ao revés, continuou até o fim de seus dias, tristes e agoniados, a plasmar, com sua arte e sua dor, a obra imortal que se ergue nas montanhas mineiras.*

Os valores transcendentes, não utilitários e não efêmeros, são os que constituem a essência da cultura voltada ao desenvolvimento de pessoas. Sobretudo, **revela-se a qualidade motivacional de alguém ao cumprir os seus deveres nos momentos mais difíceis da sua vida**.

ESTUDO DE CASO

W. L. Gore & Associates

A W. L. Gore & Associates é uma empresa que possui uma estrutura plana e é organizada por coordenações de projetos que diluem a hierarquia e responsabilizam as pessoas. Essa empresa é conhecida pela marca Gore-tex®, no setor de tecidos de alto desempenho, e também pelas cordas de guitarra Elixir. Permanece no mercado há mais de 50 anos, desde a sua fundação por um engenheiro químico que trabalhou durante anos na Dupont e começou o seu próprio negócio. A empresa atua em 50 países e tem cerca de 9 mil colaboradores diretos. Chama a atenção a sua presença permanente entre as empresas mais bem ranqueadas para se trabalhar.

Gary Hamel, reconhecidamente um dos dez autores mais influentes na área de gestão de negócios, professor da Harvard Business School, estudou este caso e fez uma entrevista com Terri Kelly, a presidente executiva da organização, da qual destacamos as seguintes perguntas:

TEXTO 1

Quais os elementos mais característicos do modelo de gestão da Gore?

Primeiro, não queremos nos basear em hierarquia. Somos uma rede, e os colaboradores podem se dirigir a qualquer um da organização para conseguir o que precisam para obter resultados. Segundo, resistimos a títulos. Temos muitas pessoas em posições de responsabilidade, mas a noção de cargo as coloca em caixas e, pior, em posições nas quais podem assumir que têm autoridade para mandar nos outros. Terceiro, nossos colaboradores, que são todos proprietários da companhia, comprometem-se com aquilo em que querem trabalhar. Acreditamos que, em vez de ter um chefe ou um líder para dizer às pessoas o que fazer, é mais poderoso deixar que cada uma decida em que quer trabalhar e com o que pode contribuir mais.

> Se o colaborador se comprometeu, há uma expectativa de resultado.
> E quarto: nossos líderes têm posições de autoridade porque têm seguidores.
> Mais do que confiar em um processo de indicação de cima para baixo, no qual geralmente se é promovido por ser mais velho ou por ser o melhor amigo de um executivo sênior, permitimos que a voz da organização determine quem realmente se qualifica para ser líder, com base na disposição dos outros para segui-lo. (Kelly, 2011, p. 78)

Com relação à disciplina dentro da organização, Kelly salienta que o essencial é o compartilhamento de valores – aqueles com os quais as pessoas se comprometem a viver dentro da organização –, o que produz uma forte unidade na empresa. Ela destaca tanto a confiança quanto o comprometimento como sendo fatores-chave para o diferencial de se ter uma empresa quase sem hierarquia ou, ainda, torná-la praticamente irrelevante. Também o aspecto disciplinar da organização se faz por meio do gerenciamento dos próprios pares. As recompensas no sistema provêm de uma avaliação realizada pelos próprios colegas de trabalho. Cabe salientar, conforme citado anteriormente, que todos são sócios da empresa e, portanto, têm a mentalidade de donos do negócio. Isso é o que diz Kelly (2011, p. 79):

> Se nossos colaboradores não fossem avaliados por seus pares, indivíduos que sabem o que fizeram e como interagiram com os demais no dia a dia, eles poderiam ficar tentados a assumir uma tarefa que fosse pessoalmente interessante apenas para eles, não para os demais. Mas, ao contrário, todo colaborador está constantemente pensando: "Quero ser visto dando uma grande contribuição ao negócio".

Uma característica da cultura organizacional de sistema fluido de informações e de *empowerment* é a seguinte: se alguém tem alguma ideia importante e que pode gerar resultados, deve convocar uma reunião com possíveis interessados dentro da própria organização: "Se você convoca uma reunião e ninguém aparece, provavelmente não é um líder, porque ninguém está disposto a segui-lo" (Kelly, 2011, p. 74). Isso porque as lideranças na organização se originam por meio do prestígio que certos profissioanis têm entre os seus colegas: "Na Gore, os líderes emergem e, uma vez que assumem o papel, entendem que seu trabalho é extrair os pontos fortes de suas equipes" (Kelly, 2011, p. 74).

Sabemos que, na Gore, cada um dos colaboradores pode ser avaliado por até 30 dos seus pares, bem como acaba também avaliando outras pessoas à sua volta. Eles têm conseguido muitos resultados consistentes e coerentes nessas avaliações, graças à cultura bem desenvolvida e cultivada da empresa. A questão-chave dessa avaliação dos interpares é saber **em quê** e **como** os seus colegas estão contribuindo para a equipe e para a empresa: "pedimos que baseiem a classificação em quem está fazendo a maior contribuição para o sucesso do negócio e se está se comportando de maneira colaborativa" (Kelly, 2011, p. 79).

Em outra pergunta, a executiva esclarece qual é a aplicabilidade do modelo Gore:

TEXTO 2

A Gore tem mais de 50 anos e foi tema de muitos estudos de caso. Por que esse modelo de gestão não criou raízes em outras empresas?

Ainda estamos evoluindo, mas o que eu diria a outro CEO[6] que quisesse implementar nosso modelo, em primeiro lugar, é o seguinte: é preciso olhar para os valores de sua companhia.

Que comportamentos têm sido recompensados e reforçados ao longo das décadas?

É uma cultura que acredita e encoraja os indivíduos?

Estimula o espírito colaborativo?

Encoraja o compartilhamento de conhecimento?

---

[6] CEO é a sigla em inglês para *Chief Executive Officer* (executivo principal de uma empresa).

> *É preciso enfrentar isso antes do restante. Um dos maiores erros que uma organização pode cometer é articular todos esses grandes valores, mas não corresponder a eles – as pessoas se tornam cínicas.*
>
> *Em segundo lugar, você tem de avaliar seu modelo de liderança. É incrivelmente importante observar a motivação de seus líderes, como são recompensados e o que valorizam. Se você não encarar isso, estará em apuros. Nosso modelo exige líderes que vejam seus papéis de outra forma. Eles não são comandantes. Seu trabalho é tornar o resto da organização bem-sucedida. Eles têm de desistir do poder e controle para permitir que esse processo caótico aconteça – então se obtém perspectivas diferentes e equipes que se unem para tomar decisões. Terceiro, é necessário ser claro quanto ao sistema de freios e contrapesos. Na Gore, usamos o processo de revisão por pares, mas poderia ser diferente em outra empresa. O que vai recompensar e reforçar os valores cotidianamente? Isso precisa estar embutido nas práticas de gestão. É a sequência que eu seguiria se tentasse promover a cultura da Gore em outra empresa. (Kelly, 2011, p. 79)*

Exemplos como o da Gore, muito atuais, manifestam a possibilidade de se reinventar os sistemas de gestão. De modo similar, podemos pensar também no caso nacional do Grupo Semco, registrado a seguir na questão para reflexão.

QUESTÃO PARA REFLEXÃO

Depois de ler o texto a seguir, realize uma pesquisa na internet sobre o Grupo Semco. Em seguida, reflita sobre o modelo de gestão dessa organização.

TEXTO 1

Semco S/A – Ricardo Semler

Como muitos CEOs, Ricardo Semler costumava se perguntar o que aconteceria com sua empresa se, por exemplo, ele fosse abalroado por um caminhão. Numa noite de fevereiro de 2005, viajando a mais de 130 km/h, ele descobriu.

Milagrosamente, Semler ainda estava vivo em meio aos destroços de seu carro. Também milagrosamente, sua empresa, o Grupo Semco, de São Paulo, continuou operando sem maiores problemas durante os longos meses em que permaneceu na UTI, recuperando-se de múltiplas cirurgias. Metas continuaram sendo atingidas, negócios continuaram sendo fechados e a vida continuou praticamente como antes.

O Grupo Semco é, atualmente, líder no mercado de equipamentos e soluções industriais para gerenciamento postal e de documentos. Semler é um apaixonado proponente do que já foi chamado de gestão participativa, democracia corporativa e, mais poeticamente, de "a empresa como um vilarejo". A Semco sempre foi alicerçada na inovação e não segue os padrões de outras empresas, com suas hierarquias predefinidas e formalidades excessivas. Nela, as pessoas trabalham com inesperada liberdade – e muito respeito. Todos são tratados igualmente, desde o executivo de cúpula até o funcionário mais humilde, o que vale dizer que ao trabalho de cada pessoa é atribuída a sua verdadeira importância. Com isso, todos são muito mais felizes profissionalmente.

Os 3 mil funcionários da Semco determinam o seu próprio horário de trabalho e sua própria escala salarial. Subordinados contratam e avaliam seus supervisores. Há redes de dormir espalhadas pela empresa para os funcionários tirarem uma soneca depois do almoço e estes são encorajados a passar a manhã de segunda-feira na praia se ficarem a tarde de sábado no escritório. Não há organogramas, planos quinquenais, declaração de valores corporativos, regras de vestuário, normas ou diretrizes escritas – exceto um breve "Manual de sobrevivência" em formato de história em quadrinhos, usado para explicar a novos contratados os modos pouco comuns da organização. São os funcionários que elegem a liderança corporativa e que tomam a maioria das iniciativas de entrar ou sair de negócios. Dos 3 mil votos da empresa, Ricardo Semler tem apenas um. Nos últimos 14 anos, a Semco cresceu 27,5%.

Para Semler, a autogovernança não é um tipo molenga de altruísmo, mas sim a melhor maneira de construir uma organização flexível e resiliente o bastante para prosperar mesmo em tempos turbulentos. Ele argumenta que esse modelo permitiu que a Semco sobrevivesse não apenas à sua quase morte, mas também às reviravoltas da tortuosa política e contorcida economia do Brasil. Durante seus 23 anos à frente da empresa, a liderança do país já oscilou de uma ditadura de direita ao atual populismo de esquerda, e a economia brasileira já alternou entre o mais rápido crescimento e a mais profunda depressão. Vários bancos brasileiros faliram e incontáveis empresas fecharam as portas, mas a Semco continua firme e forte.

Fonte: HSM Management, 2012.

SÍNTESE

Vimos, neste capítulo, que as estruturas organizacionais referem-se às formas como o poder e a autoridade estão distribuídos na organização. No princípio do século passado, o modelo mais difundido de estrutura era o hierárquico, ou departamental, em que os níveis de mando da empresa eram bem definidos. Os modelos iniciais giravam, fundamentalmente, em torno das tarefas que deveriam ser feitas e o planejamento das atividades era mais importante que as pessoas que as executavam. Com o passar dos anos, foi-se verificando que os modelos centrados em pessoas valorizavam a criatividade, o envolvimento e a inovação desde a base da organização.

Desde então, as organizações estão se tornando mais "planas", isto é, com número menor de níveis hierárquicos. Para tal configuração, é necessária a capacitação de pessoas que se responsabilizem por um número maior de funções. As estruturas foram se adaptando em tipos como matricial, em rede e de processo. Todas essas mudanças atendem à flexibilização e à rapidez de resposta do ambiente mutável dos negócios.

Vimos também a importância de conseguir um maior envolvimento dos colaboradores na consecução dos objetivos e das metas da empresa. Para isso, entendemos que a participação das pessoas se dá por meio da capacidade dos líderes de delegar autoridade e capacitar pessoas para que sejam mais eficazes, e estudamos a questão da autoridade de linha e da autoridade de conhecimento. Atualmente, não se pode pensar em empresa competitiva sem a disseminação de conhecimentos dentro da organização.

A participação, tal como enfocada no capítulo, visa ao envolvimento do colaborador, e isso se dá por meio da delegação de responsabilidades. No entanto, não pode haver delegação de *expertise*: ou se tem o conhecimento, ou habilidade, ou é necessário desenvolvê-la por meio do aprendizado. Essa situação reforça a necessidade de os líderes serem capazes de promover o crescimento das competências de seus colaboradores.

Estudamos, por fim, que as motivações podem ser: extrínsecas, cujo motivo para ação vem de uma pressão externa; intrínsecas, que fazem com que a pessoa se esforce por motivos de interesse próprio; e as de caráter transcendente, cujo motivo se refere à colaboração e à responsabilidade por outras pessoas e pela sociedade.

Os gestores que sabem combinar esses três tipos motivacionais geram sinergias para os trabalhos em equipe e agregam as pessoas na empresa, dando sentido às atividades dos profissionais. Uma boa prática para as motivações intrínseca e transcendente é definir com atenção a missão da empresa e os valores a serem compartilhados.

QUESTÕES PARA REVISÃO

1. Descreva a evolução das estruturas organizativas desde o início do século passado.

2. De acordo com Nonaka e Takeuchi (1997), como ocorre a criação do conhecimento nas organizações?

3. De acordo com Senge (1990):
    I. A primeira disciplina refere-se ao autodomínio.
    II. A segunda disciplina trata dos modelos mentais.
    III. A terceira disciplina refere-se à visão sistêmica.
   Marque a alternativa correta:
   a. Somente a afirmativa I está correta.
   b. As afirmativas II e III estão corretas.
   c. A afirmativa II está incorreta.
   d. As afirmativas I e II estão corretas.
   e. Nenhuma das alternativas anteriores.

4. No modelo de estrutura matricial, os funcionários estão subordinados ao mesmo tempo a um gerente funcional ou divisional e a outro de projeto ou de grupo.
   Essa afirmação é:
   ( ) Verdadeira
   ( ) Falsa.

5. Avalie as afirmações e, em seguida, marque a alternativa correta:
    I. O valor fornecido ao consumidor constitui-se na diferença entre o valor percebido e o preço pago.
    II. O preço refere-se apenas ao valor monetário.
    III. Custos de troca são os custos que oneram o consumidor no caso da troca de fornecedor.

a. Somente a afirmativa I está correta.

b. As afirmativas II e III estão corretas.

c. A afirmativa II está incorreta.

d. A afirmativa III está incorreta.

> PARA SABER MAIS
>
> COLLINS, J. **Empresas feitas para vencer**. São Paulo: Elsevier, 2006.
>
> JONES, G. R.; GEORGE, J. M. **Administração contemporânea**. São Paulo: McGraw-Hill, 2008.
>
> NEWSTROM, J. W. **Comportamento organizacional**: o comportamento humano no trabalho. São Paulo: McGraw-Hill, 2008.
>
> Essas obras servem como leituras complementares sobre conceitos de organização, estruturas organizacionais, gestão de mudanças e inovações nas organizações, gestão participativa, comunicação nas organizações e motivação.

CAPÍTULO 4

CULTURA

CONTEÚDOS DO CAPÍTULO

- Cultura organizacional.
- Desenvolvimento das virtudes: natureza, hábito e razão.
- Códigos de ética.

APÓS O ESTUDO DESTE CAPÍTULO, VOCÊ SERÁ CAPAZ DE:

1. conceituar *cultura organizacional*;
2. identificar os estilos de cultura empresarial;
3. justificar a necessidade do desenvolvimento ético na empresa;
4. conhecer os benefícios do desenvolvimento das virtudes nas organizações;
5. conhecer as abordagens para a implantação de códigos de ética na empresa.

4.1 CULTURA ORGANIZACIONAL

A cultura organizacional vem a ser o resultado da interação coletiva, como fruto das crenças, visões de mundo, valores e pressupostos que os seus membros compartilham. Newstrom (2008, p. 86) destaca que "essa cultura pode ter sido conscientemente criada por seus principais membros ou pode ter simplesmente evoluído ao longo do tempo".

Podemos empregar de forma didática a definição de *cultura* que propõem Wagner III e Hollenbeck (2009, p. 367): "uma maneira informal e compartilhada de perceber a vida e a participação na organização, que mantém os seus membros unidos e influencia o que pensam sobre si mesmos e seu trabalho".

4.1.1 CONCEITO DE CULTURA ORGANIZACIONAL

A metáfora do *iceberg*, indicada na Figura 4.1, é um exemplo ilustrativo da cultura organizacional, pois, na pequena parte aparente, que fica à tona da água, identificamos os aspectos visíveis ou tangíveis da cultura da empresa.

A cultura se externa por meio dos objetos e comportamentos observáveis. No primeiro contato, ao entrarmos em uma organização, é possível verificar a sua cultura, plasmada em realidades tangíveis, como: a ordem externa, o uniforme dos profissionais, a marca, o modo como somos atendidos na recepção, o grau de formalidade ou informalidade nas reuniões, o clima mais ou menos amistoso no local de trabalho etc.

FIGURA 4.1 – CULTURA – ASPECTOS TANGÍVEIS E INTANGÍVEIS

Pirâmide com os níveis (do topo à base): Objetos; Comportamentos observáveis; Valores; Crenças básicas; Pressupostos básicos. Seta indicando NÍVEL DA SUPERFÍCIE entre Comportamentos observáveis e Valores.

Os comportamentos e objetos observáveis são resultados de uma concepção sobre o que é o ser humano, o sentido da vida e a finalidade da empresa. A cultura resulta de valores, crenças e pressupostos básicos impregnados pelos gestores principais da empresa, bem como das relações interpessoais, que acabam se revelando por meio dos aspectos tangíveis.

Com uma definição simples de *cultura organizacional*, tendo em conta a metáfora do *iceberg*, Jones e George (2008, p. 95) nos ajudam a compreender o que seja a cultura de uma organização: "conjunto compartilhado de crenças, expectativas, valores, normas e rotinas de trabalho que influem na maneira como os membros de uma organização se relacionam uns com os outros para atingirem os objetivos organizacionais".

Portanto, mesmo as normas e os modos de organizar o trabalho têm uma ligação direta com a cultura da organização. Por exemplo: se o trabalho em equipe é um valor compartilhado na cultura da empresa, esse valor alinhará os esforços das pessoas para que consigam realizar a missão, a visão e os objetivos mediante o trabalho em equipe.

É evidente que os valores éticos têm uma repercussão fortíssima na cultura da organização, já que o senso de justiça nos relacionamentos e a integridade na atuação repercutem positivamente na consecução de objetivos comuns. O que seria da empresa se não houvesse confiança e comprometimento mútuos? Haveria, provavelmente, uma perda de coesão, além da erosão da capacidade de atingir o bem comum.

4.1.2 ESTILOS DE CULTURA ORGANIZACIONAL

Jeffrey Pfeffer, em seu livro *The Human Equation* (1998), apresenta dados que comprovam que uma empresa pode obter maiores benefícios ao crescer em duas variáveis-chave da sua cultura organizacional:

1. o comprometimento dos seus colaboradores com a missão e os objetivos da organização; e
2. a competência dos seus profissionais.

Essas comprovações estendem-se aos diferentes setores industriais. Outro autor, Arie de Geus, no livro *The Living Company* (1997), apresenta as empresas que sobreviveram por mais de um século e discute sobre as suas características comuns, como a de serem capazes de criar uma comunidade de dirigentes e colaboradores comprometidos. Essas empresas também adquiriram uma cultura adaptável às mudanças sociais, ambientais e econômicas.

Nesse contexto, as pesquisas de Jeffrey Pfeffer, Arie de Geus, entre outros, convergem sobre a influência do comprometimento dos membros da empresa no que diz respeito à sobrevivência desta a longo prazo.

Pablo Soriano (2001, p. 17-31) propõe o conceito de "intratégia", referindo-se ao planejamento de ações que têm impacto nas variáveis internas da organização, como a comunicação, a confiança mútua, o comprometimento etc. De acordo com esse autor, a "intratégia" "é o estudo do entorno e dos processos internos da companhia, a fim de incrementar o nível de compromisso e de confiança das pessoas com a empresa" (Soriano, 2001, p. 20).

O processo decisório repercute tanto em questões estratégicas – dos resultados externos das empresas – quanto no clima interno da organização ("intratégia").

Na literatura sobre empresas, tem-se dedicado bastante espaço às questões referentes à gestão de pessoas, sendo que os autores vão em direção ao mesmo resultado no que diz respeito à preocupação com duas variáveis: a **confiança mútua** e o **comprometimento**.

Soriano (2001) engloba essas variáveis em um conjunto denominado, de forma mais inclusiva, de unidade da organização.

> Vale esclarecer que a literatura sobre administração de negócios refere-se à unidade da organização com a seguinte terminologia: *High Trust Organizations, Citizen Corporations, The Individualized Corporations.*

Nos estudos empíricos, a correlação entre o grau de unidade das empresas e o seu resultado financeiro ainda não foi comprovado. Há, no entanto, empresários que julgam que, se seus funcionários estão mais coesos, necessariamente darão resultados melhores para a empresa. Muitas vezes isso pode ser correto, mas, outras vezes, pode ser falso.

Esclarece Soriano (2001, p. 22, tradução nossa) que: "Muitos estudos demonstraram que a unidade, por si mesma, não é suficiente para explicar as diferenças no benefício. Os empregados precisam ter as competências necessárias, e a estratégia deve ser adequada ao ambiente competitivo específico da empresa".

Outro possível engano é crer que, ao conseguirmos maior comprometimento dos funcionários, isso produzirá alto impacto nos custos e, portanto, um impacto negativo nos benefícios. Trata-se do mesmo erro a que incorreram as empresas em relação à qualidade, porque se pensava que, ao melhorar nesse aspecto, os custos de produção aumentariam. Todavia, verificou-se que é possível melhorar os processos, inovar em produtos, eliminar desperdícios, melhorar a qualidade, **reduzindo os custos**.

O **benefício** refere-se à rentabilidade da empresa, medido, por exemplo, pelo *Return on Investment* (ROI), que representa o resultado econômico numa situação de mercado. Já a **unidade** representa a capacidade de a empresa adaptar-se às mudanças e conseguir inovar seus produtos e/ou serviços e a si mesma.

A representação dessas duas variáveis pode ser feita em um gráfico: no eixo vertical, situa-se o grau de unidade maior (+) ou menor (−), e no horizontal, o maior (+) ou menor (−) benefício produzido pela organização.

FIGURA 4.2 – QUATRO TIPOS DE CULTURA UNIDADE

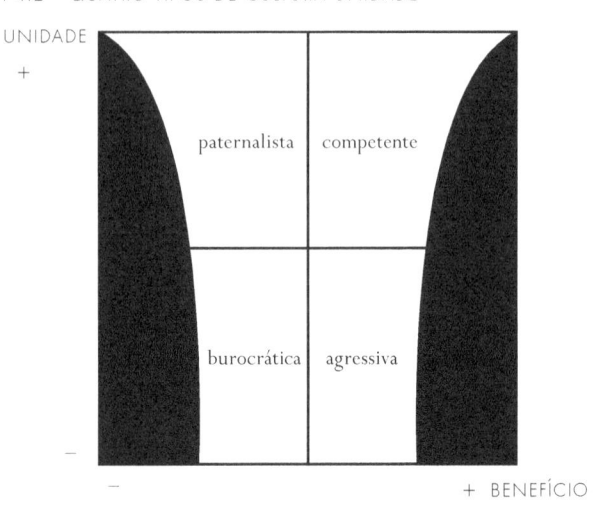

```
UNIDADE
   +
         | paternalista | competente |
         |--------------|------------|
         | burocrática  | agressiva  |
   −                                    + BENEFÍCIO
```

Fonte: Soriano, 2001, p. 26.

Dependendo do grau de unidade e de benefício das organizações, elas situam-se em quatro possíveis regiões do funil, definindo estilos de cultura particulares, com as seguintes denominações:

1. *Paternalista* – alta unidade e baixo benefício;
2. *Burocrática* – baixo benefício e baixa unidade;
3. *Agressiva* – alto benefício e baixa unidade;
4. *Competente* – alta unidade e alto benefício.

Os gestores de empresas de cultura tipo **paternalista** desenvolvem competências "intratégicas" que produzem alto nível de unidade, mas não possuem competências de caráter estratégico, voltadas aos resultados do negócio. Costumam ser empresas que falham em suas iniciativas em prol da inovação e vivem de monopólios ou de mercados cativos em negócios maduros e de pouca rentabilidade.

As empresas de cultura **burocrática** têm deficiência dos dois tipos de competências, tanto estratégicas como "intratégicas". Costumam ser empresas que, por não tomarem iniciativas de adaptação, caem nesse quadrante do funil.

Já as empresas de cultura **agressiva** conseguem resultados financeiros, mas à custa da unidade da empresa. É o caso das empresas que sofrem algum tipo de reestruturação, não considerando os impactos "intratégicos".

Por outro lado, as empresas **competentes** são as ideais, pois se inserem no processo que as eleva ao quadrante direito do funil, pela harmonização das competências "intratégicas" com as estratégicas.

De acordo com Soriano e Rey (2005, p. 11), as empresas com forte cultura e baixa rentabilidade (paternalistas) são as que vivem do sucesso do passado, sendo muito complacentes. Aquelas que têm cultura muito débil e alta rentabilidade (agressivas) mantêm uma posição dominante no seu setor por meio da colocação de barreiras a novos competidores. As de cultura muito forte e alta rentabilidade (competentes) estão voltadas para atender às necessidades dos vários grupos de interesse (*stakeholders*) ligados à empresa.

4.1.3 ATITUDES ÉTICAS NAS ORGANIZAÇÕES

Os líderes, na opinião de Ciulla, citada por Acín (1999), não são seres independentes, acima da moral. Eles necessitam trabalhar com ética, pois a sua função é humana e os princípios morais não são uma espécie de luxo para usarmos somente em ocasiões muito especiais.

A autora citada afirma que, de acordo com a sua experiência e também pela história da "vida" de muitas organizações, "as empresas e sociedades com maior êxito são as que têm o costume de atuar com integridade ética" (Ciulla, citada por Acín, 1999, tradução nossa), e aponta três razões-chave para se desenvolver atitudes éticas nas empresas:

1. A primeira é que os líderes somente lideram quando obtêm a confiança das pessoas e, por essa razão, devem tratá-las com respeito; nessa condição, conseguem que os seus cooperadores se envolvam nas tarefas.

2. A segunda razão, a seu ver, "é que o desenvolvimento das novas tecnologias modificou as relações patrão-empregado" (Ciulla,

citada por Acín, 1999, tradução nossa). Ela afirma também que o prestígio e a eficácia do líder estão diretamente ligados à sua conduta ética.
3. A terceira razão indica o fato de que há uma repulsa, em todos os lugares, ao uso coercivo e manipulativo do poder. Mostra a experiência que são os líderes de alto grau de comportamento ético que conseguem a adesão e a lealdade de seus melhores profissionais.

Assim, o que observamos ao estudar vários autores é que as atitudes éticas são fundamentais para os processos de mudança, pois exigem um alto grau de comprometimento, participação e cooperação das pessoas. Segundo Ciulla, citada por Acín (1999, tradução nossa), "as organizações que têm altos níveis de confiança são potencialmente mais inovadoras porque os empregados não têm medo de assumir riscos. As pessoas também se adaptam melhor à mudança porque se sentem seguras".[tradução nossa]

> Você deve estar se perguntando: Afinal, em épocas de extrema competitividade, como a que vivenciamos, o que fazer para criar um ambiente de alto nível de confiança?

São vários aspectos, como já mencionamos. No entanto, as qualidades básicas para criação de um ambiente eficaz, que propicie as mudanças tecnológicas, passam necessariamente por mudanças de comportamento. Um ambiente favorável para inovações exige o esforço para criar e desenvolver uma cultura organizacional baseada em valores éticos.

A busca da excelência torna-se cada vez mais necessária para os modelos atuais de gestão, pois estes têm de contar cada vez mais com as qualidades éticas fundamentais das pessoas. Hoje, quando se faz referência a comprometimento, confiança, proatividade, qualidade no relacionamento, gentileza com os clientes etc., refere-se a apelos que nada mais são que o resultado de uma cultura de preceitos éticos na organização.

Na obra *Ética a Nicômaco*, Aristóteles (1992), ao fundamentar a base dos relacionamentos humanos, indica quatro qualidades-chave como base da *areté* humana, ou seja, a excelência no comportamento. São elas:

1. A **prudência**, ou qualidade de decisão;
2. A **justiça**, como qualidade – vontade constante e habitual de dar a cada um o que lhe é devido;
3. A **temperança**, ou moderação da emotividade;
4. A **fortaleza**, ou capacidade de resistir e empreender.

Essas qualidades podem fazer parte do programa de desenvolvimento das pessoas que pertencem à organização. Para desenvolvê-las, não basta pensá-las como uma tarefa do setor de recursos humanos, mas como algo cultivado por todos na instituição, sobretudo por meio da adesão dos que fazem parte do escalão superior da empresa.

Concomitantemente, os gerentes devem se envolver nos programas de sensibilização e educação organizacional, procurando, por meio de dinâmicas, exposições e *workshops*, difundir e disseminar a cultura das atitudes éticas fundamentais como base para a maior fluidez da implementação de inovações, uma vez que os grandes problemas subjacentes à resistência às mudanças são, além das dificuldades naturais para a mudança, problemas de comportamento ético-pessoal.

4.2 DESENVOLVIMENTO DAS VIRTUDES: NATUREZA, HÁBITO E RAZÃO

A ética é o conjunto de conhecimentos que, aplicados à ação humana consciente e deliberada, promovem o processo de autoeducação, visando à máxima realização do homem.

Alguns autores costumam empregar a frase marcante do poeta grego Píndaro, **"Torna-te o que és"**, em referência à concepção de ética. Lauand (1997, p. 8) afirma que "nossa época, tão sensível para as realizações, anda um tanto esquecida da realização. Pense-se na realização profissional. O profissional é, antes de tudo, homem. Daí que a realização profissional deva subordinar-se à moral". A **ética visa a essa elevação da estatura que o homem foi chamado a atingir**. Sobre o que disse Píndaro, Pieper (2012, p. 7, tradução nossa) esclareceu também: "O poeta grego Píndaro já há mais de dois mil anos formulou-a na famosa frase: 'Torna-te aquilo que és!' – com o que, na realidade, se diz (e parece tão estranho) que nós ainda não somos o que, no entanto, somos".

Esse processo é o mesmo que acontece no cultivo da terra, a qual, nessa analogia, representa a natureza humana. Ela é um terreno a ser conquistado por meio da vivência, de modo a instaurar convicções na inteligência e a arraigar hábitos fortes na vontade. Esse cultivo de si próprio ocorre não só pelo conhecimento das boas **qualidades humanas**, mas também pela sua **prática**.

Em comentário sobre a visão aristotélica de educação do homem, Naval (1995, p. 260, tradução nossa), indica que "fazer de um homem um homem bom supõe harmonia dos três princípios que regem o seu comportamento: natureza, hábito e razão. A natureza é algo dado, o hábito se adquire, e a razão, enquanto faculdade, opera em direção ao bem; ali onde existem naturezas providas de hábitos bons há virtudes".

A realização plena da pessoa é a que se refere ao homem como tal e não uma realização circunstancial ou parcial da vida, como a profissional, a financeira, a afetiva etc. Isso porque, independentemente de alguém ser operário ou empresário, advogado ou engenheiro, novo ou velho, ou seja, quando falamos de uma realização mais profunda, comum a todos os homens, sem levar em conta circunstâncias específicas, estamos abordando a questão da realização por meio dos princípios do "dar certo como homem". Trata-se de uma realização pessoal proveniente da adesão e do cultivo de princípios e valores éticos.

Assim, façamos uma analogia com uma rua que trilhamos: quando o homem se pauta por princípios corretos, tem uma visão clara e pode caminhar facilmente pela via iluminada. Por outro lado, quando a encontra mal iluminada, experimenta uma diminuição de visibilidade e, por sua vez, de locomoção. Analogamente, restringimos consideravelmente nossa capacidade efetiva de autorrealização se não buscarmos a formação moral (via iluminada).

Tendo como ponto de partida o pensamento de Aristóteles e de acordo com vários autores, dos quais alguns já foram citados e comentados nesta obra, tais como Lauand (1994, 1997), Pieper (1980, 2012), Naval (1995), Rhonheimer (2000), Hildebrand (2012), Spaemann (2006), MacIntyre (2001) etc., podemos reunir os seguintes princípios fundamentais em que se apoia a ética:

- fazer o bem e evitar o mal;
- querer o bem do outro assim como se quer o próprio bem;
- não querer um bom fim empregando maus meios (este como decorrência dos dois princípios anteriores).

As decisões concretas decorrentes desses princípios, quando aplicadas às diversas necessidades e circunstâncias da vida humana, geram as "curvas de nível", os contornos claros do mapa, isto é, resultam em aprendizagem pessoal, a qual corresponde ao processo de aquisição de critérios éticos e virtudes; no caso, adquire-se, por reiteração, a virtude da prudência.

> **A aplicação ou a prática habitual dos critérios éticos no dia a dia aprimora as qualidades pessoais.**

Tudo o que encontramos nos diversos lugares, com exceção dos elementos puramente naturais, são fruto da criatividade, da transformação e, portanto, do trabalho humano.

Cabe ressaltar que qualquer trabalho requer habilidades e conhecimentos específicos e que, à medida que uma pessoa trabalha, produz um resultado externo a si. Lauand (1994) explica que isso costuma ser designado pelo **aspecto do fazer** – *facere*, em latim –, **trabalho que resulta em algo externo ao agente**.

As ações humanas nascem no interior da pessoa; assim, a toda ação externa correspondem atos internos do agente (admitindo-se que estamos falando de atos conscientes e voluntariamente desejados). A todo fazer, que é a construção de algo externo, relaciona-se **uma dimensão interna da ação – agir** (*agere*).

O agir é, portanto, um resultado interno do indivíduo. À medida que agimos, de acordo com princípios que norteiam a visão da inteligência, há um aperfeiçoamento das potencialidades motoras, intelectuais e volitivas[1] (desenvolvemos técnicas, hábitos, destrezas, virtudes etc.). Mas, sobretudo, pode haver ou não um aprimoramento do homem como homem, dependendo de sua forma de agir, caso esteja informado ou não pelos princípios éticos. De acordo com Garcia Hoz (1988, p. 66), "Mediante o trabalho, modifica-se o mundo externo, obra-se sobre o sujeito, influindo sobre o seu modo de reagir e de ser".

Dessa forma, não se pode dissociar a **dimensão externa da ação da dimensão interna do agir**. Uma operação na bolsa de valores pode, tecnicamente, atender a um critério de eficácia e, no entanto, não ser justa, uma vez que a tecnologia "sem alma" não resolve problemas de ordem social, pois está a serviço do homem. Uma técnica, só por ser sofisticada, não pode ganhar um salvo-conduto.

EXEMPLIFICANDO: Um piloto de Fórmula 1 poderia a perguntar por que não poderia andar a 400 km/h em uma avenida, já que sua técnica permite fazê-lo.

A justiça e a ordem da sociedade lhe dizem que não é sensato dirigir atendo-se somente a aspectos técnicos do seu automóvel ou do projeto da estrada, e que, essencialmente, deve mover-se por critérios de justiça, de segurança das pessoas e, fundamentalmente, pelo bem comum.

De forma contundente, Polo (1993, p. 135, tradução nossa) afirma que, "se a técnica chega a impor-se, é desumanizadora na medida em que o seu êxito faz com que o homem perca o seu fim próprio e fique sujeito ao processo de possibilidades técnicas, reduzido a uma peça da grande maquinaria".

---

[1] Que provêm da vontade.

Portanto, para o desenvolvimento de culturas organizacionais baseadas em valores éticos, necessitamos de profissionais conscientes do impacto das técnicas na vida social, uma vez que não devemos utilizar critérios puramente técnico-financeiros na tomada de decisão. Antes de tudo, o homem deve se humanizar, e não se materializar, ou seja, cultua unicamente a técnica. Um princípio orientador seguro é o que afirma que nem tudo que se pode fazer tecnicamente se deve fazer.

Devemos direcionar todas as ações à qualidade, tanto no fazer como no agir. Quando o objetivo da ação está vinculado a um excessivo utilitarismo, destruímos o relacionamento humano. É óbvio que há necessidade de competência técnica para atingir resultados, mas nunca podemos nos esquecer de que os resultados da ordem de promoção do homem e de sua realização plena são tarefas essenciais.

Há uma conclusão, atribuída ao ex-presidente dos Estados Unidos da América, Abraham Lincoln, que diz: "É possível enganar alguém durante todo o tempo, também é possível enganar todos durante algum tempo, mas é impossível enganar todos a todo o tempo". Isso se aplica ao fato de conhecermos a pessoa pelas suas obras e a qualidade de um produto quando de seu uso. Por isso, é fundamental enxergarmos os resultados de um projeto, de um trabalho, a médio e a longo prazos para termos a real dimensão de sua validade. **Agir antieticamente sempre é um oportunismo**.

As ações pessoais podem contribuir para a realização própria ou, ao contrário, deteriorá-la. Isso porque os atos pessoais marcam o interior do indivíduo de forma positiva se estiverem de acordo com princípios éticos, e negativamente se não estiverem.

Além de afetar a qualidade pessoal, as ações repercutem no entorno – melhoram ou caotizam ambientes ou pessoas. Nesse contexto, todo comportamento antiético tem repercussões "ecológicas": implicam um efeito "poluente", nocivo à organização, à comunidade etc.

A qualidade no agir é o mesmo que virtude. É a qualidade adquirida, o bom hábito. Acontece, por exemplo, no caso da lealdade, da justiça, da fortaleza, da veracidade etc. As pessoas que se forjam na vivência das virtudes podem ser comparadas às águias, pois ganham asas fortes. À primeira vista, essas asas parecem prejudicar o voo por causa do peso; no entanto, são elas que tornam possíveis voos mais rápidos e altos. A falta de virtudes leva o indivíduo a trabalhar em um nível mais próximo do chão.

Os caminhos antiéticos seguem duas leis básicas, e todas as outras são corolários:

1. A lei do mínimo esforço;
2. A lei de levar vantagem em tudo.

Essas duas são as leis do curto prazo e do oportunismo, respectivamente. A médio e longo prazos, essas leis deterioram as pessoas, tornam-nas moralmente deficientes e atrofiam a sua capacidade de se comunicar bem com os outros. O mesmo se aplica às instituições, pois estas são o somatório de atitudes individuais.

Os procedimentos antiéticos são socialmente "antiecológicos". Há na sociedade alguns que se beneficiam – vivendo como parasitas – de uma maioria que produz. No entanto, o procedimento antiético deixa de ser vantajoso quando se torna moeda comum. Então, nesse cenário, aparece a figura do "traficante ético" – aquele(s) que quer(em) usar como elemento de influência a postura ética. Isso significa tirar proveito, em benefício próprio, das posturas éticas. Logo, trata-se de um comportamento enganoso.

Desenvolvemos as virtudes (bons hábitos), à custa de esforço e de repetição de atos, da mesma forma que procedemos para conseguir falar uma língua nova. Conforme Aristóteles (1992, p. 36):

> *As coisas que temos de aprender antes de fazer, aprendemo-las fazendo--as, por exemplo: os homens se tornam construtores construindo, e se tornam citaristas tocando cítara; da mesma forma, tornamo-nos justos praticando atos justos, moderados agindo moderadamente, e corajosos agindo corajosamente.*

Sobre a importância das reflexões aristotélicas e do cultivo das virtudes em nossa sociedade, Cerquinho (1994, p. 32, grifo nosso) faz comentários extremamente apropriados:

> Do conjunto de ensinamentos e reflexões do filósofo grego sobre o homem, destaca-se a noção de virtude. De fato, Alasdair MacIntyre (1987) – filósofo e sociólogo de origem escocesa, que reside e leciona nos EUA – dedicou sua obra mais polêmica e conhecida, cujo sugestivo título é **After Virtue**, para demonstrar uma tese segundo a qual a atual crise de valores que afeta todo o Ocidente tem como raiz justamente o paulatino abandono da tradição aristotélica.

Qual o significado etimológico do termo *virtude*? Sobre esse enfoque do assunto, Gómez Pérez, (1990, p. 65, grifo nosso, tradução nossa) apresenta uma explicação esclarecedora:

> Virtude, em sentido etimológico, significa ***força**, **capacidade de fazer*** e, em certo sentido, ***habilidade*** (virtuoso do piano). Graças à virtude, o homem desenvolve uma potência operativa: faz, e o que faz, o faz bem. Portanto, a virtude não só não é um obstáculo à boa ação – à ação com resultado –, mas também é sua condição necessária e suficiente. Ter a virtude, em um certo sentido geral, [...] é saber fazer.

> Trabalhar bem corresponde a um **fazer bem** aliado a um **agir bem,** que correspondem, respectivamente, à **competência** e à **honradez.**

Desenvolver culturas de valores obriga o indivíduo a empenhar-se em um caminho de melhoria contínua por meio do aperfeiçoamento de qualidades pessoais, a exercer uma influência positiva para que nasça uma cultura empresarial voltada aos valores éticos.

Nesse âmbito, é importante observar que essas transformações começam em um ponto pequeno. Por essa razão, não medimos as grandes mudanças pelo tamanho do seu início, mas pelo seu "código genético", assim como não se distinguem pelo tamanho as sementes que darão ervas anuais das que irão produzir árvores centenárias.

Não podemos, por isso, menosprezar as pequenas iniciativas e os pequenos propósitos de transformação. É importante levar adiante, como já vimos, os princípios virtuosos de envolvimento das pessoas nas organizações para uma maior **cooperação** e **participação** destas.

Para estabelecer um processo de melhoria nas instituições, exige-se uma tomada de posição, uma metanoia – literalmente, **uma mudança de ideia, uma conversão, uma mudança de paradigma**. O modelo que defendemos é a busca e a vivência de uma ética positiva que leva à aquisição das virtudes e à influência sobre outras pessoas, para que enxerguem o seu valor e a sua necessidade.

4.3 CÓDIGOS DE ÉTICA

Toda sociedade deve reger-se por determinados valores e costumes que propiciam condições de bom desenvolvimento social e de boa convivência entre todos os cidadãos. Da mesma forma, as organizações podem e devem disseminar um clima ético entre os seus membros.

Os princípios éticos devem ser praticados por todos, como o princípio ou a regra áurea, por exemplo. Da sua prática decorre uma série de comportamentos práticos que se referem à tomada de decisão e à sua aplicação tanto no campo pessoal como no das decisões propriamente organizacionais.

A regra áurea, que se expressa nos princípios éticos, trata-se de uma concepção que fundamenta a atuação apoiada na busca de um fim que é **o bem comum**, e este se apoia em condições como o direito à liberdade, o respeito à vida, à intimidade, à boa fama etc.

Esses são direitos naturais fundamentais que decorrem da própria natureza do homem, o que significa que não precisam estar incluídos em um código de conduta. Por essa razão, devem ser tutelados de forma perene e assegurados pela autoridade.

Toda normatização parte de uma aspiração à melhor forma de atuar, por meio de uma figura exemplar ou de um modelo. Podemos, por intermédio disso, buscar o ideal do bom profissional ou do bom cidadão. Esse modelo sempre passa pela ética da **obra bem feita**, que é o trabalho sério, competente e bem realizado.

O **princípio da busca de perfeição no trabalho** permanece, o que muda é sua concretização "aqui" e "agora". Por exemplo: as atribuições que o dentista tinha há 20 anos já não são as mesmas de hoje, mas o dever de se atualizar e a necessidade de competência no trabalho continuam os mesmos. **O que mudou?** Mudou a forma concreta de se expressar e de aplicar os conhecimentos na circunstância histórica atual – houve uma atualização do conhecimento. O respeito pelo cliente e pelo ser humano que estava e está sendo tratado continua igual, mas a exigência ética se faz segundo uma realidade concreta atual. O profissional – nesse caso, o dentista – não estará respeitando o paciente se o seu preparo não estiver de acordo com o que esperamos do seu trabalho no estado de conhecimento atual da sua área.

As organizações precisam definir sua missão não se restringindo a uma posição de mercado, como pretender ser a número um no setor em que estão inseridas, por exemplo.

Isso até pode ser interessante, mas em nada contribuirá para o cumprimento de uma missão, pois ela é, sobretudo, a finalidade da empresa e refere-se a um serviço às pessoas e à sociedade, devendo atender às necessidades gerais.

A definição da missão requer saber em que a empresa agregará valor e no que ela contribuirá para os que estão ligados à sua atividade. Nesse contexto, a visão do bem comum amplia o horizonte de missão da empresa, e os códigos de ética devem auxiliar no cumprimento desse objetivo, compartilhando-o entre os membros da instituição.

> Os valores e os princípios constituintes da cultura da organização são importantes para direcionar as decisões dos seus membros no dia a dia.

Nesse processo, os **valores éticos** propiciam a segurança na tomada de decisões e o alinhamento geral no que diz respeito aos fins da empresa. As experiências mostram a importância de compartilharmos valores como respeito mútuo, honestidade, transparência comunicativa, perfeição e excelência em produtos e serviços, justiça, confiança mútua, lealdade, comprometimento etc.

Os códigos de ética podem preceituar princípios mais gerais ou, até mesmo, ater-se a detalhes para definir modos de atuação prática, como o comportamento dos seus membros com relação aos presentes/brindes distribuídos aos clientes. No entanto, se a abordagem da implantação de um código de ética não tiver o suporte da prática das virtudes dentro da organização, especialmente o apoio dos proprietários ou dos dirigentes, o seu significado será quase nulo.

Falamos isso porque nada é mais deletério que pretender algo por meio da "pregação", se os primeiros a desrespeitar os princípios e os valores éticos forem os próprios dirigentes. Sobre isso, Arruda, Whitaker e Rodriguez Ramos (2003, p. 68) afirmam: "importa que os executivos sejam bem formados, que os profissionais sejam treinados, pois o cerne da questão está na formação pessoal. Caso contrário, a implantação de códigos de ética ou de conduta será inócua".

Códigos de conduta não têm força educativa sem um trabalho efetivo de conscientização, sensibilização, educação apropriada e ações permanentes por meio de programas formativos e informativos – como o Programa de Desenvolvimento de Ética das Virtudes (PDEV) –, os quais propiciam o desenvolvimento continuado do clima ético das virtudes na organização.

Nessa abordagem sobre os programas formativos e informativos, podemos verificar que variáveis-chave, como confiança mútua e qualidade no relacionamento para trabalhos em equipe, melhoram substancialmente. Com o aumento da "confiança mútua" e o desenvolvimento da prática coletiva das virtudes, a empresa cresce na sua capacidade de superação de dificuldades. Há resultados que confirmam que o grau de absenteísmo, *turnover*[2] e acidentes de trabalho se reduzem drasticamente mediante programas dessa natureza.

De acordo com estudos de Cerquinho (1994, p. 69-70) sobre os códigos de ética, devemos ter em conta alguns elementos no momento da sua implantação. O autor explica essa colocação com elementos apresentados por John Impert em uma conferência:

> *O Diretor de Ética Corporativa da Boeing Company, John Impert, foi convidado a dar uma conferência no "Simpósio Internacional" (1991) de ética realizado em São Paulo. E o primeiro ponto que certamente chama a atenção é a existência deste tipo de cargo em grandes empresas norte-americanas, reforçando a importância que possui atualmente este assunto. Destacamos alguns pontos significativos de seu testemunho:*
>
> - *O código de ética deve estar firmemente ancorado na cultura e nos valores da empresa, tendo como fonte as experiências acumuladas, especialmente os erros éticos cometidos no passado.*
> - *Deve fornecer diretrizes, as mais claras possíveis, para garantir condutas apropriadas, e encorajar o diálogo sempre que surgirem situações ambíguas. Apresentando diretrizes claras a respeito, por exemplo, de custear entretenimento e gentilezas a clientes, o cinismo também será combatido.*
> - *A publicação de um código de ética é o primeiro passo de um programa de ética abrangente, mas não é suficiente. São requeridos educação e treinamento a fim de assegurar que os empregados entendam e utilizem o código.*
> - *O objetivo dos cursos ministrados aos funcionários não é ensinar regras detalhadas sobre o certo e o errado, mas desenvolver a consciência do*

---

[2] Referente à rotatividade de pessoal dentro de uma organização.

empregado sobre assuntos problemáticos e fornecer ferramental analítico para examinar dilemas éticos.

- *Um programa de quatro anos para as auditorias internas conduzido através de toda a Boeing – denominado Programa de Verificação de Cumprimento –, originou mais de 1.400 recomendações, a maioria das quais encontram-se agora implementadas.*
- *Em 1986, a Boeing instituiu o cargo de "ombudsmen", chamado internamente de Diretor de Práticas de Negócios Corporativos. Em cinco anos de atuação ele investigou mais de 2.500 casos.*

Com relação ao conteúdo destes códigos, de um estudo feito por Berenbeim (1987) depreende-se que eles costumam se ater a quatro conceitos principais. São citados a seguir, com alguns pontos conexos:

1. *equidade: salários, promoções e méritos comparativos, preços praticados;*
2. *direitos: canais de participação, proteção à saúde dos empregados, direito à intimidade ou vida privada, não discriminação por razão de sexo ou raça;*
3. *honestidade: confidencialidade de informações, presentes impróprios, suborno;*
4. *exercício do poder corporativo: segurança no local de trabalho, segurança dos produtos vendidos, proteção do meio ambiente, fechamento do negócio ou redução das atividades.*

Por mais benfeito que esteja, um código para ser eficaz necessita de uma série de cuidados. Um ponto fundamental é que todos conheçam o seu conteúdo, da forma que se achar mais conveniente: distribuindo o código a todos os funcionários ou dando explicações apenas verbalmente; através de treinamento específico; exigindo, conforme o caso, um compromisso formal através da assinatura do documento etc. Além disso, uma vez estabelecidas as pautas de conduta, estas devem ser cumpridas por todos e ter um acompanhamento frequente; do contrário, corre-se o risco de se ter o código desprestigiado e abandonado nas gavetas.

Para uma efetiva implantação do cumprimento das normas de conduta nas empresas, nos Estados Unidos atua-se em diversos âmbitos, que mencionamos na sequência ("The Business Roundtable", 1988):

1. *participação dos dirigentes e supervisão das instâncias superiores;*
2. *preocupação com valores e ética pessoal ao recrutar e contratar pessoal;*
3. *especial ênfase para a ética nos processos de educação e treinamento;*
4. *programas de comunicação para manter informados e motivados os empregados;*
5. *reconhecimento do comportamento exemplar, incluindo recompensas e promoção;*
6. *estabelecimento de canais adequados para receber e encaminhar queixas e sugestões de conduta;*
7. *especial atenção com setores e postos de trabalho mais vulneráveis a desvios éticos;*
8. *comprovação periódica do cumprimento das normas;*
9. *auditorias para assegurar o cumprimento;*
10. *procedimentos de aplicação, incluindo sanções disciplinares e dispensas.*

Mas não basta só adotar um código de ética: sendo um fenômeno recente, não existem ainda evidências conclusivas da sua eficácia. De qualquer forma, cada empresa terá de encontrar soluções próprias para resolver adequadamente suas questões particulares. Os códigos têm que ser feitos sempre "sob medida", pois nada garante que um código bem escrito e funcionando em uma empresa venha a funcionar em outra.

Weller (1988) estabelece uma série de hipóteses conceituais que poderiam auxiliar o estudo da real eficácia deste instrumento gerencial. Um dos pontos interessantes que este autor coloca relaciona-se com a relativa eficácia de prever e divulgar as sanções que devem acompanhar as violações do código. Segundo ele, não seria com ameaças que se conseguiriam os efeitos desejados.

> *O fato real é que um bom código, unido a procedimentos de implantação como os que assinalamos, pode ser eficaz e dar resultados. No entanto, parece importante não tanto dar tanta ênfase em evitar maus comportamentos, mas procurar ter objetivos ampliados, como já nos referíamos: empenhar-se leal e sinceramente na busca do bem comum, sem permitir que os interesses próprios atropelem as pessoas. Aqui, mais do que nunca, faz-se necessário o exercício de uma boa liderança, pois o exemplo que vem de cima continua a ser um grande meio de incentivar tanto as boas como as más condutas.*

Os códigos de ética, como todo regimento, devem levar em conta a realidade, não engessando excessivamente a vida das pessoas e, sobretudo, estimulando a prática das virtudes. Como destaca Lacerda (citado por Souza, 1960, p. 168): "A norma, com efeito, não poderá estrangular a vida, antes deverá afeiçoar-se a esta, para que não se cristalize nos formalismos estéreis".

4.3.1 CÓDIGO DE ÉTICA PROFISSIONAL DO SERVIDOR PÚBLICO CIVIL DO PODER EXECUTIVO FEDERAL

Pretendemos, neste ponto, **propor uma reflexão sobre o código de ética sob a perspectiva do servidor público.** Como já vimos, não podemos reduzir a ética a um código de proibições, pois ela é, sobretudo, a busca do comportamento excelente, ou seja, virtuoso. Passos (2007) lembra a situação pela qual passava o Brasil quando se aprovou o Código de Ética Profissional do Servidor Público Civil do Poder Executivo Federal, Decreto n. 1.171, de 22 de junho de 1994 (Brasil, 1994): "sua aprovação deu-se no ano 1994, na gestão do Presidente Itamar Franco, período de grandes conturbações políticas, em que a conduta ética do serviço público foi fortemente questionada pela população, e a imagem negativa do governo culminou com o *impeachment* do Presidente Fernando Collor".

Para que você tenha uma noção mais aprofundada sobre o código de ética, transcrevemos um excerto do Decreto n. 1.171/1994. Assim, você poderá refletir sobre os aspectos que envolvem o bem comum e a conduta do funcionário público. Podemos, de modo similar, com base na análise do texto, aplicar esse código ao comportamento ético em outros tipos de organizações.

TEXTO 1

Código de Ética Profissional do Servidor Público Civil do Poder Executivo Federal – Decreto n. 1.171, de 22 de junho de 1994

CAPÍTULO I

SEÇÃO I

DAS REGRAS DEONTOLÓGICAS

I – A dignidade, o decoro, o zelo, a eficácia e a consciência dos princípios morais são primados maiores que devem nortear o servidor público, seja no exercício do cargo ou função, ou fora dele, já que refletirá o exercício da vocação do próprio poder estatal. Seus atos, comportamentos e atitudes serão direcionados para a preservação da honra e da tradição dos serviços públicos.

II – O servidor público não poderá jamais desprezar o elemento ético de sua conduta. Assim, não terá que decidir somente entre o legal e o ilegal, o justo e o injusto, o conveniente e o inconveniente, o oportuno e o inoportuno, mas principalmente entre o honesto e o desonesto, consoante as regras contidas no art. 37, caput, e § 4°, da Constituição Federal.

III – A moralidade da Administração Pública não se limita à distinção entre o bem e o mal, devendo ser acrescida da ideia de que o fim é sempre o bem comum. O equilíbrio entre a legalidade e a finalidade, na conduta do servidor público, é que poderá consolidar a moralidade do ato administrativo.

IV – A remuneração do servidor público é custeada pelos tributos pagos direta ou indiretamente por todos, até por ele próprio, e por isso se exige, como contrapartida, que a moralidade administrativa se integre no Direito, como elemento indissociável de sua aplicação e de sua finalidade, erigindo-se, como consequência, em fator de legalidade.

V – O trabalho desenvolvido pelo servidor público perante a comunidade deve ser entendido como acréscimo ao seu próprio bem-estar, já que, como cidadão, integrante da sociedade, o êxito desse trabalho pode ser considerado como seu maior patrimônio.

VI – A função pública deve ser tida como exercício profissional e, portanto, se integra na vida particular de cada servidor público. Assim, os fatos e atos verificados na conduta do dia a dia em sua vida privada poderão acrescer ou diminuir o seu bom conceito na vida funcional.

VII – Salvo os casos de segurança nacional, investigações policiais ou interesse superior do Estado e da Administração Pública, a serem preservados em processo previamente declarado sigiloso, nos termos da lei, a publicidade de qualquer ato administrativo constitui requisito de eficácia e moralidade, ensejando sua omissão comprometimento ético contra o bem comum, imputável a quem a negar.

VIII – Toda pessoa tem direito à verdade. O servidor não pode omiti-la ou falseá-la, ainda que contrária aos interesses da própria pessoa interessada ou da Administração Pública. Nenhum Estado pode crescer ou estabilizar-se sobre o poder corruptivo do hábito do erro, da opressão ou da mentira, que sempre aniquilam até mesmo a dignidade humana quanto mais a de uma Nação.

IX – A cortesia, a boa vontade, o cuidado e o tempo dedicados ao serviço público caracterizam o esforço pela disciplina. Tratar mal uma pessoa que paga seus tributos direta ou indiretamente significa causar-lhe dano moral. Da mesma forma, causar dano a qualquer bem pertencente ao patrimônio público, deteriorando-o, por descuido ou má vontade, não constitui apenas uma ofensa ao equipamento e às instalações ou ao Estado,

> *mas a todos os homens de boa vontade que dedicaram sua inteligência, seu tempo, suas esperanças e seus esforços para construí-los.*
>
> *X – Deixar o servidor público qualquer pessoa à espera de solução que compete ao setor em que exerça suas funções, permitindo a formação de longas filas, ou qualquer outra espécie de atraso na prestação do serviço, não caracteriza apenas atitude contra a ética ou ato de desumanidade, mas principalmente grave dano moral aos usuários dos serviços públicos.*
>
> *XI – O servidor deve prestar toda a sua atenção às ordens legais de seus superiores, velando atentamente por seu cumprimento, e, assim, evitando a conduta negligente. Os repetidos erros, o descaso e o acúmulo de desvios tornam-se, às vezes, difíceis de corrigir e caracterizam até mesmo imprudência no desempenho da função pública.*
>
> *XII – Toda ausência injustificada do servidor de seu local de trabalho é fator de desmoralização do serviço público, o que quase sempre conduz à desordem nas relações humanas.*
>
> *XIII – O servidor que trabalha em harmonia com a estrutura organizacional, respeitando seus colegas e cada concidadão, colabora e de todos pode receber colaboração, pois sua atividade pública é a grande oportunidade para o crescimento e o engrandecimento da Nação.*
>
> *[...]*

Fonte: Brasil, 1994.

Entre as obrigações consolidadas pela nossa legislação, encontra-se a Lei n. 8.112, de 11 de dezembro de 1990 (Brasil, 1991), determinada pelo art. 13 da Lei n. 9.527, de 10 de dezembro de 1997 (Brasil 1997a). Ela dispõe sobre o regime jurídico dos servidores públicos civis da União, das autarquias e das fundações públicas federais. Destacamos especialmente o art. 116, da Lei n. 8.112 (Brasil, 1991) que descreve os deveres do servidor:

Art. 116. São deveres do servidor:

I – exercer com zelo e dedicação as atribuições do cargo;

II – ser leal às instituições a que servir;

III – observar as normas legais e regulamentares;

IV – cumprir as ordens superiores, exceto quando manifestamente ilegais;

V – atender com presteza:

a) ao público em geral, prestando as informações requeridas, ressalvadas as protegidas por sigilo;

b) à expedição de certidões requeridas para defesa de direito ou esclarecimento de situações de interesse pessoal;

c) às requisições para a defesa da Fazenda Pública.

VI – levar ao conhecimento da autoridade superior as irregularidades de que tiver ciência em razão do cargo;

VII – zelar pela economia do material e a conservação do patrimônio público;

VIII – guardar sigilo sobre assunto da repartição;

IX – manter conduta compatível com a moralidade administrativa;

X – ser assíduo e pontual ao serviço;

XI – tratar com urbanidade as pessoas;

XII – representar contra ilegalidade, omissão ou abuso de poder.

Parágrafo único. A representação de que trata o inciso XII será encaminhada pela via hierárquica e apreciada pela autoridade superior àquela contra a qual é formulada, assegurando-se ao representando ampla defesa.

Para entendermos melhor os aspectos abordados sobre os códigos de ética, faremos uma breve digressão sobre a perspectiva realista da concepção ética.

4.3.2 A CONCEPÇÃO ÉTICA SOB A PERSPECTIVA REALISTA

Segundo a concepção aristotélica, fundamentada na constatação histórica, **o ser humano é um ser social**: aperfeiçoa-se e aprende em sociedade e precisa do outro para seu crescimento e maturação.

Por essa razão, todas as doutrinas educativas têm em comum a constatação da necessidade de um longo processo de maturação e educação para o desenvolvimento humano. Além das condições biológicas que influenciam esse processo, coexiste a interação humana, que ocorre mediante processos de ensino-aprendizagem, uma vez que o ser humano necessita ser educado e socializado por meio de uma aprendizagem das virtudes de convivência e de um sistema próprio de comunicação.

Na interação com os outros homens, constrói-se o aprendizado de significados por meio da aplicação de princípios e valores, inicialmente fomentados pela família, mas que têm um fundamento na própria natureza humana.

Entendemos *natureza humana* como o princípio de operações, aquilo que faz de fato o homem distinguir-se de outros seres, não simplesmente pelo grau de desenvolvimento biológico, mas por uma questão que se caracteriza como uma diferença radical: **o homem é um ser espiritual e corpóreo e manifesta operações de ambos os tipos**.

Essa concepção, evidentemente, supõe admitir determinado pressuposto teórico – no caso, aristotélico – e de caráter realista. Spaemann (2006, p. 1) trata sobre o tema da visão universalista da lei natural identificando um núcleo comum de princípios e valores que pode fundamentar a convivência humana, permeando a pluralidade e a diversidade cultural.

Ao adotarmos a perspectiva realista, a ética, como ciência, apoia-se sobre o conceito de natureza, de caráter teleológico (finalidade), admitindo, portanto, um ideal de realização humana. A natureza possui capacidade perfectiva segundo determinados fins. Logo, o ser humano se aperfeiçoa e se concretiza somente por meio das suas escolhas livres, mediante determinados tipos de comportamento. Quando o famoso personagem Hamlet, de William Shakespeare, está propenso a cometer o crime contra o seu tio, o rei usurpador, ele diz: **"Ser ou não ser, eis a questão"** (*"To be or not to be, that is the question"*), em vez de dizer: **"Fazer ou não fazer, eis a questão"**. Portanto, o essencial está no **ser**, e não no **fazer**.

Podemos deduzir que Shakespeare quer que vejamos a pergunta de Hamlet da seguinte forma: "O que eu vou **ser**, depois de cometer esse ato brutal?". No fundo, trata-se de uma questão de consciência, que ocorre com todas as pessoas diante de um ato ao qual se atribui valor e que nos leva a pensar: "Como eu vou **ser** depois dessa ação?". Decorre, assim, da natureza, uma aspiração ao melhor – do **dever ser**.

Essa lei natural – a do **ser** – que se constitui o fundamento do direito natural, refere-se às regras do dar certo como homem, a como atuar para, ao final, atingir o ideal de excelência, a *areté* da Grécia Clássica. Segundo Solomon (1992), a ética associada à excelência é mais uma tentativa de aglutinação das virtudes de **cooperação** e **integridade**.

Aristóteles (1992) já acenava para a possibilidade de reunir essas duas virtudes (cooperação e integridade). Sob essa perspectiva, podemos supor que uma empresa boa, bem-sucedida, harmoniosa e estável, integrada por pessoas boas, satisfeitas, seguras e felizes emerge de um trabalho conjunto e de integridade.

Com essa compreensão do existir e do ser humano, a **virtude** é o caminho que leva à felicidade, tanto do indivíduo como da sociedade. É adquirida por meio de um trabalho de aperfeiçoamento da natureza do homem, que inicialmente se encontra em fase bruta, mas que pode se aperfeiçoar mediante virtudes ou hábitos operativos bons.

Essas ideias são apresentadas por Arruda, Whitaker e Rodriguez Ramos (2003, p. 71) da seguinte forma:

> *As virtudes são essencialmente hábitos bons que, para florescer, devem ser praticados. As organizações têm a responsabilidade de promover, incentivar e encorajar o comportamento ético. Caso seus empregados não tragam a ética do berço, deverão aprender na organização como cultivar as virtudes, engajando-se em atividades de treinamento adequadas para este fim, além de se comprometerem a seguir o sistema de valores da empresa.*

Logicamente, essa concepção ética entra em conflito com outros tipos de abordagem. Ainda que não seja esse o espaço de discussão, esse enfoque tem uma enorme importância para que se obtenha um compartilhamento adequado de posturas e critérios éticos de atuação. Spaemann (2006, p. 1, grifo do original, tradução nossa) elucida a questão indicando quais são as tendências mais comuns atuais:

> *O primeiro é o argumento corrente desde HUME*[12] *segundo o qual do ser não pode derivar-se nenhum dever, dos fatos nenhuma norma ou modo de atuar pode advir. [...] O segundo argumento – que chamamos "fisicalista", discute que a natureza não oferece padrão para nada, pois tudo é natureza e por isso nada é antinatural. A tempestade que derruba uma árvore é tão natural como o crescimento da árvore. [...] o terceiro argumento que designo "antropológico-cultural" parte de que o homem é, por natureza, um ser não fixado pelos instintos que só através da cultura deve criar-se uma espécie de segunda natureza [...].*

Ainda que haja diversidade de culturas, há valores do homem que são próprios da sua natureza, os quais devem ser respeitados por todos, independentemente da época. Entretanto, há costumes ou comportamentos que devem ser rejeitados – é o caso da escravidão, da tortura, do homicídio, do furto, da pedofilia etc.

ESTUDO DE CASO: AMIL

Ao começar a ler a história de sucesso (este trecho é apenas a primeira parte), é possível identificar os aspectos da cultura da Amil, que tem o estilo do seu fundador. A entrevista foi realizada por Silvana Case, vice-presidente executiva do Grupo Catho.

---

[12] David Hume, conhecido filósofo, historiador e ensaísta escocês.

TEXTO 1

Uma obra-prima no mundo corporativo: Edson de Godoy Bueno (entrevista)

22 de agosto de 1943, 12h05. Em meio aos rumores da Segunda Guerra Mundial, nasce mais um menino. Com o passar dos anos, os talentos de Edinho começam a florescer. Nas brincadeiras de bolas de gude, ele já demonstrava sua criatividade, habilidade e determinação em sempre conquistar a vitória, mesmo quando as "armas" eram frágeis como as pequenas bolinhas.

Apesar da perda da figura paterna com apenas seis anos de idade e dos sucessivos fracassos na escola (repetiu quatro vezes no ensino fundamental!), seu lado empresarial já se sobressaía. Aos 10 anos, Edinho se tornou engraxate, e com uma iniciativa incomum para a sua idade, criou um novo conceito de serviços: atendimento em domicílios, numa pequena cidade do interior do Estado de São Paulo. O objetivo era se diferenciar dos demais engraxates que frequentavam a mesma região, o que conseguiu com sucesso.

Além das bolinhas de gude, também adorava jogar futebol, e o fazia com grande dedicação e entusiasmo, pois sonhava em um dia ser jogador profissional. Mas os problemas de visão fizeram com que ele fosse obrigado a abandonar o que mais gostava de fazer. O Brasil perdeu um craque... Mas ganhou um empresário de primeira linha.

Hoje, Dr. Edson de Godoy Bueno é uma referência quando o assunto é realização profissional. À frente de uma das maiores empresas de serviços médicos do Brasil, ele fala com carinho e emoção sobre a sua grande paixão, a Amil.

Fonte: Case, 2006.

SÍNTESE

Neste capítulo, **abordamos a implantação dos comportamentos éticos por meio de um processo de conscientização das pessoas em relação à prática dos valores éticos.** Sugerimos a aplicação de palestras e cursos de sensibilização para a ética das virtudes como o meio mais eficaz à criação de uma cultura ética compartilhada. Os códigos de ética são necessários, pois indicam os comportamentos que são coibidos ou estimulados na organização. Ainda que o código de ética a ser implantado na empresa possa ser detalhado, sempre deverá haver a adesão livre dos membros da instituição.

Ainda como destaque deste capítulo, orientamos os profissionais a se pautarem pelo texto do Código de Ética Profissional do Servidor Público Civil do Poder Executivo Federal, em que, especialmente, prescreve-se que "O servidor público não poderá jamais desprezar o elemento ético de sua conduta" (Brasil, 1994). Essa orientação vale não apenas para o servidor público, mas também para toda e qualquer pessoa.

As empresas, dependendo de como buscam resultados financeiros e do modo como valorizam os seus colaboradores, configuram **diferentes estilos culturais**. Entre os possíveis estilos, analisamos as empresas cujas culturas são: burocráticas, paternalistas, agressivas e competentes. Essa análise levou em conta as pesquisas sobre os resultados financeiros, as organizações e o estado da variável unidade organizacional, que tem como componentes o grau de confiança e o comprometimento das pessoas com as metas e os objetivos organizacionais.

Verificamos que **a cultura organizacional se beneficia da prática dos princípios éticos,** já que a integridade nos negócios e a qualidade nos relacionamentos interpessoais geram credibilidade no mercado, o que produz bons resultados para o prestígio da organização e representa um grande diferencial competitivo. As atitudes éticas podem ser assimiladas por meio das virtudes fundamentais, como a prudência, a justiça, a temperança e a fortaleza, estudadas na *Ética a Nicômaco*, de Aristóteles (1992).

Para o desenvolvimento das virtudes no âmago das culturas, indicamos o processo educativo, que leva em conta a natureza, o hábito e a razão. A **natureza** refere-se ao que são as pessoas, com as suas qualidades e os seus defeitos. O **hábito** vem a ser o que as pessoas adquirem após fazerem escolhas livres, por meio da prática constante de atos específicos de excelência, como a ordem, a transparência na comunicação, a lealdade, o respeito, entre outros. A **razão** sempre será o meio necessário do desenvolvimento pessoal, pois as mudanças de comportamento exigem a aceitação e a assimilação de informações, conhecimentos e até estímulos que repercutem na motivação para o crescimento pessoal.

Assim, procuramos demonstrar que **a cultura organizacional** é a expressão coletiva de modos de pensamento, visões de mundo, princípios e valores, bem como de crenças compartilhadas pelos membros de uma organização. É influenciada, em grande parte, pelos seus fundadores, que imprimem um modo de agir coletivo à empresa.

QUESTÃO PARA REFLEXÃO

1. Leia o artigo a seguir, analise-o e reflita sobre os aspectos da cultura dominante que você identificou em seu entorno, como comportamentos das pessoas na sua empresa que **não são adequados conforme a perspectiva do texto indicado a seguir**.

TEXTO 1

O pacto da mediocridade

Wiston [sic] Churchill, primeiro ministro inglês, o mesmo que motivou os ingleses na Segunda Guerra Mundial a lutar com "sangue, suor e lágrimas", também fez uma afirmação que pode parecer incompreensível em momentos em que o lema em voga é o de se fazer aliança até com Judas (traidor) se for necessário. Dizia ele: "Se cada cidadão apenas cumprir o seu dever, teremos arruinado o mundo". Referia-se ao "dever" no sentido estrito, como uma desculpa para não ir mais além, isto é, para não dar o melhor de si. O ideal humano sempre esteve ligado a ideia de "extrair o melhor de si mesmo".

A mediocridade se contrapõe à magnanimidade. Aquela faz a pessoa calculista e mesquinha, esta produz grandeza de alma, tornando a pessoa capaz de metas altas, fazendo-a não se contentar com limites egoístas e, sobretudo, exceder-se no cumprimento dos deveres. As questões formuladas nas pesquisas em escolas e empresas esbarram com a [sic] resistência às mudanças. Mudar exige perder domínios de poder, modificar hábitos, aprender coisas novas e experimentar a insegurança da inovação. O medo da mudança aparece por uma questão emocional. Quem se deixa dominar por ele, não tem expectativas e muito menos esperanças. Vive de queixas e não se propõe a desenvolver novos projetos. O que faz perde sentido e significado e é realizado de má vontade.

Numa situação sem esperança e sem motivação, as portas da alma se abrem à mediocridade. Faz-se o comum, o dever de cada dia, de qualquer jeito. O medíocre contenta-se com o ideal do que todo mundo faz. Norteia-se pelas médias.

Em estudo recente, identificaram-se quatro tipos de cultura de empresas que influenciam o comportamento dos seus membros. Nesta tipologia, encontram-se as organizações paternalistas, as burocráticas, as agressivas e as competentes. A cada uma delas associam-se duas possíveis variáveis:

a unidade e os resultados da empresa. As paternalistas são as que nutrem uma unidade interna de compadres com resultados ridículos. As burocráticas são "zero à esquerda" em unidade interna e ao mesmo tempo têm resultados medíocres. As agressivas arrancam para o primeiro lugar à custa de corromper a unidade, ficando desgastadas por relegar as pessoas ao segundo plano. Neste estudo, Pablo Cardona (2001) apresenta como ideal a organização competente, que consegue aliar os resultados sem danificar a unidade dos colaboradores, mas antes promovendo o crescimento progressivo da confiança mútua e do comprometimento das pessoas em relação à missão da empresa.

Nas instituições paternalistas e burocráticas, complacentes e resistentes às mudanças, instala-se um pacto de mediocridade entre os integrantes. Trata-se de um acordo tácito para driblar a necessidade de alterar processos de trabalho, metas e objetivos. Este comportamento parece raro, no entanto, é bastante comum. Os estudos, tanto em instituições de ensino como em empresas comerciais, revelam que há muito espaço para transformação, porquanto lideram o ranking *da ineficácia as empresas burocráticas e paternalistas. Por vezes, o ambiente de desmotivação no trabalho se avulta e paralisa as pessoas.*

Comprova-se nas escolas públicas que é dominante a cultura burocrática, pois não há forma de se premiar o mérito do educador inovador e dedicado. É dramático o clamor dos professores sérios e competentes por mudanças substanciais no modo como são geridas estas escolas. São condicionados ao desestímulo mesmo os ótimos profissionais, vocacionados para a área educativa, porque o sistema estimula o pacto de mediocridade.

Uma diretora de escola ouviu na sala dos professores: "bem, eu vou dar a minha aulinha de cinco tostões". Ao ouvir isto, disse sem duvidar, "a senhora pode ir para casa que hoje eu dou as aulas, porque não é assim que se trata os alunos, eles nada têm a ver com seu problema".

O pacto de mediocridade se propaga pelo descaso e não há desculpas para deixar-se levar por ele; se não se dá o melhor de si, o círculo vicioso se propaga.

> *Ortega y Gasset (1999, p. 52) destacava: "Se um país for politicamente vil, será em vão esperar qualquer coisa da sua escola mais perfeita". Mas o pacto de mediocridade não é imutável. A mudança exige por-se em forma. Pode-se pensar de acordo com o filósofo que disse: "Uma geração em forma pode realizar aquilo que os séculos sem forma não puderam alcançar".*
>
> *Está ao alcance de cada um dar o melhor de si para que se quebre coletivamente o pacto da mediocridade.*

Fonte: Sertek, 2009b.

QUESTÕES PARA REVISÃO

1. Descreva o que são as empresas de cultura competente, de acordo com as pesquisas de Soriano (2001).

2. Qual é o papel da natureza, do hábito e da razão no processo educativo?

3. Avalie as seguintes afirmações e, em seguida, assinale a alternativa correta:

    I. *Virtude*, em sentido etimológico, significa força, capacidade de fazer e, em certo sentido, habilidade.

    II. *Prudência* equivale a ter cautela.

    III. *Virtude* pode ser traduzida por "excelência humana".

   a. Somente a afirmativa II é falsa.

   b. As afirmativas I e II são verdadeiras.

   c. As afirmativas II e III são falsas.

   d. Somente a afirmativa III é falsa.

4. Avalie as seguintes afirmações e marque a alternativa correta:

   I. Cultura organizacional corresponde aos valores compartilhados pelos membros da organização.

   II. As culturas nascem dos aspectos tangíveis da organização.

   III. A unidade nas organizações depende do grau de confiança e comprometimento dos seus membros em relação aos seus fins.

   a. Somente a afirmativa I está correta.
   b. As afirmativas II e III estão corretas.
   c. Somente a afirmativa II está incorreta.
   d. Todas as afirmativas estão incorretas.

5. Analise as seguintes afirmativas em relação à missão da empresa e marque a alternativa correta:

   I. As organizações necessitam definir sua missão como uma posição no mercado.

   II. A finalidade social da empresa é o lucro.

   III. A definição da missão requer saber em que a empresa agregará valor e no que ela contribuirá para os que estão ligados à sua atividade.

   a. Somente a afirmativa I está correta.
   b. As afirmativas I e II estão corretas.
   c. A afirmativas II e III estão corretas.
   d. Somente a afirmativa III está correta.

PARA SABER MAIS

ARRUDA, M.; WHITAKER, M.; RODRIGUEZ RAMOS, J. **Fundamentos de ética empresarial e econômica**. São Paulo: Atlas, 2003.

Desse livro, é importante ler especialmente a Parte II, que é dedicada à ética nas empresas.

MARTINS, I. G. da S. **A ética no direito e na economia**. Disponível em: <http://www.lawmanager.com.br/manager/clientes/8/arquivos/artigo%2051.pdf>. Acesso em: 25 maio 2012.

Esse artigo fundamenta filosoficamente aspectos-chave da ética na sociedade.

SERTEK, P. **Desenvolvimento organizacional e comportamento ético**. Dissertação (Mestrado em Tecnologia) – Centro Federal de Educação Tecnológica do Paraná, Curitiba, 2002. Disponível em: <http://br.monografias.com/trabalhos917/desenvolvimento organizacional-etico/desenvolvimento-organizacional-etico.pdf>. Acesso em: 25 maio 2012.

A dissertação de mestrado do autor desta obra mostra como se aplicam programas de capacitação em ética das virtudes.

WAGNER III, J. A.; HOLLENBECK, J. R. **Comportamento organizacional**. São Paulo: Saraiva, 2009, p. 365-373.

A leitura do Capítulo 13, "Cultura organizacional", é especialmente enriquecedora.

CAPÍTULO 5

LIDERANÇA E VALORES

CONTEÚDOS DO CAPÍTULO:

- Liderança relacional.
- Liderança e criatividade.
- Criatividade e inovação.

APÓS O ESTUDO DESTE CAPÍTULO, VOCÊ SERÁ CAPAZ DE:

1. saber desenvolver as capacidades do líder transcendente;
2. diferenciar os conceitos de liderança e gerenciamento;
3. compreender o que é a inteligência criadora.

As instituições podem encontrar oportunidades para desenvolver-se com solidez na atualidade, embora existam dificuldades. Mas é importante ressaltar que são essas mesmas dificuldades que promovem a exigência necessária para o crescimento da fortaleza organizacional. Entretanto, como a diferença entre remédio e veneno está somente na dose, um índice muito alto de dificuldade pode ser fatal para a organização.

5.1 LIDERANÇA RELACIONAL

O líder desenvolve relacionamentos com seus colaboradores de acordo com suas motivações dominantes. Já apresentamos, no Capítulo 3, a teoria dos tipos motivacionais, de acordo com Pérez López (1994), que se desenvolve em: motivação extrínseca (ME), motivação intrínseca (MI) e motivação transcendente (MT). É da motivação dominante do líder na coordenação de atividades que depende o modo de obtenção de resultados da sua equipe de trabalho.

Caso a **ME** seja dominante, irá originar um relacionamento de caráter transacional no dia a dia de trabalho, pois as pessoas são motivadas apenas por meio de prêmios e punições. Nesse tipo de relação, troca-se trabalho por remuneração ou compensações. Trata-se da **liderança transacional**.

À medida que o líder consegue desenvolver a sua capacidade de impulsionar pessoas adequadamente, além dos motivos extrínsecos, desenvolverá, mediante motivos intrínsecos, relacionamentos combinados com motivações – **(ME) + (MI)**. Esse modo de se conseguir resultados por meio das pessoas passa a ser enriquecedor e significativo, pois a motivação ocorre também pelo aprendizado, pelo desafio das tarefas atribuídas e pela possibilidade de atuar com autonomia e responsabilidade pessoais. O líder que desenvolve essa dupla habilidade, de motivar por meio de **ME + MI**, é o **líder transformador**.

Entendemos que esse tipo de liderança (transformadora) busca o crescimento dos seus colaboradores como profissionais. Há nele uma preocupação com o enriquecimento das atividades e a proposição de desafios sucessivos, que levem ao desenvolvimento de competências dos seus liderados.

Esse modelo motivacional permite identificar e potencializar o papel das motivações transcendentes, que visam ao bem comum. Ocorre, então, o desenvolvimento do **líder transcendente**, o qual estimula e orienta a atuação das pessoas por meio de uma harmonia motivacional em que se agregam **ME + MI + MT**. De acordo com Soriano (2001, p. 135), podemos distinguir, assim, os três tipos de liderança:

1. **Liderança transacional** – É a liderança definida por uma relação de influência econômica, na qual o colaborador interatua com o líder unicamente pela motivação extrínseca.
2. **Liderança transformadora** – É a liderança definida por uma relação de influência profissional, na qual o colaborador interage com o líder por meio das motivações extrínseca e intrínseca.
3. **Liderança transcendente** – É a liderança definida por uma relação de influência pessoal, na qual o colaborador interatua com o líder mediante as motivações extrínseca, intrínseca e transcendente.

Diferentemente do líder transformador, que busca a identificação dos seus colaboradores consigo, o líder transcendente persegue, sobretudo, a identificação dos seus colaboradores com a missão da organização.

Como lembra Soriano (2001), o líder de caráter transcendente atua preocupado com a continuidade da organização e, portanto, não busca seguidores, mas continuadores, tendo uma consciência clara no sentido de abrir espaço aos que venham de baixo e, também, de desenvolver sucessores e líderes transcendentes.

5.2 LIDERANÇA E CRIATIVIDADE

Antes que as circunstâncias mutáveis e competitivas atuais deem cabo dos bons desejos das pessoas, é necessário pôr-se à altura das dificuldades, pois onde há ventos mais fortes, desenvolvem-se as árvores mais resistentes e mais capazes de suplantar o frio e as tempestades. Para isso, é preciso haver um rumo, um norte claro, já que, segundo o pensamento de Sêneca, "para um barco sem rumo não há ventos favoráveis".

> As condições mutáveis do mercado, as novas tecnologias e o encurtamento da vida rentável de produtos e serviços levam, necessariamente, a inovações na organização, e o enfrentamento desse processo exige força para empreender.

Ainda que alguns se surpreendam, nem toda mudança tem resultado positivo. Há coisas que funcionam muito bem como estão e não precisam ser mudadas; por outro lado, há outras que se tornam obsoletas e, portanto, não mais se justificam.

No entanto, há algo permanente nas instituições, que é a necessidade dos valores éticos, os quais permeiam toda a atividade humana e se traduzem em respeito à dignidade do ser humano e desenvolvimento das qualidades mais genuínas do coração do indivíduo.

As pessoas marcadas por uma visão puramente materialista da vida são as que, contratadas pelas empresas para resolver problemas ou ser criativas, podem render economicamente a curto prazo, mas a médio e longo prazos são as que mais trazem prejuízos.

Hoje, as empresas precisam contar, mais do que nunca, com pessoas que conduzam mudanças. Há muito para se alterar em termos de mentalidade e aprendizado, com o objetivo de fazermos as coisas do modo correto, sendo evidente a necessidade de uma melhor capacitação humana.

Na era do conhecimento, as organizações precisam trabalhar com os recursos intelectivos e volitivos de seus colaboradores, por isso, é ainda mais urgente a melhoria da capacidade de aprendizagem e de empreendimento dos indivíduos.

Precisamos, portanto, de líderes. Não da figura utópica do líder que nasce como tal, pois este não existe. É necessário desenvolver líderes e talentos, os quais estão por aí, sob a forma de diamante bruto. É de suma importância haver nas empresas pessoas hábeis na capacidade de formar os outros, no quesito de capacitação e no sentido de conduzir as pessoas a um estágio mais elevado de enriquecimento humano. Esses líderes necessitam desenvolver a habilidade de atuar e mobilizar pessoas por uma harmônica atenção às **motivações extrínsecas, intrísecas e transcendentes**, procurando desenvolver o espírito transformador-continuador na organização.

Vale lembrar que essa tarefa já não é exclusiva do departamento de recursos humanos, uma vez que todos devem estar envolvidos numa verdadeira comunidade de aprendizagem e desenvolvimento.

Partir para a ação sem uma devida capacitação e sem o desenvolvimento de pessoas é arriscado. **Atualmente, investir em líderes é uma questão-chave, pois saber agregar valor humano à organização é o diferencial essencial ou, talvez, a única saída.**

5.3 IMPACTO DAS MUDANÇAS NA CONFIGURAÇÃO DO TRABALHO

Atualmente, há menos trabalho repetitivo. Isso é fato, porque há um número maior de máquinas e computadores substituindo o homem, bem como uma maior concentração de pessoas na área de serviços. O deslocamento de pessoas do campo para a cidade fez crescer a concentração urbana e, decorrente disso, o setor de serviços tornou-se carro-chefe.

Por outro lado, apesar de esse setor (o de serviços) gerar mais empregos do que os outros, ele ainda precisa de conhecimento simbólico. E isso significa adquirir o domínio na utilização de sistemas de informação e de linguagens para operar sistemas. Esse fator, por sua vez, implica a necessidade de conhecimentos cada vez mais sofisticados.

Menos indivíduos são necessários na extração de matéria-prima e nos processos de transformação básica, enquanto a execução dos artefatos torna-se cada vez mais elaborada nos tempos atuais. Por outro lado, há mais desemprego, porque a velocidade de adaptação, capacitação e aprendizagem é menor que a das mudanças e dos avanços tecnológicos.

Esse cenário torna absolutamente importante uma cruzada (batalha) visando à capacitação profissional e ao desenvolvimento de pessoas. Essa situação impõe a necessidade de uma revolução de lideranças de modo urgente no país para conduzir esse grande contingente de inovações, que também são urgentes.

Portanto, o empresário precisa repensar sua atividade, a fim de avaliar se realmente está liderando, conduzindo mudanças e vencendo resistências.

Há também uma maior utilização de produtos descartáveis e, por conseguinte, uma obsolescência mais rápida desses produtos, o que gera desperdício e acúmulo de lixo.

Nesse contexto, é possível percebermos que a sociedade constitui-se de constrastes:

- Há muita produção, mas uma fraca distribuição, causando a concentração da riqueza no topo da pirâmide econômica.
- Cada vez mais se valoriza fatores da essência do ser humano (a inteligência criadora, a inovação e a capacidade de conduzir mudanças); no entanto, paralelamente, o trabalho configura-se como um agregado maior de tecnologia sofisticada e, por conta disso, ou nos preparamos, ou ficamos marginalizados.

A consequência desse processo é a maior demanda de líderes em todos os níveis de trabalho, em todas as áreas. E talvez a chave para instrumentalizar a gestão, para responder às necessidades, esteja na área de **distribuição e logística**.

Devemos nos lembrar, ainda, que a **tecnologia da informação** tem forte impacto na configuração do trabalho, pois, a partir de sua evolução, desenvolveram-se redes de relacionamento, escritórios e empresas virtuais. Por outro lado, ela provoca impactos sociais, porque pode ser empregada tanto para fins bons quanto para fins maus.

> EXEMPLIFICANDO : Presenciamos no âmbito político a aplicação de novas e sofisticadas técnicas para o tráfico de influência. Isso porque, onde estiver o homem, os instrumentos criados por ele requerem uma forte determinação para a prática do bem, evitando-se o mal.

5.4 ÉTICA E QUALIDADE NAS ORGANIZAÇÕES

Várias áreas de atuação organizacional experimentam rápido desenvolvimento, como o turismo, as telecomunicações, a informática, a manipulação de medicamentos, a tecnologia de produção agrícola e animal, entre outras. Em todos esses ambientes, **um dos grandes problemas atuais é a dificuldade de se enxergar que a ética não é só qualidade ou excelência no fazer, mas a busca por atingir a qualidade no agir**. Isso porque as ações concretas podem aperfeiçoar a pessoa ou corrompê-la, dependendo da sua positividade ou negatividade ética.

Destacamos, a seguir, um trecho de um artigo, escrito por Peter Nádas (2012, grifo nosso), que introduz o tema da ética organizacional da seguinte forma:

> *Todas as vezes que, ao conversar com amigos, menciono a expressão **ética empresarial**, os sorrisos irônicos aparecem imediatamente nos lábios: Será que existe isso? – perguntam-me eles. Existe aí uma contradição, acrescentam geralmente. O mundo da empresa é voltado para os lucros, o que vale é o resultado final, tudo se justifica em função deste fim. Logo, onde o fim justifica os meios, não se pode falar em ética. Os oligopólios, os acordos de preços secretos, as concorrências públicas fajutas, a corrupção ativa e passiva, os conflitos de interesse, a propaganda enganosa, a inobservância das leis, a poluição, a sonegação [...] onde está a ética? Pobre amigo, tira o cavalinho da chuva! Ética e empresa simplesmente não podem conviver!*

Essa impossibilidade de convivência costuma ser a solução mais fácil, uma vez que é muito cômoda a solução antiética, pois visa atingir resultados a curto prazo. Esses procedimentos, sem considerar o seu mal intrínseco, produzem um acomodamento das pessoas e das instituições no estágio já atingido, da mesma forma que estimulam a incompetência profissional e favorecem a falta de talento.

Como ocorre a postura antiética nas organizações?

Onde deveria ser empregada a criatividade ou melhoria de qualidade, geralmente apela-se para a **falsidade** ou a **corrupção**.

Tal postura, individual ou coletiva, provoca uma diminuição da capacidade de superação das dificuldades e afeta a vitalidade competitiva da empresa. Ao contrário disso, se houvesse o esforço pela busca de soluções fundamentadas em princípios morais, ocorreria o aperfeiçoamento das pessoas, o que redundaria na melhoria do sistema em que elas estão inseridas.

Apesar disso, comportamentos antiéticos ganham espaço, embora não tenham o domínio do contexto geral. Sobrevivem pela sua condição de parasitismo e beneficiam-se da instrumentalização de uma maioria ética.

Vejamos, por exemplo, o caso da publicidade de produtos: apesar de a propaganda enganosa atingir os seus objetivos, a maioria dos anunciantes de produtos e/ou serviços atém-se à qualidade de informação. Caso proliferasse a falta de veracidade, os consumidores não mais confiariam nas campanhas publicitárias, que deixariam de ser rentáveis.

Nesse contexto, ações valiosas, de caráter ético, dão solidez às pessoas e às empresas. Quando se pretende melhoria de qualidade em serviços e produtos, o caminho está no cultivo de atitudes éticas.

5.4.1 FAZER E AGIR

Ao estudarmos, observarmos e/ou aplicarmos os valores éticos nas organizações, é necessário que tenhamos bem clara a importante distinção entre **fazer** e **agir**.

O primeiro – **o fazer** – aponta para a **dimensão externa** do ato humano: um tiro bem dado, por exemplo.

No entanto, em qualquer ato que seja, ainda que a dimensão externa seja mais visível, sempre há também uma **dimensão interna**. Trata-se, então, de um ato que não somente influi, mas também está dentro do ser que o praticou, agregando algo a ele. Como diriam os filósofos e poetas, "deixa um efeito na alma".

Vamos pensar no exemplo de um tiro bem dado. Ele pode ter resultado em um crime, ou não; pode também ter resultado em uma marca de campeonato de tiro. Assim, de acordo com o sentido humano que adquire, **todo fazer traz consigo um agir**, que é a dimensão interior do ato.

> E é aí, no interior do ser, onde reina a liberdade e a responsabilidade, que se dá o âmbito moral, que se constrói ou se destrói a realização e a felicidade dos indivíduos.

As ações de qualidade dirigidas ao fazer aperfeiçoam algo externo ao agente. Como a todo fazer corresponde um agir, este se dirige a uma **melhoria da qualidade da pessoa**. Assim, a qualidade no agir leva ao aperfeiçoamento da pessoa como um todo, correspondendo a um desenvolvimento intelectual e moral daquele que o realiza.

Podemos aplicar o conceito de **qualidade no fazer e no agir** em qualquer âmbito da vida, como no das decisões empresariais. Uma ação pode atender perfeitamente aos lucros da empresa, mas, no agir, pode ser uma fraude. Por exemplo: pode-se promover uma boa estratégia de *marketing* e, contudo, a propaganda ser falsa.

5.4.2 ÉTICA DAS APARÊNCIAS

Atualmente, uma postura mercadológica imediatista ganha forma na cultura da "maquiagem" de bens e serviços, que procura uma qualidade aparente nas atitudes e nos produtos, a fim de atingir resultados imediatos. Analisando a realidade brasileira, Semler (1988, p. 247) mostra que

> todo o desenvolvimento das técnicas mercadológicas nas últimas décadas se deu ao redor de técnicas de qualidade aparente, e não em torno de qualidade estrutural. Prova disso é que não existe mentalidade, nas áreas

de marketing *das empresas e nas agências de publicidade, de verificar a real qualidade intrínseca dos produtos.*

Depois de mencionar que é prática comum nas empresas procurar "maquiar" produtos para conferir-lhes um aspecto mais atraente, esse mesmo autor reconhece que,

> *se perguntados na intimidade, a vasta maioria dos empresários e executivos nacionais confessará que o padrão de qualidade de seus produtos certamente poderia ser muito superior e concordará que há características do produto que apenas servem para dar uma impressão de qualidade e, de fato, têm pouca utilidade prática.* (Semler, 1988, p. 247)

Nádas (2012, grifo nosso) também aponta na mesma direção com a seguinte questão:

> *Enquanto não percebermos que a ética empresarial é fruto e consequência das* **convicções éticas** *de todos aqueles que formam a empresa; [...] enquanto nos postos de comando e nos processos de tomada de decisão não houver pessoas que façam prevalecer a firme vontade de agir eticamente nos negócios, haverá sempre uma dicotomia, uma contradição, em termos, entre empresa e ética. E enquanto nas nossas famílias, nas nossas escolas – do primeiro grau à universidade – não se transmitir outro valor que não seja o "levar vantagem em tudo", continuaremos, infelizmente, a sorrir ironicamente quando se falar em ética empresarial.*

Quando se requer melhorias na empresa, vale a pena cultivar virtudes e ajudar os outros a praticá-las. Ninguém gosta de ser avaliado como parcial, porque quer ser imparcial nas relações com as pessoas. O fato é que os indivíduos estão mais inclinados ao oportunismo quando percebem que, em muitos casos, falta-lhes equilíbrio e medida em suas decisões.

O primeiro passo para a mudança é tomarmos consciência de nossas deficiências e nos proporrmos a ganhar a virtude da imparcialidade. Nesse processo, para tornar operacional o desenvolvimento das virtudes, podemos empregar algumas estratégias. A título de exemplo, citamos aqui Covey (1989, p. 90, grifo nosso), que propõe a figura do **vencer/vencer**, que é

> um estado de espírito que busca constantemente o benefício mútuo em todas as interações humanas. Vencer/Vencer significa entender que os acordos e soluções são mutuamente benéficos, mutuamente satisfatórios. Com uma solução do tipo Vencer/Vencer, todas as partes sentem-se bem com a decisão e comprometidas com o plano de ação. Vencer/Vencer vê a vida como uma cooperativa, não como um local de competição. A maioria das pessoas acostuma-se a pensar em termos de dicotomias: forte ou fraco, duro ou mole, perder ou vencer. Mas esse tipo de pensamento tem falhas estruturais. Ele se baseia no poder ou na posição, e não nos princípios. **Vencer/Vencer** baseia-se no paradigma de que há bastante para todos, que o sucesso de uma pessoa não se conquista com o sacrifício ou exclusão da outra. Vencer/Vencer é a crença na Terceira Alternativa. Não se trata do meu jeito ou do seu jeito, e sim de um jeito melhor, superior.

Na proporção em que nos esforçamos para ser justos – dar a cada um o que lhe é devido –, essa prática constante nos ajuda a ganhar a conaturalidade de que precisamos, e as ações fluirão no sentido da melhoria de qualidade no relacionamento.

5.4.3 INTERAÇÃO ENTRE AS VIRTUDES

Ao praticarmos a imparcialidade, o que ocorre é a interação entre as virtudes. E a imparcialidade, por sua vez, leva consigo (agrega) outras ações de qualidade, como:

- a solidariedade;
- a lealdade;
- a veracidade;
- a disciplina.

Portanto, quando nos esforçamos para adquirir uma dessas virtudes, todas as outras vão se desenvolvendo conjuntamente.

Ética nada mais é do que jogar no campo da qualidade o **agir**, não só o **fazer**. Partir para a **ética das virtudes** resulta no benefício do todo. Por isso, pensar em atingir melhores objetivos de qualidade nos serviços prestados pela empresa ao cliente exige uma tomada de posição em termos de melhoria no agir.

5.5 CRIATIVIDADE E INOVAÇÃO

Em sua **teoria da inteligência criadora**, Marina (1995, p. 123) afirma que "Os grandes criadores manuseiam sempre mais informações que os demais. Uma realidade aparece cheia de possibilidades só diante dos olhos de quem será capaz de interpretá-la em um grande número de operações. Ter muitos possíveis quer dizer ser muito rico em operações".

Essa perspectiva nos permite a reflexão sobre a necessidade de lidar de forma inteligente com mais informação no trabalho diário e desenvolver leques conceituais fundamentais para linhas de inovação específicas das organizações.

O escritor e consultor Peter Drucker (2008, p. 121) nos ensina que a **inovação** deve ser uma prática sistemática e deliberada e sugere a pesquisa sistemática em sete fontes ou oportunidades de inovação:

1. O inesperado;
2. As incongruências;
3. As necessidades de processo;
4. As estruturas da indústria e do mercado;
5. As mudanças demográficas;
6. As mudanças de percepção;
7. O conhecimento novo.

Sabemos que as tarefas criativas são mais motivadoras que as puramente repetitivas. Na verdade, criar é algo que pertence à natureza humana, por isso nos realizamos por meio de valores criadores, vivenciais e de atitude.

> Portanto, reconhecer e estimular o processo de crescimento criativo promove o desenvolvimento da personalidade.

Depois de os testes de inteligência serem idolatrados, aos poucos constatou-se que muitas pessoas criativas ficavam de fora, às margens dos altos índices de quociente de inteligência (Q.I.). **Por quê?** Porque os testes de inteligência não abarcam a realidade complexa que é o ser humano: a pessoa inteira com inteligência, vontade, desejos e sentimentos é que desenvolve a criatividade. Não podemos desprezar a inteligência como fator de criatividade nem desprezar outras dimensões do ser humano.

A criatividade é a capacidade de o indivíduo associar, selecionar, reestruturar, organizar e transformar experiências passadas, conhecimentos e percepções presentes, produzindo combinações únicas.

Por esse processo, obtemos gratas surpresas, diferentes e novas, tanto para nós quanto para o nosso entorno. Por isso, costumamos definir *inovação* como sendo aquela ideia nova, que obteve a aceitação social ou do mercado.

Não obstante, na sua gênese, não é possível separar o processo criativo do inovador. A inovação pode se aplicar a produtos e serviços, e cada vez mais é aplicada à própria gestão. Nesse contexto, Hamel (2010, p. 48), ao ser indagado se **a gestão deve-se voltar para outro objetivo que não seja a eficiência**, respondeu:

> *Deve-se reinventar. E há um bom motivo para as empresas quererem investir nisso. Os dados que coletamos em pesquisas nos permitem deduzir que as inovações na gestão – os avanços fundamentais em nossa maneira de motivar, organizar, planejar, delegar e avaliar – produzem vantagens mais duradouras.*

No entanto, observamos que, às vezes, a **criatividade** é julgada como puro dom, como um talento natural. Na verdade, todos têm possibilidade de desenvolver habilidades e qualidades criativas, cada um de acordo com a sua potencialidade básica natural.

Há inúmeras experiências que mostram que o talento médio é detentor de muita criatividade. Os processos de aprendizagem levam a um desenvolvimento efetivo da quantidade e da qualidade das ideias e a uma melhora da capacidade de persuasão e iniciativa. **É possível, então, constatar que os programas bem orientados de desenvolvimento de pessoas ajudam no crescimento do potencial de liderança, comunicação e autoconfiança.**

Atualmente, são importantes para as organizações os talentos médios que desenvolvem capacidade criativa. Isso porque, como já vimos, há cada vez mais diminuição de trabalho repetitivo, aumento da necessidade de desenvolvimento de conhecimentos e tecnologias e desenvolvimento de novas formas de aplicação.

Também verificamos muitas mudanças em períodos de tempo mais curtos, o que comprovamos pela vida fugaz dos produtos e dos serviços nos últimos anos. Chama a nossa atenção, ainda, os tipos de habilidades e conhecimentos que são requisitados hoje, se comparados aos de 15 anos atrás.

Há, por essas razões, uma demanda intensa nas instituições por pessoas criativas e inovadoras que realizem atividades não só em posições de direção, mas em todos os níveis.

Aqueles que têm a seu cargo a coordenação de equipes de trabalho sabem da urgência de seguir o ditado: "Se deres um peixe a um homem, ele alimentar-se-á uma vez; se o ensinares a pescar, alimentar-se-á durante toda a vida". É **o momento de promover a criatividade e a inovação.**

Em geral, na área administrativa e tecnológica, costuma-se definir *inovação* como aquela criação que obteve sucesso e aceitação no mercado.

ESTUDO DE CASO

TEXTO 1

As dificuldades enfrentadas por Anderson para planejar um projeto em conjunto com a turma do curso de Engenharia Mecânica

No terceiro ano do curso de Engenharia Mecânica, várias matérias requerem muitos trabalhos fora da sala de aula com o objetivo de desenvolver projetos industriais. É quando os alunos entram em contato com cálculos e desenhos de equipamentos, máquinas, instalações etc.

*É a partir desse contexto que iremos focar no trabalho desenvolvido pelo professor Roberto e pelo aluno Anderson. O professor leciona há anos uma das matérias correspondentes a esse ano escolar e está cada vez mais convencido da necessidade de insistir desde o início do ano letivo com todos os alunos para que se dediquem a um elemento básico de engenharia: o **planejamento**. Esse processo compreende todos os projetos previstos durante o ano.*

Anderson apresenta um ótimo desempenho escolar desde o primeiro ano e ficou bastante empolgado em participar de um concurso promovido por uma entidade internacional que visa desenvolver um minicarro.

Desse projeto, de acordo com as informações da secretaria da entidade organizadora, podem participar grupos de alunos provenientes das principais universidades do país. Entre os prêmios para os melhores colocados, há a oferta de programas de viagens ao exterior e estágio em empresas com sedes em outros países.

Anderson conseguiu a adesão de vários colegas de sua turma para a realização do projeto, pois esse concurso era motivador, em razão dos benefícios que poderia trazer a todos. Nesse momento, o brilho do empreendimento também atraía bastante visto que, mesmo que não conseguissem ficar entre os melhores, teria valido a pena a experiência de encarar um desafio.

Apesar de toda essa motivação, a dificuldade de Anderson em dar continuidade ao processo tornou-se um fato bastante evidente, pois era visível que, em algumas aulas, os conflitos cresciam no grupo de trabalho. Era frequente ele receber indiretas, piadas maldosas e críticas de colegas do grupo de trabalho quando não estava presente.

Em meio a essa situação, em um dos intervalos de aula, Anderson abordou o professor Roberto para expor o que estava ocorrendo.

Anderson: Professor, estou com sérias dificuldades para distribuir e coordenar os trabalhos do grupo. Alguns colegas têm mais iniciativa, outros menos, e há muitos assuntos para pesquisar.

Professor Roberto: Quantos alunos estão participando do projeto?

Anderson: Quinze.

Professor Roberto: É muita gente. Principalmente tendo em conta que todos estão aprendendo a desenvolver projetos. Como foram divididas as tarefas?

Anderson: Alguns estão desenvolvendo a carroceria, outros a motorização, e outro subgrupo a suspensão e as rodas. Como temos de desenvolver não só os desenhos e os estudos, mas também construir um protótipo e testá-lo, precisamos fazer cotação de preços de fornecedores de peças etc.

Professor Roberto: Como estão resolvendo o problema de recursos financeiros?

Anderson: Abrimos uma conta-corrente, em que todos depositam uma quantia suficiente para os gastos do desenvolvimento do protótipo. Sem contar que é bem possível o patrocínio de vários fabricantes de componentes automotivos, a título de divulgação dos seus produtos.

Professor Roberto: Onde está encontrando as várias dificuldades?

Anderson: Estou liderando a equipe, mas encontro dificuldade em coordenar os trabalhos, pois, como não domino o assunto, preciso estudar e pesquisar antes de dar qualquer passo. Nós não estamos preparados para trabalhar em equipe. Há, com frequência, conflitos de ideias e diretrizes, sem contar as semanas de provas que desestruturam o pessoal e fazem com que percamos o ritmo.

A situação era bastante complicada para o Anderson. Desde o ano anterior, ele namorava a Júlia, mas ultimamente a situação andava muito mal entre os dois. Muitas vezes, o rapaz chegava atrasado aos encontros, sem contar os inúmeros "canos" provocados pelo seu envolvimento nos projetos, nas aulas, nas provas etc. Resultado: Júlia tomou a iniciativa e terminou o relacionamento amoroso entre eles. Anderson ficou chateado por ter se fechado tentando resolver seus problemas, pois não soube dividir com os outros as suas dificuldades.

Na faculdade, conseguiu administrar a situação das várias matérias, apesar de faltar com muita frequência. Precisava desenvolver, ao mesmo tempo, um projeto da matéria do professor Roberto, mas, para isso, seria necessário que tivesse um computador e um aplicativo, dos quais a escola não dispunha. Alguns de seus colegas tinham condição financeira de adquirir o software, mas Anderson não. E ele tinha outro problema de relacionamento: sentia-se humilhado quando precisava pedir ajuda. Conseguiu dar um jeito e com enorme dificuldade foi desenvolvendo o projeto.

Envolvido em toda essa confusão, o seu relacionamento com o professor também se tornou pouco transparente. Anderson não queria passar uma imagem negativa. Assim, tentava "driblar" as dificuldades que encontrava em seu projeto, protelando para verificá-las em outro momento.

Conflitos geram conflitos e, por uma infelicidade, a poucos dias da entrega do projeto, Anderson suspeitou ter anotado errado alguma informação, em razão de tê-la anotado às pressas. Procurou pelo professor e as suspeitas se converteram em fato: não teria tempo suficiente para refazer todos os cálculos, desenhos etc. Foi o caos.

Depois da correção dos projetos, o professor Roberto verificou que Anderson encontrava-se entre os reprovados. Fez uma revisão do projeto com mais calma e constatou que o rapaz precisava de 7,5 de nota, mas

> tirou apenas 3,5. Realmente não havia mais o que fazer, pois havia muitos erros no projeto, e o professor manteve a nota de 3,5.
>
> Anderson, ao saber de sua nota, resolveu recorrer à compaixão do professor, alegando que seu erro tinha sido uma infelicidade no momento da consulta dos dados do projeto e que o critério de correção tinha sido muito rigoroso. No entanto, o professor Roberto manteve sua posição, mesmo estando ciente do fato de que reprovar Anderson na matéria faria com que ele perdesse outras matérias do ano seguinte, o que iria prejudicá-lo ainda mais em um momento em que tinha uma oferta de estágio fenomenal.

Analise o relato anterior e identifique os problemas das pessoas envolvidas.

SÍNTESE

Desenvolvemos, neste capítulo, alguns aspectos da liderança com base em motivações extrínsecas, intrínsecas e transcendentes. Definimos o líder **transacional** como o que impulsiona seus colaboradores apenas por motivações extrínsecas – por meio de recompensas ou punições. Referimo-nos também ao **líder transformador**, que opera com as motivações extrínsecas e intrínsecas, e, por fim, ao **líder transcendente**, que impulsiona os seus colaboradores orientando-os não como seguidores, mas por meio do comprometimento com a missão da empresa. Cada um desses líderes torna-se um formador-continuador da organização.

Mas as mudanças exigem conhecimento e aprendizagem novos, além de habilidades para lidar com a pressão, o conflito, a rapidez de decisão e a inovação. Chamamos, então, a atenção para o fato de que todos os colaboradores dentro da organização devem estar envolvidos nas transformações e dar respostas proativas às mudanças de mercado.

A ética profissional deve permear todas as organizações, e as decisões devem pautar-se pelo bem do homem. Nesse entendimento, salientamos que, antes de tudo, o ser humano deve humanizar-se, e não se materializar, prestando culto à técnica.

O fato é que as questões referentes à ética e à qualidade nas organizações estão diretamente interligadas com questões que abrangem a qualidade de comportamento dos agentes humanos e também os resultados organizacionais.

Sob essa perspectiva, fizemos a distinção clássica entre o "fazer" e o "agir", pois são fatores que se referem, respectivamente, às dimensões externa e interna das ações: a qualidade no "fazer" resulta em qualidade técnica (externa), e a qualidade do "agir" corresponde à ética na tomada de decisão (qualidade interna das pessoas).

Buscamos deixar claro e oferecer subsídios para a compreensão de que nós, na condição de profissionais, devemos nos aperfeiçoar na capacidade de associar, selecionar, reestruturar, organizar e transformar experiências passadas, conhecimentos e percepções presentes, produzindo combinações únicas.

QUESTÃO PARA REFLEXÃO

Quatro qualidades importantes dos líderes e as correspondentes consequências na vida da empresa são indicadas por Warren Bennis (2001) no trecho que segue. Sugerimos que você leia as proposições e a discussão do texto sobre a aplicação deste no desenvolvimento das competências de liderança. Em seguida, procure analisar e refletir sobre o caso anterior (Estudo de caso) sob a perspectiva das quatro capacidades explicadas pelo autor no texto a seguir.

TEXTO 1

Uma força irresistível

- *Capacidade 1: Atrair a atenção*

  Entre as características mais claras dos líderes pesquisados, está a habilidade de persuadir pessoas, por terem uma visão, um sonho, um conjunto de intenções, um programa de trabalho, um quadro de referências. Sua extraordinária concentração em um compromisso atrai as pessoas. [...]

- *Capacidade 2: Dar significado às coisas*

  Para tornar os sonhos visíveis e levar as pessoas a aderir a eles, o líder deve transmitir sua visão. Comunicação e aglutinamento funcionam juntos. [...]

  A meta do líder não é meramente explicar ou esclarecer algo, mas criar significado, e quanto mais extensa e complexa a organização, mais crucial é essa habilidade. Líderes eficazes podem transmitir ideias através de vários níveis da empresa e a grandes distâncias, até mesmo vencer o "ruído" de grupos de interesse e opositores. [...]

- *Capacidade 3: Inspirar confiança*

  A confiança é essencial para todas as organizações e tem como determinante principal o que denomino constância. Quando entrevistei os subordinados dos líderes, ouvi frases como estas mais de uma vez: "meu chefe é muito consistente" ou "goste ou não, você sempre sabe de onde ele está vindo, para onde vai e que posições defende". E assim por diante. Um estudo recente demonstrou que as pessoas tendem mais a seguir indivíduos em quem elas confiam, mesmo discordando de seus pontos de vista, do que seguir indivíduos com os quais concordam, mas mudam de posição frequentemente. [...]

- *Capacidade 4: Ter autocontrole*

  Gerenciar a si mesmo – competência crucial – é conhecer as próprias capacidades e empregá-las com eficácia. Sem isso, líderes e gerentes *trazem mais problemas que soluções. Como médicos incompetentes, os gerentes podem dificultar a vida, piorar a doença e deixar as pessoas menos saudáveis (Bennis, 2001). Bennis também descreve os efeitos da liderança adequada na vida das pessoas e nas organizações. [...]*

Os efeitos da liderança

A liderança pode ser sentida ao longo de toda a organização. Ela dá ritmo e energia ao trabalho, bem como transfere poder à força a ele. O empowerment é o efeito coletivo da liderança. Em organizações com líderes eficientes, esse efeito fica mais evidente em quatro aspectos:

- **Os funcionários se sentem importantes** *– Todos sentem que fazem alguma diferença no sucesso da organização. Pode ser uma contribuição pequena – a pronta entrega de salgadinhos de batata a uma loja de conveniência ou o desenvolvimento de uma peça minúscula, mas importante, de uma aeronave. Quando recebem poder, as pessoas sentem que o que fazem tem significado e importância.*

- **Aprendizado e competência têm relevância** *– Os líderes, e quem trabalha para eles, interessam-se pelo aprendizado e pela especialização e deixam claro que não há fracassos, mas sim erros que dão* feedback *e mostram o que fazer em seguida.*

- **As pessoas são parte de uma comunidade** *– Onde há liderança, há uma equipe, uma família, uma unidade. Mesmo pessoas que não gostam muito das outras sentem o espírito de comunidade.*

- **O trabalho é excitante** *– Onde há líderes, o trabalho é estimulante, desafiador, fascinante e divertido. Um ingrediente essencial na liderança organizacional é atrair, em vez de empurrar as pessoas em direção a uma meta. A influência baseada na atração mobiliza as pessoas a aderir e motiva por meio de identificação, não mediante recompensas e punições. Os líderes articulam e personificam os ideais pelos quais a organização luta. [...]*

Fonte: Bennis, 2011.

QUESTÕES PARA REVISÃO

1. Quais são as características das lideranças transacional e transformacional?

2. Quais são as características da liderança transcendente? Discuta a formação de equipes mediante esse tipo de atuação.

3. Considerando nas afirmativas a seguir as condições que estimulam a inovação, assinale a alternativa correta:
    I. As condições mutáveis do mercado.
    II. As novas tecnologias.
    III. O encurtamento da vida rentável de produtos e serviços.
    a. As afirmativas I e II estão corretas.
    b. Somente a afirmativa I está correta.
    c. As afirmativas II e III estão corretas.
    d. As afirmativas I, II e III estão corretas.

4. Indique se são verdadeiras (V) ou falsas (F) as seguintes afirmações:
    ( ) O fazer corresponde à dimensão interna da ação.
    ( ) O agir refere-se aos atos internos do sujeito.
    ( ) Qualidade no agir corresponde à ética.
    ( ) Qualidade no fazer corresponde à técnica.
    ( ) Virtude é a técnica de fazer bem uma determinada atividade.
    ( ) Virtude corresponde ao bom hábito operativo.

5. Com relação às afirmativas a seguir, marque a alternativa correta:
    I. Drucker sugere que se pesquisem sete fronteiras de mercado para, então, inovar.
    II. As mudanças demográficas são importantes para identificar possíveis inovações.

III. Gary Hamel afirma que vantagens competitivas duradouras são obtidas pela inovação em gestão.

a. Somente a afirmativa I está correta.
b. As afirmativas II e III estão corretas.
c. As afirmativas I e III estão corretas.
d. As afirmativas I, II e III estão corretas.

PARA SABER MAIS:

HAMEL, G. Gestão na era da criatividade. **HSM Management**, São Paulo, n. 79, p. 48, mar./abr. 2010.

Esse artigo traz uma entrevista com Gary Hamel, que explica a gestão sob a perspectiva da criatividade, destacando as vantagens competitivas sustentáveis provenientes da inovação em gestão.

Se você ler as obras indicadas a seguir, obterá informações valiosas sobre a inovação de valor:

KIM, W. C.; MAUBORGNE, R. **A Estratégia do oceano azul**. Rio de Janeiro: Campus, 2005.

KELLY, T. W. L. Gore: uma empresa de vanguarda. **HSM Management**, São Paulo, n. 85, p. 72-79, mar./abr. 2011.

MANAGEMENT LAB. Três casos exemplares. **HSM Management**, São Paulo, n. 85, p. 80-86, mar./abr. 2011.

Esse último artigo apresenta alguns casos muito interessantes de empresas de sucesso. Vale a pena conferir.

WAGNER III, J. A.; HOLLENBECK, J. R. **Comportamento organizacional**. São Paulo: Saraiva, 2009.

Dessa obra, sugerimos que você leia principalmente o Capítulo 3: "Percepção, decisão e criatividade".

CAPÍTULO 6

EMPRESA E DESENVOLVIMENTO PESSOAL

CONTEÚDOS DO CAPÍTULO

·· Desenvolvimento organizacional.
·· Direção das organizações com princípios éticos.

APÓS O ESTUDO DESTE CAPÍTULO, VOCÊ SERÁ CAPAZ DE:

1. caracterizar as organizações de sucesso;
2. saber como o ser humano pode ser o diferencial competitivo;
3. conhecer o comportamento humano em processos de mudança;
4. identificar e desenvolver competências interpessoais;
5. implementar a cultura das virtudes na organização.

6.1 DESENVOLVIMENTO DA CULTURA ORGANIZACIONAL

O desenvolvimento da cultura organizacional apresenta-se como importante ferramenta de suporte para a disseminação e o fortalecimento das novas diretrizes requisitadas pelas mudanças na gestão das empresas.

Para que você entenda melhor esse processo, é necessário lembrar que as relações no ambiente de trabalho passaram por diversas mudanças nos últimos anos, principalmente a partir da década de 1980, em virtude do rápido desenvolvimento da tecnologia.

Essas alterações, por sua vez, tiveram um impacto direto na atuação dos recursos humanos, que se viram diante de um desafio perante essa nova realidade. Assim, precisaram optar entre:

·· a postura focada em processos burocráticos; ou

·· a postura de alavancar o crescimento das organizações focando nos recursos criativos e inovadores das pessoas.

Nessa última perspectiva, não somente as inovações em produtos e serviços devem ser incentivadas, como também os dirigentes de topo devem estar atentos para as inovações em práticas de gestão e desenhos organizativos, formas de enriquecimento dos trabalhos e modos de desenvolver pessoas, para que haja maiores chances de sucesso nas empresas. **É ainda dentro dessa óptica que fatores como competência, relacionamento e valores devem ser considerados para efeito de análise de mudanças.**

As facilidades de comunicação disponíveis nos dias atuais, dificilmente imaginadas há 30 anos, serão ainda maiores em um futuro próximo, de modo a permitir que tanto a distância quanto o tempo não sejam mais considerados impeditivos à realização de negócios.

O caminho seguido pelas instituições, em um primeiro momento, foi o de investir em processos que viessem a garantir os resultados. Em um número significativo de instituições, ainda hoje, na prática administrativa, o ser humano é considerado "recurso".

Contudo, já há algum tempo, as organizações de visão posicionam a área de recursos humanos como responsável pela integração das estruturas internas e externas da empresa. Tushman e Nadler (1997, p. 176), quando analisam as formas de organizações futuras, chamam a atenção para o

> *fato de a inovação requerer múltiplas disciplinas e alta qualificação, o desafio diante da gerência é contratar, treinar e desenvolver um conjunto de indivíduos dotados de habilidades e qualificações diversas e também da capacidade de inovar. [...] Portanto, a alta especialização deve ser incrementada por habilidades nas áreas de resolução de problemas, comunicação, resolução de conflitos e construção de times.*

O impacto desse entendimento sobre a importância do ser humano como diferencial competitivo demanda um aumento da capacidade de gerenciar situações diversas, complexas e, por vezes, ambíguas. Isso porque uma **empresa** não é simplesmente um conjunto de produtos, e sim um **conjunto de pessoas com uma individualidade a ser respeitada, com competências e habilidades que devem ser utilizadas em harmonia, a fim de criar novos negócios**.

O que esse novo contexto de desenvolvimento organizacional revela?

Revela, principalmente, que a **qualidade de empreendimento** exige esforço pessoal, daí a importância de os indivíduos possuírem os hábitos de superação de tendências que os afastam das ações valiosas.

Trata-se de uma competência (pessoal) derivada da virtude da **fortaleza**, visto que todo empreendimento valioso exige a sua prática. Essa virtude é a que, por um lado, regula os **receios** e as **irritações** diante das dificuldades (males difíceis de evitar) e, por outro, impulsiona o ser humano para as metas mais elevadas. Leva-nos à busca dos bens árduos, que são difíceis de conseguir, mas que são muito valiosos.

A **fortaleza se faz presente** em dois atos fundamentais: *aggredi* e *sustinere*[1]:

- o primeiro âmbito (*aggredi*) leva o indivíduo a enfrentar os perigos que possam comportar a realização do bem;
- o segundo (*sustinere*) leva o indivíduo a suportar as adversidades que sobrevenham por uma causa justa.

---

[1] Atacar e suportar, respectivamente.

No **primeiro caso**, encontram seu campo de atuação as virtudes da valentia e da audácia; **no segundo**, a virtudes da paciência e da perseverança.

Chamamos a atenção para a relevância da qualidade de empreendimento na vida dos profissionais e na **cultura organizacional**, pois há uma influência imediata do hábito de superação pessoal (fortaleza) na qualidade das atividades que são realizadas.

A qualidade no "fazer" (dimensão externa da ação) é o resultado de um esforço continuado de qualidade no "agir" – no caso, a virtude da fortaleza aprimora o interior da pessoa.

Sobre a vontade firme (fortaleza), Balmes (1957, p. 250) declara:

> *Essa força de vontade exige duas condições, ou antes, resulta da ação combinada de duas coisas: uma ideia e um sentimento — uma ideia clara, viva, fixa, poderosa, que absorve o entendimento, que o possui, que o penetra inteiramente; um sentimento forte, enérgico, senhor exclusivo do coração e complemento subordinado à ideia.*

O conceito sobre a vontade firme (fortaleza), desenvolvido por Balmes (1957), é muito útil para entendermos essa interligação entre a qualidade do empreendimento e o desenvolvimento da cultura organizacional. O autor citado distingue a vontade **firme** da vontade **enérgica** e da vontade **impetuosa**.

6.1.1 DESENVOLVIMENTO ORGANIZACIONAL COMO SUPORTE AO PROCESSO DE MUDANÇAS

O gerenciamento do processo de mudança organizacional, quando esta se encontra voltada principalmente a aspectos culturais, pode ser facilitado por meio de uma abordagem que incorpore conceitos relacionados ao **desenvolvimento organizacional**, que pode ser definido como um "esforço de longo prazo, apoiado pela administração de topo, para melhorar os processos de solução de problemas e de renovação de uma organização através de uma administração eficaz da cultura organizacional" (Stoner; Freeman, 1999, p. 302).

Os processos de solução de problemas referem-se aos métodos utilizados pela organização para lidar com ameaças e oportunidades em seu ambiente, ao passo que o processo de renovação relaciona-se ao modo como os administradores adaptam ao ambiente os processos de solução de problemas.

> O desenvolvimento organizacional procura concentrar-se na cultura organizacional como forma de atuar com as pessoas, pois ela molda as atitudes dos colaboradores e determina como a organização interage com o ambiente.

É importante compreendermos que as características peculiares de cada organização devem ser respeitadas, e isso implica, entre outros aspectos, que o fato de um processo de gestão de mudanças ter obtido sucesso em uma organização não garante que o mesmo processo servirá para outra instituição, ainda que ambas apresentem características semelhantes, pois as pessoas que fazem parte de cada uma dessas empresas não são as mesmas.

6.1.2 COMPETÊNCIAS INTERPESSOAIS

Quem introduziu **o conceito de *competências* no âmbito da gestão das organizações** foi McClelland (1973). Outro trabalho importante foi o de Boyatzis (1982), que desenvolveu uma pesquisa sobre as competências de liderança, a fim de destacar que comportamentos específicos foram mais importantes para o desempenho do dirigente.

Nesses dois trabalhos, começaram a se perfilar possíveis definições de competência, até que Woodrufe (1993), em sua definição, delimita o significado àqueles comportamentos observáveis que contribuem para o êxito de uma tarefa ou da missão em um posto de trabalho. A definição de *competência* que vamos empregar aqui corresponde à de Soriano (2001, p. 82, tradução nossa): "aqueles comportamentos observáveis e habituais que possibilitam o êxito de uma pessoa em sua atividade ou função".

As competências compõem-se de:

- conhecimentos;
- motivações;
- habilidades.

Obtemos os conhecimentos por meio de algum tipo de comunicação ou informação que recebemos e aceitamos como útil ou importante e do qual decorre um processo de aprendizagem.

Normalmente, adquirimos esses conhecimentos pela leitura, pelo estudo, por meio de aulas e treinamentos etc. Segundo Soriano (2001), podemos dizer que os adquirimos por meio de:

- informação;
- formação;
- treinamento.

Dessa forma, o conhecimento dependerá de processos de eficácia comunicativa e de assimilação pessoal, condicionados pelas disposições e pelo grau de abertura mental do sujeito.

Já a **motivação** refere-se aos fatores internos do sujeito, aqueles fatores que nos impelem à ação. Pensar em desenvolver motivações mais adequadas e mais oportunas exige um processo formativo constante, de modo que sejamos capacitados a decidir de forma antecipada, escolhendo as melhores ações diante de uma situação concreta.

Não basta saber, como já vimos, que **a liderança de caráter transcendente é a mais adequada para o desenvolvimento da identificação dos colaboradores com a missão da empresa**. Além do saber (conhecimento), é necessário querer e também praticar ações, como desenvolver a autonomia dos colaboradores no posto de trabalho, por exemplo.

Por mais que saibamos da importância do trabalho em equipe, o conhecimento sozinho não gera um trabalho benfeito, pois também precisamos de motivação e das habilidades de relacionamento interpessoal para que o objetivo seja alcançado.

As **habilidades**, por sua vez, são aqueles esquemas de resposta do sujeito ou as capacidades de operação que facilitam o desenvolvimento da ação, entre outras:

- a atenção;
- a capacidade de planejamento;
- a comunicação clara.

Essas habilidades são adquiridas pela prática constante, assim como a capacidade de gestão do tempo e a organização de atividades.

Assim, **os conhecimentos, as motivações e as habilidades desenvolvem-se de forma simultânea**, uma vez que os conhecimentos motivam à ação e à prática. De acordo com Soriano (2001), as virtudes morais não são o mesmo que competências, porém têm algo em comum: são hábitos adquiridos.

As **virtudes** são buscadas intencionalmente com uma razão de bondade em todos os aspectos. Já a **competência** é um hábito mais restrito, pois se refere aos hábitos que produzem eficácia no posto de trabalho ou na função.

As competências estão mais ligadas às técnicas, como já vimos, na distinção entre o "fazer" (técnicas – aperfeiçoamento como profissional) e o "agir" (ética – aperfeiçoamento como homem integral).

> EXEMPLIFICANDO: Para ser um negociante competente, sem ser desonesto, é necessário ser perspicaz e rápido na tomada de decisão (competência); no entanto, para ser uma pessoa íntegra, não é necessária essa competência, mas sim que o indivíduo adquira o sentido de justiça e de respeito aos outros.

De qualquer forma, a justiça e o respeito aos outros são virtudes morais necessárias como hábitos para o sucesso profissional.

As atividades profissionais são de caráter relacional entre pessoas, pois elas sempre encerram a necessidade da prestação de serviços aos outros. Então, empregamos o conceito de *competência interpessoal* como aquela "metacompetência", o que significa uma competência que serve de base para outras competências técnicas e de relacionamento com as outras pessoas.

As **organizações**, como ensina Chiavenato (1999, p. 302), são como usinas de talentos: "Como as pessoas constituem a sua vantagem competitiva, a empresa precisa investir nelas, desenvolvê-las e ceder-lhes espaço para seus talentos. Quanto mais ela fizer isto, mais enriquecerá seus passaportes e aumentará a mobilidade potencial das pessoas".

Depois de todos os aspectos que abordamos, gostaríamos de lembrá--lo que o **desenvolvimento organizacional** define-se como o "esforço de longo prazo, apoiado pela administração de topo, para melhorar os processos de solução de problemas e de renovação de uma organização através de uma administração eficaz da cultura organizacional" (Stoner; Freeman, 1999, p. 302). Esses são aspectos fundamentais da temática aqui abordada e, por isso, devem ser anotados e pensados em termos de aplicação prática.

6.2 OS PRINCÍPIOS ÉTICOS APLICADOS NA DIREÇÃO DAS ORGANIZAÇÕES

A **virtude** é a disposição básica do caráter. Podemos aplicar essa ideia ao caso concreto de uma organização, na qual haja um conjunto de ações coordenadas das pessoas visando atingir um objetivo comum. Veremos, então, que o bom andamento da empresa está condicionado à interação coletiva das qualidades éticas de cada pessoa, tanto dos seus dirigentes como dos seus funcionários.

As virtudes são hábitos operativos adquiridos por meio da ação. Aliás, de acordo com Melé Carné (1996, p. 57-74, tradução nossa), *ter uns valores assumidos ou possuir umas determinadas atitudes não é o mesmo que ser virtuoso. Possuir virtudes é muito mais que atuar de acordo com seus valores morais e ter uma atitude positiva, ainda que as virtudes pressuponham ambos ao mesmo tempo. As virtudes dão uma disposição firme e arraigada no caráter que facilita atuar e viver bem, e não só uma atitude psicológica ou uma capacidade valorativa.*

Dessa forma, as virtudes podem permear a vida da organização por meio do desenvolvimento de hábitos relativos à obra benfeita. O trabalho pode ser o caminho para a realização da pessoa, e isso traz consequências importantes para o clima organizacional, começando pela atitude dos diretores e, depois, espalhando-se pelos demais setores.

No desenvolvimento da cultura de uma organização, são virtudes extremamente necessárias: a diligência, a laboriosidade, a prudência ao assumir riscos, a confiabilidade nas relações com os outros, a prudência na tomada de decisão etc. Podemos afirmar que elas se constituem em requisitos-chave para o desenvolvimento de uma cultura efetiva de valores.

6.2.1 CULTURA DAS VIRTUDES

Os possíveis tipos de equilíbrio que estudamos em física podem ser estáveis, instáveis e indiferentes. Se aplicarmos essa classificação aos relacionamentos pessoais, há a necessidade de que sejam estáveis, isto é, mutuamente benéficos e solidários.

Por que afirmamos isso? O que corrompe os relacionamentos é o individualismo exacerbado, em que as pessoas centram os relacionamentos mais nos seus direitos e menos nos deveres interpessoais.

Logo, a importância da geração de disponibilidade e de diálogo para encontrarmos a melhor solução dos problemas somente se torna possível com uma atitude apoiada no **bem do outro**. Surge, assim, a figura do trabalho como serviço, mesmo para aqueles que comandam, pois servem mandando.

A importância do desenvolvimento da cultura das virtudes na organização é destacada por Melé Carné (1996, p. 60, tradução nossa), inclusive, entre outros motivos, por propiciar:

> *1º condições de adquirirmos um caráter maduro e firme;*
> *2º a qualidade prudencial para a tomada de boas decisões em todos os níveis;*
> *3º o exercício efetivo da capacidade de liderança;*
> *4º a criação de uma cultura empresarial com qualidade ética que favoreça a continuidade da empresa.*

Pela sua importância, cada um desses motivos será exposto mais detalhadamente na sequência.

6.2.1.1 A IMPORTÂNCIA DE ADQUIRIRMOS UM CARÁTER MADURO E FIRME

De acordo com Covey (1994), "mais importante que a competência profissional está o caráter maduro". Todo ser humano é solicitado pela sua afetividade, em qualquer situação, por meio de movimentos de atração e repulsão.

Esses movimentos de **atração**, por exemplo, referem-se ao dinheiro, à busca pelo poder, ao aprendizado, a níveis sociais de influência, ao desejo de reconhecimento social, à necessidade de autoafirmação etc., a elementos que, em si mesmos, não têm conotação ética e podem resultar, dependendo do seu encaminhamento, em fins bons ou maus.

Já os movimentos de **aversão** ou **repulsão** acontecem ao percebermos ou presumirmos que determinadas coisas sejam custosas, incômodas, difíceis de atingir etc.

No contexto organizacional, a nossa reação emocional em relação aos resultados possíveis ou efetivos, em virtude de mudanças na organização, pode gerar aspectos que produzem movimentos de atração (positivos) ou de aversão (negativos).

Entre **os positivos**, está o desejo de melhora pessoal, a esperança de novas soluções ou de situações melhores, a busca por um desafio que leve a um crescimento. Por outro lado, entre **os negativos**, quando estimamos um provável fracasso ou a perda de domínios, surge a aversão emocional a mudanças.

Há dois tipos de bens a que os sentidos tendem de forma natural:

- bens **sensíveis**, os deleitáveis, são os que facilmente podemos atingir;
- bens **árduos** são os que exigem algum esforço até a sua posse.

A sensibilidade também reage contrariamente nos casos de males sensíveis e males difíceis de evitar; portanto, os movimentos de atração e de repulsa podem ocorrer conforme indicam as figuras 6.1 e 6.2:

FIGURA 6.1 – REAÇÕES DA SENSIBILIDADE DIANTE DE ALGO BOM QUE É CAPTADO PELOS SENTIDOS

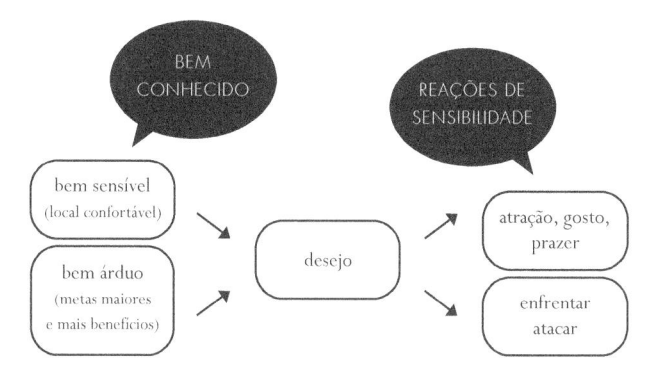

Fonte: Yepes Stork; Echevarría, 1999.

FIGURA 6.2 – REAÇÕES DA SENSIBILIDADE DIANTE DE ALGO MAU QUE É CAPTADO PELOS SENTIDOS

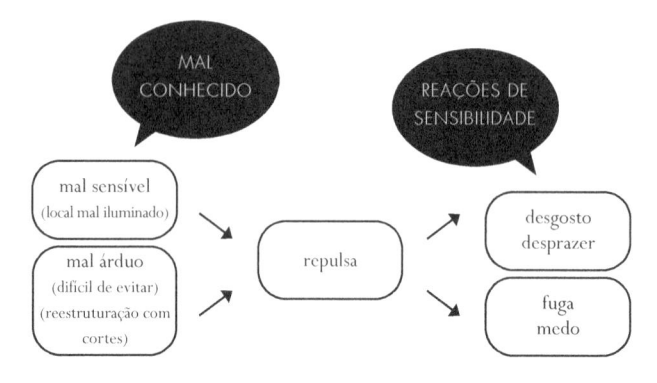

```
        MAL                        REAÇÕES DE
     CONHECIDO                    SENSIBILIDADE

  mal sensível
  (local mal iluminado)  ↘                    ↗  desgosto
                            repulsa              desprazer
  mal árduo              ↗                    ↘
  (difícil de evitar)                             fuga
  (reestruturação com                             medo
  cortes)
```

Fonte: Yepes Stork; Echevarría, 1999.

As tendências aqui indicadas são básicas e caracterizam-se em tendências espontâneas diante da avaliação da realidade. Tradicionalmente, as faculdades responsáveis pelas inclinações básicas diante do bem ou do mal são denominadas *apetite concupiscível*, e as que se referem ao bem ou mal árduo, *apetite irascível*. Para compreendermos melhor as possíveis reações desiderativas, em um primeiro momento, sem uma atuação consciente e deliberada, podemos analisar os movimentos da emotividade nos casos dos quadros 6.1 e 6.2.

O Quadro 6.1 refere-se ao bem ou mal (sensível *versus* reações) por simples aparição-expectativa-posse ou presença. O Quadro 6.2 enfoca a análise das seguintes emoções: bem ou mal árduo ausente ou presente, bem árduo possível ou impossível e mal árduo superável ou insuperável.

QUADRO 6.1 – MOVIMENTOS PROVOCADOS PELO APETITE CONCUPISCÍVEL

	Simples aparição	Expectativa ou ausência	Posse ou presença
bem sensível	amor sensível	desejo	gozo
mal sensível	ódio	aversão ou fuga	dor ou tristeza

Fonte: Yepes Stork; Echevarría, 1999.

QUADRO 6.2 - MOVIMENTOS PROVOCADOS PELO APETITE IRASCÍVEL

	Ausente (estimativa)		Presente
bem	possível	impossível	não causa movimento
árduo	esperança	desesperança	no irascível
mal	superável	insuperável	ira
árduo	audácia	temor	

Fonte: Yepes Stork; Echevarría, 1999.

As tendências básicas dos apetites não podem ser as que comandam as ações, pois estas devem ser governadas pela inteligência e pela vontade. No entanto, não é possível um domínio absoluto das emoções; conseguimos, quando muito, um domínio político sobre elas.

O objetivo, ao buscarmos o equilíbrio, não é a ausência de emoções, mas a condução destas de modo que ajudem na realização das ações. Portanto, se elas forem direcionadas para onde interessa, sempre podem ser convertidas em reforço para ações de qualidade.

A seguir, os quadros 6.3 e 6.4 mostram um modelo para atribuirmos a cada tendência emocional um modo equilibrado de direcionamento político por meio da guia de virtudes (*auriga virtutum*) que deve ser a virtude da prudência.

QUADRO 6.3 - APETITE CONCUPISCÍVEL

Reações	Direcionamento
Amor	aos valores positivos, à amizade, ao trabalho, à família, à ciência, à arte etc.
Ódio	para com as atitudes nocivas a si próprio e aos outros, compreendendo as pessoas e procurando corrigir os erros.
Desejo	referido a ambições legítimas, respeitando o direito dos outros.
Fuga	das ocasiões que põem em risco a integridade ética.
Gozo	pelas tarefas bem acabadas, na doação de si, no cumprimento dos deveres.
Tristeza	convertida em motor para a retificação dos erros.

Fonte: Yepes Stork; Echevarría, 1999.

QUADRO 6.4 – APETITE IRASCÍVEL

Reações	Direcionamento
Esperança	dirigi-la para as boas ambições.
Desespero	transformar em sadia desconfiança de si próprio e buscar conselho e ajuda.
Audácia	dirigi-la para enfrentar os obstáculos que se opõem ao cumprimento do dever.
Temor	canalizá-lo para viver a virtude da prudência.
Ira	transformá-la em sadia indignação contra a injustiça, dirigi-la para a legítima repreensão e para exigir ações de qualidade.

Fonte: Yepes Stork; Echevarría, 1999.

Reações emocionais não são nem boas nem más, simplesmente são reações de tipo involuntário, que sentimos sem maiores explicações.

Nesse contexto, onde se situa o domínio da ética, o mais importante é o comportamento voluntário escolhido em resposta a essas emoções, comportamento que poderá ser pautado pelos princípios éticos ou não.

As reações emocionais devem passar pelo crivo da virtude da prudência, a qual dirá o que é mais adequado, conveniente, bom ou mau em cada circunstância. A boa atuação supõe o governo das emoções pela inteligência, que, por sua vez, deve estar motivada e orientada pelos princípios éticos fundamentais.

> Para obtermos ações de boa qualidade moral, as emoções devem ser moderadas.

Nesse ambiente, a intenção que se manifesta no afã pelo lucro, na busca por uma posição melhor na empresa, na conquista de um maior grau de reconhecimento diante dos pares etc., sendo bem orientadas eticamente, tornam-se impulsos positivos para a ação, que podem gerar melhor qualidade de serviço e maior riqueza econômica por parte da empresa. Já o mau uso desses movimentos ou impulsos pode produzir, como resultado, não uma competição para servir legitimamente mais e melhor, mas a ação predatória. Nesse processo, como explica Melé Carné (1996, p. 60, tradução nossa),

> As virtudes são precisamente esta força interior que modera as paixões. Etimologicamente, tanto a palavra grega "areté" como a latina "virtus" designam virtude, significam "força". Com efeito, as virtudes são forças ou energias interiores que caracterizam uma pessoa, dando-lhe liberdade para atuar bem.

No entanto, a busca de crescimento pessoal em detrimento dos bens e dos direitos alheios leva à avareza e à degradação, devendo ser de todo desestimulada em qualquer tipo de sociedade.

As tendências emocionais pouco trabalhadas pelas virtudes geram hábitos negativos e afetam o comportamento tanto no agir, a dimensão interna da ação, quanto no fazer, a dimensão externa da ação. A pessoa que se deixa conduzir pelo medo, pelo ódio, pela avareza etc. experimenta uma diminuição da sua liberdade, pois não pensa de outra forma a não ser do modo como o impulso a leva a conduzir as ações.

> Assim ocorre com o vício da avareza ou cobiça, antes citado, ou com a soberba, que leva a uma disposição habitual de não escutar e ainda de desprezar os pareceres alheios; ou com a preguiça, que impede de fazer o que se deve, e assim muitos outros cuja incidência na atividade empresarial é evidente. (Melé Carné, 1996, p. 60, tradução nossa)

Os princípios, para otimizarem as emoções, com base em Tanquerey (1967), estão indicados a seguir e servem como roteiro para o desenvolvimento de melhores climas organizacionais:

- Qualquer ideia tende a provocar um ato correspondente e desperta emotividade; assim, deve-se agir entusiasticamente, não **por** entusiasmo, mas **com** entusiasmo.
- A influência de uma ideia prolonga-se enquanto não é eclipsada por outra ideia que a suplante, por isso, deve-se agir com objetivos em mente.

- A influência de uma ideia aumenta quando ela está associada a outras ideias conexas, que a enriquecem e lhe dão maior amplitude, procurando reforçar as ações de qualidade.

- Uma ideia atinge sua máxima potência quando se torna habitual, absorvente, uma espécie de ideia fixa que inspira todos os pensamentos e as ações, sendo ideal agir com convicções fortes, ideias-diretriz, ideias-força e ideias-mestras.

- Para potencializar a atuação, por motivos transcendentes, devemos canalizar fortemente a emotividade.

O Quadro 6.5 resume a influência das emoções nas faculdades racionais.

QUADRO 6.5 – INFLUÊNCIA DAS EMOÇÕES NA INTELIGÊNCIA E NA VONTADE

	Influências positivas
Inteligência	Maior entusiasmo pelo trabalho.
	Maior interesse pelo estudo.
	Maior apreensão de assuntos.
	Maior retenção de conceitos por parte da memória.
	Maior perspicácia e agilidade mental.
Vontade	Maior aplicação de esforço nas tarefas.
	Maior constância no cumprimento do dever.
	Maior rendimento e eficiência nas ações.
	Maior capacidade de iniciativa.

O Quadro 6.6 resume os modos comportamentais quando submetidos à virtude ou à emotividade espontânea.

QUADRO 6.6 – EMOTIVIDADE

	Comportamento predominante	
Aspectos	Virtude	Emotividade
decisão	reflexão, abnegação	impulsividade, irreflexão e debilidade
relacionamento	busca o bem da pessoa e do conjunto	influência das simpatias e antipatias

(continua)

(Quadro 6.6 – conclusão)

Aspectos	Comportamento predominante	
	Virtude	Emotividade
personalidade	forte, forja-se na dificuldade	deliquescente, amolece, pois busca o mais fácil
progresso	hábito de vencimento pessoal	busca dos esquemas *soft*
bens	busca do necessário e do conveniente	busca do supérfluo
nas dificuldades	agir, proatividade	reagir, deixar-se levar pelas queixas
marcante no modo de ser	convicções	sensações e gostos
ética	nem tudo o que se pode fazer deve-se fazer, há coisas dolorosas que é preciso fazer e coisas agradáveis que é preciso evitar	é ruim tudo o que me contraria, bom o que me satisfaz
motivação	transcendente	intrínseca e/ou extrínseca
educação	das ideias: convicções da vontade: virtudes	das ideias: imagens da vontade atrativos, desenvolvimento dos desejos
ideais	de autossuperação	de não frustração dos desejos
influência externa	equilibrada	facilmente manipulável, condicionamento pelas circunstâncias
relação com a instituição	comprometimento	altos e baixos

6.2.1.2 PROPICIAR A QUALIDADE PRUDENCIAL PARA A TOMADA DE BOAS DECISÕES EM TODOS OS NÍVEIS

Nas organizações, em todos os níveis, a melhoria da capacidade prudencial na tomada de decisão está ganhando maior importância. As pessoas são chamadas a contribuir com maior eficácia nos resultados da empresa, pois há a necessidade de que os níveis hierárquicos inferiores tenham mais poder de decisão. Isso requer, portanto, maior responsabilidade no uso desse poder.

No entanto, como você talvez já tenha observado, as decisões admitem certo grau de incerteza. Por isso, **há a necessidade da virtude da prudência**, que é a capacidade de ver ao longe, por meio dos dados disponíveis.

Isidoro, citado na questão 47 da *Suma teológica*, de São Tomás de Aquino (2001, p. 379, tradução nossa), diz que "prudente significa o que vê de longe, que é perspicaz e prevê com certeza através da incerteza dos acontecimentos". Podemos depreender daí que as decisões são tomadas por meio de certezas morais, pois a prudência exige a experiência na aplicação dos critérios morais às situações concretas.

Nesse contexto, as novas formas de organização, mais planas e com poder descentralizado, exigem uma capacidade maior de qualidade de decisão em todos os níveis. Melé Carné (1996, p. 60, tradução nossa) conclui que, "nesta situação, a necessidade de que todos os membros da organização tenham sabedoria prática é ainda mais necessária que nas formas antigas (de estruturas organizacionais)".

As virtudes fundamentais, de acordo com Ética a Nicômaco, de Aristóteles (1992), são a prudência, a justiça, a fortaleza e a temperança. Essas quatro qualidades aperfeiçoam o ser humano e se manifestam especialmente no cumprimento dos deveres de cada dia.

A prudência é considerada a primeira das virtudes morais, porquanto está na raiz da tomada de decisões em qualquer âmbito da existência. Ela aperfeiçoa o modo como tomamos decisões, razão pela qual vinculamos a prudência à qualidade de decisão.

Aperfeiçoar pessoas por meio da prudência na vida da empresa resulta em benefício da qualidade de decisão em todos os âmbitos da organização. Isso porque os objetivos, a missão, o modo de atingir metas e os resultados são afetados necessariamente pela capacidade de tomar decisões de acordo com critérios éticos e técnicos.

Desenvolvemos a prudência por meio da objetividade, ou seja, temos a capacidade de tomar decisões de acordo com a realidade das situações. O uso dessa virtude permite, numa situação particular, entre vícios por falta ou por excesso, identificar qual é o justo meio virtuoso.

> Qual seria, então, o nosso comportamento em uma organização imbuídos da qualidade da prudência?

O ser humano prudente é aquele que cumpre em si mesmo as etapas da boa decisão:

- o deliberar bem;
- o decidir com critério;
- o executar com firmeza.

A deliberação compreende o processo de reflexão para nos instruirmos ou conhecermos bem as situações antes de tomar as decisões. A ponderação costuma ser realizada por meio da reflexão sobre as experiências próprias e de outros, sobre as situações presentes e sobre as consequências futuras das decisões a serem tomadas.

Para **decidirmos bem**, é necessário adquirirmos critérios orientadores para a resolução dos problemas. Esses critérios são os conhecimentos, as leis, os princípios e as experiências consolidadas que ajudam a orientar seguramente na tomada de decisão. Os critérios técnicos provêm das ciências e pesquisas próprias de determinado campo de conhecimento. Também são necessários os conhecimentos éticos para sabermos decidir bem.

> EXEMPLIFICANDO: Não podemos considerar uma decisão correta se, ao buscar um fim bom, empregarmos um meio antiético – é o caso do ladrão que rouba para dar aos pobres, de um contador que faz falcatruas para salvar uma empresa, ou do engenheiro que faz projetos perfeitos incentivados por propina.

A prudência, ainda que exija cautela, deliberação, não é uma virtude travada, pelo contrário, é proativa, levando à ação e à decisão com prontidão. Portanto, a uma **execução com firmeza**.

> Como podemos detectar de forma prática a agregação da prudência a nossa compreensão do ambiente organizacional?

A melhoria pessoal nessa qualidade, que serve de base para todas as outras, exige a identificação de aspectos fortes e fracos da conduta e o estabelecimento de metas de melhoria contínua. Uma maneira de fazermos isso é observando que há quatro espécies de defeitos contrários à prudência: a precipitação, a inconsideração, a inconstância e a negligência.

> EXEMPLIFICANDO: Agir precipitadamente revela o ímpeto emocional. Isso não é prudente. A prudência desses defeitos, ao contrário, exige a deliberação, tendo em conta o impacto das decisões na vida das pessoas e o bem comum.

Nesse âmbito, o líder transcendente é aquele que promove a identificação das pessoas com a missão da organização e se preocupa com os valores éticos de forma constante. Ele decide ponderando de forma ampla com motivações extrínsecas, intrínsecas e transcendentes.

6.2.1.3 O EXERCÍCIO EFETIVO DA CAPACIDADE DE LIDERANÇA

Liderança é a capacidade de conduzir outras pessoas. Como descreve Keirsey (1998), dependendo do tipo de temperamento, alguns desenvolvem um estilo de liderança baseando-se no modelo de inteligência – tática, logística, diplomática e estratégica – em que mais se destaca.

Ainda que os estilos citados sejam ótimos para determinados tipos de situação ou de organizações, alguns autores, como Bennis e Nanus (1985), Badaracco Junior e Ellsworth (1988) e Kotter (1988), concordam que o **comportamento ético favorece o exercício da liderança**, mesmo que o enfoque da ética das virtudes não seja trabalhado suficientemente, como alude Melé Carné (1996).

Todavia, como afirma Bennett (1995, p. 693), "Hoje em dia aderimos mais a pessoas que têm um caráter sólido e bem constituído, antes que àqueles que defendem modelos, sistemas ou ideologias sociológicas mais ou menos afortunadas".

A virtude da justiça é um hábito operativo, isto é, inclina-se para a ação, sendo definida como **a vontade constante e perpétua de dar a cada um o que lhe é devido**. Por outro lado, a pessoa prudente é a que toma o partido do que é equitativo ou justo de forma constante, ou seja, arraiga-se no caráter – a virtude da prudência.

É patente que essa virtude é essencial para o exercício da liderança. Ela favorece:

- a confiança mútua;
- o bom ambiente na organização;
- o envolvimento de todos nas metas da instituição.

Podemos dizer que ela estimula o espírito cooperativo e participativo cada vez mais necessário para novas formas de trabalho. Afinal, estamos em uma fase da civilização, segundo Llano (1996, p. 111, tradução nossa), na qual "O que importa às pessoas de forma definitiva não é a ideologia política ou o interesse econômico: a fé e a família, o sangue e as crenças, são as realidades com as que os povos se identificam e pelas quais estão dispostos a lutar e morrer".

E, nesse cenário, o líder deve dar exemplo, e, para isso, nada mais eficaz que a incorporação dos valores éticos em seu comportamento pessoal. A liderança baseada em princípios, desenvolvida por Covey (1994), salienta de forma especial a necessidade da exemplaridade. Isso porque o líder consegue conduzir os outros não tanto pelo que afirma, mas pelo que faz. Sendo assim, **o exemplo ainda é fator decisivo na**

qualidade de liderança. De acordo com Melé Carné (1996, p. 63, tradução nossa),

> o líder difere do "sugestionador" que utiliza técnicas psicológicas para manipular seus subordinados e convertê-los em seus seguidores. A sugestão psicológica, mais cedo ou mais tarde, pode ser descoberta e voltar-se contra o líder. Isto não ocorre com o líder virtuoso, que se preocupa com seus colaboradores de modo sincero e constante, buscando o melhor para eles.

Liderar, que é conduzir pessoas até determinados objetivos, requer um aperfeiçoamento pessoal nas próprias motivações – extrínsecas, intrínsecas e transcendentes.

Podemos observar essas dimensões do desenvolvimento da motivação com o uso da nomenclatura de Pérez López (1994), nos seguintes aspectos ou condições do gestor:

- **de estrategista** (obter resultados financeiros) – motivação de ordem extrínseca;
- **de executivo** (além dos resultados financeiros conseguir tornar as tarefas desafiadoras e atrativas para os colaboradores) – motivação de ordem intrínseca;
- **de liderança** (acrescentados aos resultados do estrategista e executivo, obtêm resultados da adesão dos colaboradores na busca do bem comum e da missão da empresa) – motivação de ordem transcendente.

Quando falamos daquelas motivações de ordem transcendente que são essenciais (as que buscam o bem dos outros), estamos nos referindo a virtudes de forte conteúdo ético.

Esse não é um processo estático; assim, por meio de um programa de análise das forças e das fraquezas no exercício da liderança, podemos estabelecer metas de crescimento.

Melé Carné, citado por Acín (1999), destaca que a liderança "é um desses temas onde o lugar da ética em direção de empresas aparece com maior claridade". Acrescenta ainda que "a direção de empresas padece um profundo vazio filosófico e moral. [...] a raiz está na profunda ruptura, gerada desde há séculos, entre os resultados da ação e a ação em si mesma considerada, com seu significado moral e social" (Melé, citado por Acín, 1999, tradução nossa).

6.2.1.4 A CRIAÇÃO DE UMA CULTURA EMPRESARIAL COM QUALIDADE ÉTICA QUE FAVOREÇA A CONTINUIDADE DA EMPRESA

De acordo com Ouchi, citado por Melé Carné (1996, p. 60, tradução nossa), "a tradição e as condições predominantes conformam a cultura de uma companhia". Nesse caso, podemos desenvolver uma verdadeira cultura organizacional baseada na ética das virtudes. É possível aplicarmos similarmente o pensamento clássico de Platão (2001), com referência à ética das virtudes já desenvolvida no diálogo socrático em *A República*: "creio que a nossa cidade, se de fato foi bem fundada, é totalmente boa. [...] É, portanto, evidente que é **sábia, corajosa, sensata e justa**. [...] Logo encontraremos nela qualquer destas virtudes" (Platão, 2001, p. 121-427, grifo do original).

Quando as virtudes estão inseridas nessas "condições predominantes" da cultura organizacional e, se forem interiorizadas pelos componentes de uma instituição, a cultura desta torna-se virtuosa.

Na criação de uma **cultura de justiça** favorável ao espírito cooperativo, adquirimos um benefício importante, pois consequências diretas advêm desse tipo de preocupação, como a incorporação dos princípios:

- de veracidade e transparência nas comunicações;
- de lealdade no cumprimento de compromissos, prazos e contratos;
- de solidariedade para com os objetivos e o bem comum da organização.

As organizações, de modo amplo, buscam a consecução de resultados no âmbito:

- material – a quota de mercado, participação, ganhos etc.;
- da satisfação dos *stakeholders* – clientes, acionistas, fornecedores, funcionários, sociedade etc.;
- do desenvolvimento humano de todos que fazem parte delas.

A organização deve ter como prioridade a promoção da cultura das virtudes. Por um lado, não colocando dificuldades, seja pelo tipo de negócio, seja pelo modo de operar, que poderiam prejudicar a prática das qualidades éticas; por outro, estimulando, mediante melhores práticas, os meios facilitadores para a disseminação de comportamentos excelentes, **favorecendo as práticas cooperativas e participativas baseadas na virtude da justiça.**

De acordo com os princípios éticos, podemos planejar e desenvolver a cultura organizacional, procurando fazer com que as políticas de alinhamento, engajamento e recompensa sejam desenhadas e praticadas adequadamente.

Com relação às recompensas, devemos claramente reconhecer o mérito de ações excelentes e estimulá-las. Por exemplo: promover e dar destaque a comportamentos que contribuam para a melhora da cultura organizacional.

Nesse processo de melhoria da cultura organizacional – com qualidade ética que favoreça a continuidade da empresa –, Melé Carné (1996, p. 68, tradução nossa) sugere os seguintes meios:

- manutenção ou mudança da cultura organizacional existente;
- promoção de meios institucionais para reforçar comportamentos éticos corretos;
- exemplaridade no modo de dirigir a empresa;
- desenhos de formas organizativas e sistemas de direção que favoreçam o desenvolvimento da pessoa.

Ao estudar a razão da permanência de empresas de vida maior que 100 anos, De Geus (1997), indicou alguns traços característicos, apresentando como foco **a consciência de sua identidade**, de modo:

- a valorizar pessoas e não ativos (ganhos);
- a afrouxar a direção e o controle;
- a organizar-se para aprender e criar uma comunidade.

A **confiança mútua** exerce um papel preponderante nessas empresas, sendo, portanto, um forte componente ético. De Geus (1997, tradução nossa), ressalta que:

> Na empresa viva, os membros entendem o que significa "nós" e têm consciência dos valores comuns. Eles sabem a resposta à pergunta fundamental sobre a identidade corporativa: O que valorizamos? Quem não conseguir conviver com os valores da empresa não pode e não deve fazer parte dela. A sensação de fazer parte do todo une até os seus mais diferentes integrantes.

Necessitamos, portanto, de lideranças forjadas em valores perenes.

A definição da missão social das organizações e a configuração dos valores que servem de orientação para as suas decisões requerem aprofundamentos sobre a ética na e da empresa e aresponsabilidade socioambiental desta. A nutrição por meio das resistências do espírito, forjadas pela cultura do texto de Lacerda (citado por Souza, 1960), sugere que se estimule a construção de uma cultura de valores éticos, em todos os níveis, começando pelas posições de topo da empresa, visando à configuração de uma sociedade mais justa e solidária.

ESTUDO DE CASO

Analise este estudo de caso e descreva de que maneira você orientaria André Fonseca no lugar do professor, e quais lições você pode aproveitar desta história.

TEXTO 1

André Fonseca

— Tenho passado os dias muito preocupado. Devo tomar uma decisão e não sei o que fazer.

Assim falava André Fonseca ao telefone com um professor da faculdade, com quem fez amizade durante a pós-graduação.

— Gostaria de poder contar com sua opinião, professor. Poderíamos nos encontrar para que eu lhe explicasse detalhadamente o problema?

Poucas horas depois, ambos conversaram sobre a situação em que André se encontrava.

A Turbobyte

— Como o senhor sabe, desde que saí da graduação, já faz dois anos, trabalho em uma empresa de software, e minha função é a de algo como um processador de cursos. Meu chefe sempre me convence a aceitar novos desafios.

Atualmente, estou ministrando um curso no Banco Avanço. É um conjunto de programas, um sistema muito complicado. Na empresa, só eu conheço todas as suas características, mas o problema é que isso está se convertendo em um espiral sem fim: no mês passado, foi outro banco e outro sistema diferente e, anteriormente, da mesma forma. Não tenho mais tempo disponível para ir para casa e jantar.

Durante o dia, dedico-me aos cursos, e após meu horário fico até tarde na empresa preparando as próximas aulas e os próximos cursos para outros bancos.

O cúmulo disso é que há fins de semana em que o chefe me pede para lhe ajudar no desenvolvimento de um novo aplicativo, que ele acredita que irá "estourar" no mercado, e lá se vai meu fim de semana. Bom, para ser franco, já se foram vários fins de semana.

As relações

— Minha queixa não é porque não gosto do esquema. Gosto do lema do meu chefe quando canta um trecho de uma música de Milton Nascimento: "É preciso ter gana, sempre". Desde que comecei o curso de pós-graduação, no ano passado, percebi claramente que há dois mundos diferentes, com dois tempos absolutamente distintos: o mundo acadêmico da universidade, com passo de tartaruga, e o mundo real, com tempo contado em Dólar.

Mas meu problema não é com o Dólar, mas com as pessoas que estão ao meu redor, com os que me querem (ou me queriam): minha mãe, minha namorada e meus amigos. Minha mãe, não faz muito tempo, ainda me esperava para jantar; agora, desistiu. Minha namorada passa os fins de semana no escritório comigo, acreditando que vou acabar logo e que poderemos ir ao cinema; ainda não desistiu, mas, não sei não. Já meus amigos, há vezes em que canso de estar com eles. Isso quando sobra tempo para estar com eles. As pessoas me falam, mas eu não as escuto; eu vejo o sistema, o programa rodando na minha cabeça à procura dos possíveis furos.

Ler? Não leio mais. A pós-graduação? Uma piada. Não sei o que vai acontecer quando começar a escrever a monografia.

A encruzilhada

O senhor deve estar se perguntando onde eu quero chegar com tudo isso. Pois bem, no começo da semana tive uma conversa com meu chefe. Pedi-lhe que, a partir de agora, fixássemos claramente meu horário de saída às 18 horas. Contei-lhe o mesmo que contei para o senhor, sendo que, inclusive, disse que precisava de férias. Faz dois anos que não as tiro, e lembrei-lhe uma vez em que estive a ponto de ter crises de estresse.

— E ele não concordou? – perguntou o professor.

— Em parte. Concordou com quase tudo, mas disse que esse esforço não era só meu e que todos estávamos dando duro na empresa, por isso agora

era vital essa dedicação para não perder fatias do mercado; que agora tudo estava entrando nos trilhos, pois estamos recebendo propostas de outras empresas para desenvolvermos outros softwares, e são chances que não podemos perder. E ainda comentou sorrindo que havia mudado de lema. Agora era "topar tudo", pois tempo a gente sempre arranja.

Quando o chefe viu minha cara de desânimo, ofereceu 50% a mais do que estou ganhando agora, mas disse que precisava de mim para o que fosse, agora mais do que nunca.

Voltei para casa mais indeciso do que estava. Meu estilo de vida tem que mudar. Mas como? Preciso ser mais bem remunerado. Tenho de pensar em comprar um apartamento, quero me casar no próximo ano; preciso trocar de carro; minha mãe é viúva e seria ótimo se ela tivesse um carro dela também... Mas não sei o que fazer. Tenho medo de que, se continuar nesse ritmo, aconteça algo de errado. O que o senhor acha?

— Mas é esse todo o problema?

— Não. O problema veio depois. No dia seguinte, me ligaram da Updata e marcamos uma entrevista. Ofereceram-me o dobro do que estou ganhando atualmente. Perguntei-lhes sobre o horário e lhes contei minha insatisfação atual com relação a esse ponto, mas me garantiram que a praxe na Updata é ser muito estrita no horário, que só em casos verdadeiramente excepcionais será necessário ficar além do expediente ou em fins de semana.

— E, então, qual é a dúvida? – perguntou o professor.

— A dúvida é que esse papo de "casos excepcionais" é o mesmo que me falaram na Turbobyte. O senhor sabe tão bem quanto eu que nessa área tudo pode ser interpretado como um caso fora do normal. Além disso, na hora de encerrar o assunto, vieram-me com outro tipo de conversa que me deixou ainda mais confuso. Disseram que, como é lógico, eles contam com toda a minha experiência anterior. Que vão entrar na mesma faixa de mercado da minha ex-empresa (se posso me exprimir já assim) e contam também com as valiosas informações que eu levarei comigo para começarmos já em pé de igualdade com a Turbobyte. Bastaria, então, eu levar os

> últimos programas de software da Turbobyte do ano passado e, em dois meses, estaríamos à frente. Quando o diretor da Updata viu a minha cara, me disse que não me preocupasse demasiadamente e me ofereceu um livro sobre desenvolvimento tecnológico e segredo profissional, para que eu lesse com calma.
>
> Conversando com minha namorada, fiquei mais confuso ainda. Ela quer que eu aceite imediatamente e pensa que é bobagem me preocupar com algo que todo mundo sabe que é praxe normal no mercado de software: todos os que saem de uma firma levam informações para a outra. E, no meu caso, a maior parte dos sistemas foi desenvolvida por mim mesmo. Não sei o que fazer. Sempre pensei que há um acordo, nem que seja tácito, de não se revelar os segredos profissionais pelo menos até dois ou três anos depois de o profissional sair da empresa. Minha namorada foi categórica, acha que isso seria um abuso da Updata e que, além disso, não há nenhum documento escrito que me obrigue a guardar segredo. Entende, agora, por que queria falar com o senhor? Preciso da sua opinião.

Convém, para a análise desse caso, conhecer a legislação que dispõe sobre a proteção da propriedade intelectual de programa de computador, sua comercialização no país, e outras providências relativas ao tema. Trata-se da Lei n. 9.069, de 19 de fevereiro de 1998 (Brasil, 1998). Para esse caso, indicamos o art. 4º dessa lei, que nos dá critérios para a tomada de decisão.

ESTUDO DE CASO (COMPLEMENTAR)

Com base no relato a seguir, defina um curso de ação para a reunião que o engenheiro Falber está preparando. Seu objetivo é que a negociação atenda aos requisitos de justiça e equidade e tenha em conta as motivações de cada um dos atores na reunião.

TEXTO 2

Emplemaq

Resumimos as conclusões da última reunião de diretoria da FH Ind. Com. S.A.:

Após a constatação do aumento de demanda do produto Compactor AS.3x, especialmente por causa da limitação de produção dos concorrentes, devemos atender aos pedidos dos melhores clientes, a fim de mantê-los satisfeitos com os nossos serviços.

Contando com o processo atual de fabricação desse produto, será impossível atender aos pedidos. As únicas máquinas que poderiam resolver esse problema teriam de ser importadas com prazos de entrega muito longos, o que inviabilizaria o atendimento a curto e a médio prazo. Por outro lado, essas máquinas seriam destinadas a uma produção 10 vezes maior do que a necessária. Não se vê a necessidade dessa produtividade, pois o mercado não comporta.

A decisão da reunião de diretoria da FH foi: "A solução mais conveniente é a de se fazer uma automatização do nosso equipamento básico para atender a produtividade necessária".

No levantamento preliminar, foi sugerido que houvesse aproveitamento de parte do equipamento antigo que fossem implementados vários dispositivos novos e algumas interfaces de ligação. Era preciso fazer o projeto dos novos anexos e das novas interligações e, além disso, a posterior fabricação e montagem dos produtos. Resolveram contratar os serviços de engenharia da Emplemaq.

Ocorreram os seguintes posicionamentos nas discussões preliminares antes da apresentação da proposta de automatização:

Eng. Falber (Emplemaq): – Penso que não é possível uma proposta única. É necessário desdobrá-la em pelo menos três fases: a primeira é claríssima, uma análise séria de parâmetros para definição de requisitos básicos. Com base nela, é possível fazermos uma proposta de execução de projeto incluindo desenhos e especificações, e só depois disso seremos capazes de partir para a construção, tray-out etc.

Eng. Marques da FH: — Não nos interessa trabalhar em um sistema aberto como você propõe. Precisamos de um preço global e um prazo final de entrega. Sem isso, não vamos trabalhar. Quando muito, talvez possamos separar a primeira fase que você citou: a de análise de parâmetros. O restante tem de ser fechado em uma proposta em que sejam previstos os quesitos que se referem aos prazos de entrega. Para nós, é importante essa filosofia de trabalho.

Eng. Falber (Emplemaq): — É sempre a mesma história, os equipamentos que desenvolvemos não são de linha. São máquinas especiais, portanto sempre há algo de indeterminação pela frente. Daí a dificuldade de fazer propostas globais de desenvolvimento. Como posso dar algum dado consistente numa proposta?

Depois dessa reunião, tudo levava a crer que não havia futuro para o negócio. O assunto chegou a Clayton, gerente do Departamento de Atendimento ao Cliente da Emplemaq, que marcou imediatamente uma reunião com os chefes de vendas Flávio e Falber:

Clayton: — Temos de encontrar uma solução para a FH. Não é possível criarmos esse impasse. Estamos em uma fase importante de fechamento de contratos relativos a outros serviços que a FH nos solicitou, e a FH tem sido um dos clientes mais comprometidos conosco, tendo um peso importante em nosso faturamento.

Flávio: — Acho que podemos encontrar fórmulas menos complicadas para a elaboração de propostas na divisão de equipamentos especiais. Obter essa agilidade leva a uma maior competitividade. No caso da FH, acho que a engenharia tem de atender ao desejo do cliente. Há dificuldade em fazer uma previsão rigorosa de horas? A solução será aumentar as horas de projeto e execução, dessa forma cobre-se a imprevisibilidade. Ou andamos assim, ou não teremos condições de manter essa equipe de pessoas trabalhando na divisão de equipamentos especiais.

Falber: — Há uma dificuldade enorme de prever todos os elementos em um projeto absolutamente novo. Apesar de já estarmos nisso há muitos anos, a experiência tem mostrado que, na hora de testar o que você projetou, sempre surgem problemas imprevistos. Fazer as propostas tal como propus dá maior segurança às duas partes e garante melhores condições de preço para o cliente.

Após algumas pressões no sentido de fechar algumas propostas pendentes no mês, e da necessidade de o setor apresentar resultados de propostas fechadas, Falber resolveu rever a sua posição e apresentar uma proposta. Acabou cedendo, pois julgava que algumas vezes era preciso correr algum risco. Fundamentalmente, tinha de pensar no futuro da divisão. A solução foi a de fazer uma primeira proposta relativa à análise de parâmetros, para, em seguida, fazer uma proposta definitiva, incluindo o projeto, a execução e os testes de funcionamento.

Terminada a primeira fase, foi apresentada a proposta a FH, com prazo de entrega do equipamento em 12 meses. Aí, surgiram novos problemas. Era preciso que o sistema estivesse operando em 8 meses. Esperavam poder atender ao pedido de um cliente que lhes asseguraria produção para pelo menos um ano. Falber pensava consigo mesmo: "Esse filme eu já vi". Como não estava disposto a ter uma nova reunião com os distintos cavalheiros que "estavam no seu calcanhar", revisou a proposta e atendeu à condição de prazo.

O projeto foi realizado dentro dos prazos e não houve problemas no faturamento. À medida que terminavam desenhos de alguns sistemas juntamente com as especificações das peças-padrão, partiam para a execução dos projetos.

Ficou previsto no contrato que a máquina básica da FH seria entregue na Emplemaq no fim do quinto mês para a montagem dos implementos desenvolvidos. Mas ocorreram os seguintes problemas:

a. *O equipamento básico apresentava defeitos em partes essenciais para o funcionamento do sistema projetado e construído pela Emplemaq, pois não foi feita uma análise acurada do desempenho do equipamento.*

b. *Nos primeiros testes, quando da montagem dos implementos, as máquinas começaram a apresentar os defeitos do sistema básico. Portanto, a Emplemaq só soube da existência de defeitos depois de fazer montagens sobre a máquina-base.*

c. *Constataram um erro de projeto que fazia com que o sistema não atingisse a produtividade estabelecida. Isso exigiria refazer parte do projeto e novas peças, o que acarretaria atraso de dois meses no prazo de entrega. O erro tinha ocorrido no levantamento de algumas medidas por parte de um técnico da divisão.*

d. *Ao enviar um comunicado contendo o indicado no tópico "a" ao Eng. Marques da FH, este foi taxativo na sua resposta afirmando que a máquina estava operando em perfeitas condições antes da entrega na Emplemaq.*

O Eng. Falber estava listando esses problemas para definir uma proposta a ser apresentada numa reunião entre Emplemaq e FH, e chegou à conclusão de que deveria...

Essa conclusão fica para você responder. Organize sua resposta em forma de relatório.

SÍNTESE

As virtudes fundamentais, aquelas que determinam a qualidade de ação, são, em ordem de importância: prudência, justiça, fortaleza e temperança. São denominadas, respectivamente, *qualidade de decisão*, *qualidade de relacionamento*, *qualidade de empreendimento* e *qualidade emocional*. As decisões tomadas devem estar informadas pelo sentido de justiça: dar a cada um o que lhe é devido. Para a execução do que é decidido, é preciso a virtude da fortaleza, que é uma qualidade da vontade para regular os movimentos do apetite irascível, responsável pelos impulsos sensíveis de enfrentar ou fugir. Esses movimentos ocorrem diante das metas difíceis de atingir, ou dos males difíceis de evitar. Torna-se necessário um processo de melhoria pessoal contínua, de tal maneira que os movimentos emotivos sejam racionalizados; portanto, precisamos das virtudes da fortaleza e da temperança.

As organizações de sucesso fortalecem a sua cultura apoiando-a em valores éticos, dando consistência à sua existência e confiabilidade aos que dependem dela. As pessoas são as que produzem as transformações necessárias na empresa, em virtude de sua capacidade de inovação.

A organização, por meio dos seus programas de desenvolvimento da cultura organizacional, deve estimular os colaboradores para que se envolvam em transformações, aprendendo a metodologia de estudo e de solução de problemas. Como salientamos neste capítulo, deve ser competência do gestor saber identificar as habilidades, os conhecimentos e as competências dos membros que compõem a sua organização, de maneira a possibilitar a otimização dos requisitos de inovação e implementação de mudanças.

Atualmente, não é suficiente pensar apenas nos resultados que as pessoas devem conseguir, mas como esses objetivos serão atingidos. As competências pessoais e interpessoais definem o modo como atingir resultados de forma sustentável e são combinações complexas de conhecimentos, motivações e habilidades dos colaboradores. Os conhecimentos adquirem-se por meio de processos de aprendizagem, como são a informação, a formação e o treinamento. As motivações dependem de processos comunicativos e da vontade das pessoas, pois não basta saber o que se deve fazer, é necessário aceitar as informações e recebê-las como algo de valor. O processo de mudança passa, necessariamente, por outras duas instâncias-chave: pelo querer e pelo praticar. As habilidades correspondem aos esquemas de resposta adquiridos pela prática ou pela experiência, que se desenvolvem por meio de programas de capacitação e treinamento.

Assim, a competência inclui-se na categoria dos hábitos que produzem eficácia no posto de trabalho ou na função e correspondem às técnicas.

Neste livro, empregamos o conceito de *Competência Interpessoal*, que são combinações de conhecimentos, motivações e habilidades e podem consistir em uma "metacompetência", ou seja, uma competência que fundamenta e propicia o desenvolvimento de outras competências técnicas e habilidades de relacionamento interpessoal.

A cultura organizacional pode ser desenvolvida sobre as bases do cultivo das virtudes (hábitos operativos bons), em torno de atividades benfeitas, buscando a excelência em qualidade. Como requisitos-chave para o desenvolvimento de uma cultura efetiva de valores, são extremamente necessárias atitudes como: diligência, laboriosidade, prudência ao assumir riscos, confiabilidade nas relações com os outros, prudência na tomada de decisão etc.

TEXTO PARA REFLEXÃO

Leia o excerto a seguir, extraído do texto *A pipoca*, de Rubem Alves, reúna um grupo na sua empresa ou classe e sugira a leitura dessa metáfora do milho de pipoca como fonte inspiradora de mudanças pessoais e profissionais e também da sua equipe de trabalho. Discuta as diversas interpretações dos participantes. A ideia de Rubem Alves é sugestiva para instigar as pessoas e equipes que permanecem na zona de conforto.

TEXTO 1

Milho de pipoca

Milho de pipoca que não passa pelo fogo continua a ser milho para sempre. Assim acontece com a gente. As grandes transformações acontecem quando passamos pelo fogo. Quem não passa pelo fogo fica do mesmo jeito a vida inteira. São pessoas de uma mesmice e uma dureza assombrosa. Só que elas não percebem e acham que seu jeito de ser é o melhor jeito de ser. Mas, de repente, vem o fogo. O fogo é quando a vida nos lança numa situação que nunca imaginamos: a dor. Pode ser fogo de fora: perder um amor, perder um filho, o pai, perder o emprego ou ficar pobre. Pode ser fogo de dentro: pânico, medo, ansiedade, depressão ou sofrimento cujas causas ignoramos. Há sempre o recurso do remédio: apagar o fogo! Sem fogo o sofrimento diminui. Com isso, a possibilidade da grande transformação também.

Imagino que a pobre pipoca, fechada dentro da panela, lá dentro cada vez mais quente, pensa que sua hora chegou: vai morrer. Dentro de sua casca dura, fechada em si mesma, ela não pode imaginar um destino diferente para si. Não pode imaginar a transformação que está sendo preparada para ela. A pipoca não imagina aquilo de que ela é capaz. Aí, sem aviso prévio, pelo poder do fogo a grande transformação acontece: BUM! E ela aparece como outra coisa completamente diferente, algo que ela mesma nunca havia sonhado.

Bom, mas ainda temos o piruá, que é o milho de pipoca que se recusa a estourar. São como aquelas pessoas que, por mais que o fogo esquente, se recusam a mudar. Elas acham que não pode existir coisa mais maravilhosa do que o jeito delas serem. A presunção e o medo são a dura casca do milho que não estoura. No entanto, o destino delas é triste, já que ficaram duras a vida inteira. Não vão se transformar na flor branca, macia e nutritiva. Não vão dar alegria para ninguém.

Fonte: Alves, 1960, p. 62.

QUESTÕES PARA REVISÃO

1. Justifique a tese: o ser humano é visto como diferencial competitivo.

2. O que são as competências interpessoais?

3. Indique, a seguir, as afirmações verdadeiras (V) e as falsas (F):
   ( ) Reações emocionais, nem sempre boas, são simplesmente reações de tipo involuntário.
   ( ) As virtudes são, precisamente, a força interior que modera as paixões.
   ( ) Os vícios da avareza e da cobiça levam a uma disposição habitual de não escutar e, ainda, de desprezar os pareceres alheios.
   ( ) Ser *prudente* significa que você vê de longe, que é perspicaz e prevê com certeza através da incerteza dos acontecimentos.
   ( ) A virtude da justiça é um hábito, sendo definida como "a liberdade limitada pela liberdade do outro".

4. Marque a alternativa correta em relação às seguintes afirmações, de acordo com Pérez López (1994):
   I. Liderar é conduzir as pessoas até determinados objetivos.
   II. Estrategistas atuam com motivação de ordem extrínseca.
   III. A motivação transcendente refere-se às necessidades dos outros.
   a. Somente a afirmativa I está correta.
   b. As afirmativas I, II e III estão corretas.
   c. As afirmativas I e II estão incorretas.
   d. A afirmativa I está incorreta.

5. Considerando o procedimento para o desenvolvimento de culturas de virtudes nas organizações, marque a alternativa correta em relação às afirmativas a seguir:

   I. Fazer com que as políticas de alinhamento, engajamento e recompensa sejam desenhadas e praticadas adequadamente.

   II. As recompensas pela prática das virtudes devem estar definidas no código de ética.

   III. Promover e dar destaque a comportamentos que contribuam para a melhora da cultura organizacional.

   a. Somente a afirmativa II está correta.
   b. As afirmativas I, II e III estão incorretas.
   c. Somente a afirmativa I está correta.
   d. Somente a afirmativa III está correta.

PARA SABER MAIS

CARDONA, P.; REY, C. DPM: direção por missões. **HSM Management**, São Paulo, n. 49, p. 130-137. mar./abr. 2005.

Esse artigo sobre direção por missões identifica aspectos desse modelo que podem ser implementados na sua empresa.

SERTEK, P. et al. **Administração e planejamento estratégico**. Curitiba: Ibpex, 2011.

Nesse livro, leia especialmente o Item 2.3, que fala sobre as competências estratégicas, "intratégicas" e de desenvolvimento pessoal.

YEPES STORK, R.; ECHEVARRÍA, J. A. **Fundamentos de antropologia**: um ideal de excelência humana. São Paulo: Instituto Brasileiro de Filosofia e Ciência Raimundo Lúlio, 2005.

Nessa obra, é importante ler especialmente o capítulo sobre as virtudes fundamentais.

PARA CONCLUIR...

ORDEM E PLANEJAMENTO

As pessoas não têm todo o tempo para fazer aquilo que desejam. Precisam definir bem o que querem, pois somente nesse caso serão capazes de construir algo de valor para suas vidas. O mesmo se aplica a toda e qualquer tarefa, pequena ou grande. Vale pensar que o grande é feito de parcelas muito pequenas.

Descuidar da organização, do saber colocar uma pedra e outra, de engrenar uma atividade e outra é um fator que compromete negativamente o resultado final. Sem o esforço por adequar a iniciativa pessoal no todo, no processo, na integração da atividade individual ao conjunto, obtém-se atos ineficazes, ou, o que é pior, que prejudicam a equipe. Todo trabalho corresponde a uma sequência de atividades, pois cada um é um elo na cadeia de trabalho. Sendo assim, a sua resistência se mede pelo elo mais fraco e, por isso, cada um deve procurar ser o elo forte. Daí a necessidade de termos uma ordem interna, pessoal, construída à base de seriedade e disciplina.

> "Cumpre o pequeno dever de cada momento; faz o que deves e está no que fazes." (Escrivá, 2000, vers. 815)

Somente quem anda com a sua própria casa arrumada tem condições de cuidar das coisas dos outros, da empresa, do seu bairro etc. O exemplo de cada um é o que, de fato, arrasta os outros. Quando há o autocontrole, isto é, o controle pessoal, quando é definido o que vai ser feito, há disciplina e domínio pessoal, acarretando melhoria na capacidade de render no trabalho. Aquele que domina a si mesmo é que tem a capacidade de servir melhor. Na verdade, a pessoa que perde facilmente a paciência é incapaz de liderar e ajudar os outros.

> A ordem começa dentro de cada um, nos seus pensamentos.

É necessário pensar certo e com calma. Não é possível realizar uma atividade e depois outra irrefletidamente. Escrivá ensina, em sua obra *Caminho,* que, se há ordem, multiplica-se o tempo. Fazer as coisas atabalhoadamente e sem objetivo não costuma levar a lugar nenhum.

Um conselho: deve ser estabelecida uma ordem de prioridades, isto é, uma escala do que é mais ou menos importante e trabalhar para que isso ocorra de fato. **Você é quem melhor pode organizar suas** atividades; mostre aquilo de que a empresa necessita: qualidade e organização do trabalho oferecido aos outros.

Como é que você se insere no processo? Atua com qualidade e acaba bem as tarefas? O domínio do tempo e as atitudes exigem boa dose de força de vontade, e, sem ela, não há ordem alguma.

Escalas de valor interessantes são a justiça e o respeito a si mesmo e aos outros, bem como o dar a cada pessoa o que é devido. Ao pensarmos dessa forma, devemos, necessariamente, trabalhar cooperando com os outros, fazendo uma obra benfeita. Trabalhar muito e bem exige ordem, organização. Como é que podemos encontrar qualidade em uma pessoa desarrumada, no meio da maior confusão, não sabendo o que vem antes ou depois, que não encontra nada no lugar, que atrapalha a si e aos outros?

> A ordem nada mais é que pôr cada coisa no seu lugar e cada lugar para a sua "coisa".

Cada ferramenta no seu lugar, cada papel no seu lugar, cada atividade no momento certo e no lugar certo. Fazer a coisa certa, do modo certo, no lugar certo e no momento certo, isso é ordem! Quanto tempo é obtido quando se é mais organizado? Sabemos que uma casa bem cuidada e limpa é motivadora para se estar ali com gosto. Os ambientes desarrumados convidam à negligência e a mais bagunça. Conta-se que, no início da instauração de metrô em várias grandes cidades, utilizou-se o sistema de limpar qualquer sujeira e consertar o que fosse preciso o mais rápido possível, para evitar que as pessoas, ao verem as coisas descuidadas e sujas, acabassem por sujar, pichar ou quebrar o bem público.

Nada melhor que notarmos que as coisas têm dono. A casa do preguiçoso é descuidada, desarrumada, fruto de seu desleixo. Não é verdade que uma casa vem abaixo sem mais nem para quê! São descuidos de um dia e outro, e de repente o teto vem abaixo por causa do desleixo prolongado dos moradores.

Llano Cifuentes (1979, p. 5) afirma no seu livro *Fortaleza*:

> *Já reparamos na diferença que existe entre o barro e a rocha? O barro, qualquer chuva o dilui, qualquer enxurrada o carrega para as mil valetas dos caminhos, qualquer depressão do terreno o transforma em charco...*
>
> *A rocha mantém-se firme em face das tempestades, levanta-se como um baluarte diante das ondas furiosas, emerge mais brilhante depois da tormenta, como um desafio ao mar e à impetuosidade das ondas.*
>
> *Assim são os homens, fracos ou fortes, como o barro e a rocha.*
>
> *Os primeiros falam-nos de debilidades e desleixos, de apatias e acomodações; desse deixar-se diluir pelas contrariedades; dessa tendência habitual a resvalar para o mais cômodo, substituindo o melhor pelo mais fácil; dessa inclinação para ficar à mercê da opinião alheia, para deslizar pela vertente dos sentimentalismos e das depressões, para ser jogado em qualquer valeta da vida ou permanecer estancado, como charco, diante de qualquer obstáculo.*

Em outro momento, no mesmo livro, apresenta a seguinte visão:

> *Ordem, plano de vida. Não chegaremos a atingir a rijeza de caráter sem determinar umas coordenadas espaciais e temporais que marquem o lugar, o dia e a hora do cumprimento dos nossos deveres. Um plano de vida estrito e elástico ao mesmo tempo: que não tire a liberdade, mas que fixe claramente os referenciais necessários. Sendo fiéis a um horário, superaremos essa contínua tentação de substituir o melhor pelo mais fácil. Vivendo a pontualidade, não adiando as tarefas mais antipáticas, não prolongando demasiado as mais agradáveis, fazendo, enfim, o que se deve e estando no que se faz, conseguimos pouco a pouco que a nossa natural indolência se converta num forte hábito de diligência.* (Llano Cifuentes, 1979, p. 35)

Uma boa consideração para o desenvolvimento pessoal em termos de ordem e planejamento é a capacidade de empreender e resistir. Sermos fortes! O autor também traz um ensinamento de Balmes, o qual dizia que: "toda a autêntica personalidade deveria ter a cabeça de gelo, o coração de fogo e os braços de ferro" (Llano Cifuentes, 1979, p. 44). Balmes, em sua obra *O critério*, (1957, p. 248-249), explica:

> *Cabeça de gelo, que se guia por ideias claras, transparentes, frias como todo o raciocínio límpido, depurado da amálgama emocional.*
>
> *Coração de fogo, sentimentos e amores ardentes que recolhem e canalizam toda a imensa riqueza afetiva do nosso ser, que impregnam o frio raciocínio de calor humano e de entusiasmo vibrante, capaz de despertar todas as energias da alma.*
>
> *Braços de ferro, instrumentos que levam à prática essas ideias lúcidas, inflamadas na fornalha do coração; a potencialidade motora que impulsiona a realização eficiente e perfeita das concepções teóricas elaboradas pela mente.*
>
> *Este tripé, quando harmonicamente equilibrado, forma o eixo de uma personalidade forte.*

Sabemos que as histórias têm um poder enorme de deixar gravados na memória ensinamentos inesquecíveis. E essa concepção de Balmes pode ser refletida em uma história, neste pequeno trecho do livro *Terra dos homens*.

A saga de Guillaumet

"Comecei a fazer voltas sobre a lagoa, a trinta metros de altura, até a pane de gasolina. Depois de duas horas de manobra desci e capotei. Quando saltava do avião, a tempestade me lançou ao solo. Firmei-me novamente nos pés e ela me virou outra vez. Tive de me meter sob a carlinga e cavar um abrigo na neve. Naquele buraco cerquei-me de sacos postais e, durante horas, esperei. Depois disso, quando a tempestade amainou, comecei a andar. Andei cinco dias e quatro noites".

Exaurido pouco a pouco de seu sangue, de suas forças de sua razão, avançava com uma teimosia de formiga, voltando sobre os passos para contornar um obstáculo, erguendo-se depois das quedas, subindo escarpas que iam terminar no abismo, sem se permitir nenhum repouso, porque não poderia se erguer, depois, de seu leito de neve. Quando escorregava, precisava se levantar depressa, para não ser transformado em pedra. O frio o petrificava de segundo a segundo. Se quisesse gozar, depois de um tombo, um minuto de repouso a mais, quando tentasse se erguer só encontraria músculos mortos.

Era preciso resistir às tentações: "Na neve a gente perde todo o instinto de conservação. Depois de dois, três, quatro dias de marcha tudo o que se deseja é o sono. Eu o desejava. Mas ao mesmo tempo pensava: minha mulher... se ela crê que estou vivo, ela crê que estou andando. Os companheiros creem que estou andando. Serei um covarde se não continuar andando". E andava. Cada dia alargava um pouco mais, com a ponta do canivete, um corte na costura da botina, para que os pés gelados, inchados, ainda pudessem caber ali dentro.

"Do segundo dia em diante meu trabalho maior foi procurar não pensar. Sofria demais, minha situação era desesperada demais. Para ter a coragem de andar, precisava não pensar nisso. Desgraçadamente controlava mal o cérebro: ele trabalhava como uma turbina. Mas eu ainda podia escolher as suas imagens. Fazia-o pensar em um livro, em um filme. E o filme e o livro desfilavam dentro de mim depressa: voltava à realidade da situação presente. Irremediavelmente. Então eu jogava ao meu cérebro outras recordações para que ele fosse se entretendo".

"Fiz o que pude e não tenho mais esperança; por que me obstinar no martírio?" Bastava fechar os olhos para fazer a paz no mundo. Para retirar do mundo os rochedos, o gelo, a neve. Logo que as pálpebras milagrosas se fechassem, já não haveria mais os golpes, nem os tombos, nem os músculos doridos, nem o gelo ardente, nem esse peso da vida quando a marcha de um homem é como a marcha de um boi e quando o peso da vida é mais pesado que um carro. Você já gozava aquele frio que era veneno, aquele frio que era morfina enchendo o corpo de beatitude. Sua vida refugiava-se em torno do coração. Algo de precioso e doce encolhia-se no centro do seu ser. A consciência pouco a pouco abandonava as regiões longínquas daquele corpo, daquela pobre besta esgotada pelas dores que já começava a participar da indiferença do mármore.

Os remorsos vieram dos subterrâneos da consciência. Ao sonho misturaram-se de repente detalhes precisos. "Pensei em minha mulher. Minha apólice de seguro de vida lhe evitaria a miséria. Sim, mas o seguro..." No caso de desaparecimento, a morte legal só é declarada depois de quatro anos. Este detalhe lhe apareceu nítido, apagando todas as outras imagens, seu corpo estava estendido ali, de bruços, em um forte declive, na neve. Quando viesse o verão ele rolaria com a lama, para um dos mil precipícios dos Andes. Você o sabia. Sabia também que um rochedo emergia das neves cinquenta metros à sua frente. "Aí eu pensei: se me levantar poderei chegar até lá. Se escorar bem o meu corpo na pedra ele será descoberto quando vier o verão..."

Uma vez de pé, andou duas noites e três dias. Mas não pensava em ir muito longe: "Muitos sinais me anunciavam o fim. Por exemplo. Era obrigado a parar de duas em duas horas para abrir um pouco mais as botinas para esfregar neve nos pés que inchavam ou simplesmente dar um pequeno descanso ao coração. Nos últimos dias comecei a perder a memória. Muito tempo depois de recomeçar a marcha é que me lembrava: havia esquecido alguma coisa. Da primeira vez foi uma luva, e isso era grave, com o frio que me gelava as mãos; eu a havia deixado no chão, ao meu lado, e seguira caminho sem apanhá-la. Depois foi o relógio. Depois o canivete. Depois a bússola. Em cada parada eu me empobrecia. O que salva é dar um passo. Mais um passo. É sempre o mesmo passo que se recomeça. O que eu fiz, palavra que nenhum bicho, só um homem, era capaz de fazer".

Se alguém falar a Guillaumet de sua coragem ele dará de ombros. Mas seria traí-lo também celebrar sua modéstia. Ele está muito além dessa qualidade medíocre. Se dá de ombros é por sabedoria. Sabe que uma vez no centro do perigo os homens não se horrorizam mais. Só o desconhecido *espanta os homens, e sua verdadeira qualidade não é essa. Sua grandeza é a de sentir-se responsável, por si, pelo seu avião, pelos companheiros que o esperam. Ele tem nas mãos a tristeza ou a alegria desses companheiros. Responsável pelo que se constrói de novo, lá, entre os vivos, construção de que ele deve participar. Responsável um pouco pelo destino dos homens, na medida de seu trabalho. É um desses seres amplos que aceitam o destino de cobrir largos horizontes com suas folhagens. Ser homem é precisamente ser responsável. É experimentar vergonha em face de uma miséria que não parece depender de si. É ter orgulho de uma vitória dos companheiros. É sentir, colocando a sua pedra, que contribui para construir o mundo.*

As motivações significativas voltadas à busca de um bem transcendente e não puramente individual despertam forças que ultrapassam os limites que instintivamente são postos. A busca do bem comum e a prática das ações que beneficiam a comunidade constituem elemento-chave para a mobilização e a participação social.

Fonte: Saint-Exupéry, 1986, p. 38-44.

REFERÊNCIAS

ABDALLA, M. M., CALVOSA, M. V. D., BATISTA, L. G. Hélice tríplice no Brasil: um ensaio teórico acerca dos benefícios da entrada da universidade nas parcerias estatais. **Revista Cadernos de Administração da Faculdade Salesiana Maria Auxiliadora**, Macaé n. 3, p.34-52, 2009. Disponível em: <http://www.ead.fea.usp.br/eadonline/grupodepesquisa/publica%C3%A7%C3%B5es/marcello/13.pdf >. Acesso em: 6 set. 2013.

ACÍN, J. Para que la rectitud moral cotice al alza: la ética del directivo, más allá del utilitarismo. **Aceprensa**, 24 nov. 1999. Disponível em: <http://www.aceprensa.com/articles/para-que-la-rectitud-moral-cotice-al-alza/>. Acesso em: 25 maio 2012.

ALVES, R. **O amor que acende a lua**. Campinas: Papirus, 1960.

AQUINO, T. de. **Suma de teología**. Madrid: BAC, 2001. v. 3.

ARISTÓTELES. **Ética a Nicômaco**. 2. ed. Brasília: Ed. da UnB, 1992.

ARRUDA, M. C. C.; WHITAKER, M. C.; RODRIGUEZ RAMOS, J. M. **Fundamentos de ética empresarial e econômica**. São Paulo: Atlas, 2003.

AVELINO, B. C. et al. Análise do perfil dos estudantes em ciências contábeis e sua relação com o processo de convergência das normas contábeis. **Revista Brasileira de Contabilidade**, Brasília, n. 182, p. 63-77. mar./abr. 2010.

BADARACCO JUNIOR, J. L. ; ELLSWORTH, R. R. **Leadership and the Quest for Integrity**. Cambridge: Harvard Business School Press, 1988.

BALMES, J. **O critério**. São Paulo: Logos, 1957.

BARNARD, C. I. **The Functions of the Executive**. Cambridge: Harvard University Press, 1938.

BARTLETT, C. A.; GHOSHAL, S. Matrix Management: Not a Structure, a Frame of Mind. **Harvard Business Review**, p. 138-154, jul./ago. 1990.

BAUMAN, Z. **La sociedad sitiada**. Buenos Aires: Fondo de Cultura Económica, 2002.

BECK, U. **La sociedad del riesgo**: hacia uma nueva modernidad. Barcelona: Paidós, 1998.

BENNETT, W. J. **O livro das virtudes II**: o compasso moral. Rio de Janeiro: Nova Fronteira, 1995.

BENNIS, W. G. **Changing Organizations**. New York: McGraw-Hill, 1966.

_____. Uma força irresistível. **HSM Management**, São Paulo, ano 5, n. 26, p. 66-72, maio/jun. 2001.

BENNIS, W. G.; NANUS, B. **Leaders**: Strategies for Taking Charge. New York: HarperCollins Publishers, 1985.

BERENBEIM, R. E. Corporate Ethics. **The Conference Board Research Report**: New York, v. 17, ed. 4, n. 900, 1987.

BÍBLIA (Antigo Testamento). Eclesiastes. Latim. **Bíblia Online**. Tradução da Nova Vulgata, fiel ao texto original. cap. 7, vers. 8. Disponível em: <http://www.bibliaonline.com.br/tnv+tb/ec/7>. Acesso em: 6 jun. 2013.

BIDONE, E. D.; CASTILHOS, Z. C.; GUERRA, T. Integração dos estudos através de uma abordagem (sócio) econômico-ambiental. In: CENTRO DE ECOLOGIA DA UFRGS (Org.). **Carvão e meio ambiente**, Porto Alegre, p. 271-439, 2000.

BOCHENSKI, J. M. **Que és autoridad?** 2. ed. Barcelona: Herder, 1989.

BOYATZIS, R. **The Competent Manager**: A Model for Effective Performance. New York: John Wiley & Sons, 1982.

BOYETT, J. H.; BOYETT, J. T. **O guia dos gurus**: os melhores conceitos e práticas de negócios. São Paulo: Campus, 1999.

BRASIL. Decreto n. 1.171, de 22 de junho de 1994. **Diário Oficial da União**, Poder Executivo, Brasília, DF, 23 jun. 1994.

Disponível em: <http://www.planalto.gov.br/ccivil_03/decreto/d1171.htm>. Acesso em: 2 jul. 2012.

_____. Lei n. 8.112, de 11 de dezembro de 1990. **Diário Oficial da União**, Poder Executivo, Brasília, DF, 19 abr. 1991. Disponível em: <http://www.planalto.gov.br/ccivil_03/leis/l8112cons.htm>. Acesso em: 6 jun. 2013.

_____. Lei n. 9.069, de 19 de fevereiro de 1998. **Diário Oficial da União**, Poder Legislativo, Brasília, DF, 25 fev. 1998. Disponível em: <http://www.planalto.gov.br/ccivil_03/leis/l9609.htm>. Acesso em: 2 jul. 2012.

_____. Lei n. 9.527, de 10 de dezembro de 1997. **Diário Oficial da União**, Poder Legislativo, Brasília, DF, 11 dez. 1997a. Disponível em: <http://www.planalto.gov.br/ccivil_03/leis/L9527.htm#art13>. Acesso em: 6 jun. 2013.

BRASIL. Ministério do Meio Ambiente. **Campanha Saco é um Saco**. jun. 2009. Disponível em: <http://www.brasil.gov.br/consumo-consciente-2/paginaReciclagem.swf>. Acesso em: 13 mar. 2013.

BRASIL. Secretaria de Comunicação Social da Presidência da República. **Por dentro do Brasil**: meio ambiente. set. 2010. Disponível em: <http://www.brasil.gov.br/navegue_por/noticias/textos-de-referencia/desenvolvimento-aliado-a-conservacao-da-biodiversidade>. Acesso em: 13 mar. 2013.

_____. **Política Nacional de Resíduos Sólidos completa um ano**. 1º ago. 2011. Disponível em: <http://www.brasil.gov.br/noticias/arquivos/2011/08/01/politica-nacional-de-residuos-solidos-completa-um-ano>. Acesso em: 20 maio 2012.

BRASIL. Secretaria de Educação Fundamental. **Parâmetros curriculares nacionais**: meio ambiente e saúde. Brasília: 1997b. v. 9.

Disponível em: <http://portal.mec.gov.br/seb/arquivos/pdf/livro091.pdf>. Acesso em: 29 maio 2012.

BUENO, E. de G. Edson de Godoy Bueno: exemplo de superação. **Querer Empreender**, 26 dez. 2007. Entrevista. Disponível em: <http://quererempreender.blogspot.com.br/2007/12/edson-de-godoy-bueno-exemplo-de-superao.html>. Acesso em: 23 maio 2012.

_____. Uma obra-prima no mundo corporativo. **UOL blog**, 6 maio 2006. Entrevista. Disponível em: <http://figurasdetransicao.zip.net/arch2006-04-30_2006-05-06.html>. Acesso em: 6 jun. 2013.

BURKE, C. Personalismo frente a individualismo. **Aceprensa**. Madrid, 15 jun. 1994. Disponível em: <http://www.aceprensa.com/articles/personalismo-frente-a-individualismo>. Acesso em: 3 set. 2013.

BUSINESS ROUNDTABLE. **Corporate Ethics**: A Prime Business Asset. Michigan, 1988.

CAGNIN, C. H. **Fatores relevantes na implementação de um sistema de gestão ambiental com base na Norma ISO 14000**. 229 f. Dissertação (Mestrado em Engenharia de Produção) – Curso de Pós-Graduação em Engenharia da Produção, Universidade Federal de Santa Catarina. Florianópolis, mar. 2000.

CALLEJA, T. Política y sociedad: el humanismo ausente. **Empresa y Humanismo**, v. 1, n. 1, p. 51-67, 1999. Pamplona: Servicio de Publicaciones de la Universidad de Navarra, 2007. (Cuadernos Empresa y Humanismo)

CARVALHO, J. M. Uma democracia de duas caras. **O Estado de São Paulo**, p. A9, 23 jul. 2006.

CERQUINHO, F. **Ética e qualidade nas empresas**. 109 f. Dissertação (Mestrado em Engenharia da Produção) – Escola Politécnica da Universidade de São Paulo, São Paulo, 1994.

CHIAVENATO. I. **Gestão de pessoas**: o novo papel dos recursos humanos nas organizações. Rio de Janeiro: Campus, 1999.

CLIMENT, V. O. **Instalarse en el cambio**. Madri: CDN, 1994.

CORREA, N. (Org.). **Democracia e nação**: discursos políticos e literários. Rio de Janeiro: J. Olympio, 1960.

COVEY, S. R. **Liderança baseada em princípios**. Rio de Janeiro: Campus, 1994.

_____. **Os sete hábitos das pessoas muito eficazes**. São Paulo: Best Seller, 1989.

DE GEUS, A. The Living Company. **Harvard Business Review**, v. 75, n. 2, Mar./Apr. 1997.

DELORS, J. et al. **Educação**: um tesouro a descobrir – relatório para a Unesco da Comissão Internacional sobre Educação para o século XXI. São Paulo: Cortez/Unesco, 1996. Disponível em: <http://ftp.info europa.eurocid.pt/database/000046001-000047000/000046258. pdf>. Acesso em: 22 maio 2012.

DRUCKER, P. **Inovação e espírito empreendedor (entrepreneurship)**: práticas e princípios. São Paulo: Cengage Learning, 2008.

_____. **O melhor de Peter Drucker**: homem, a administração, a sociedade. São Paulo: Nobel, 2002.

ESCRIVÁ, J. Pequenas coisas. Cap. 39, 815. **Josemaría Escrivá**: Página das obras do fundador do Opus Dei. 2000. Disponível em: <http://www.escrivaworks.org.br/book/1/_c39>. Acesso em: 6 set. 2013.

FAYOL, H. **Administração industrial e geral**: previsão, organização, comand, coordenação, controle. São Paulo: Atlas, 1960.

FIGUEROA, M. Consumo sostenible: el rol de la empresa responsable. In: **Nuevas Tendencias**, Navarra, n. 82, p. 3-20, abr. 2011.

FITTE, H. La primacia de las personas en el gobierno de la empresa. In: MELÉ CARNÉ, D. (Coord.) **Ética en el gobierno de la empresa**. Pamplona: Eunsa, 1996.

FRANKL, V. **Psicoterapia e sentido da vida**. 3. ed. São Paulo: Quadrante, 1989.

DAMANTE, N. A empresa dos sonhos dos jovens 2011 (e seu líder inspirador). **HSM Management**, n. 87, p. 48-57, jul./ago. 2011.

GARCIA HOZ, V. **Pedagogia visível, educação invisível**. São Paulo: Nerman, 1988.

GEORGE, W. W. Medtronic's Chairman William George on How Mission-driven Companies Create Long-term Shareholder Value. **Academy of Management Executive**, v. 15, n. 4, p. 39-47, 2001.

GIANESI, I.; CORREA, H. **Administração estratégica de serviços**. São Paulo: Atlas, 1994.

GÓMEZ PÉREZ, R. **Ética empresarial**: teoria e casos. Madrid: Rialp, 1990. (Colección Empresa y humanismo).

_____. **Problemas morais da existência humana**. Lisboa: Prumo, 1983.

GONÇALVES, T. M. Preservação da vida e do trabalho na atualidade: o caso do polo carbonífero do Sul de Santa Catarina. **Inovação Uniemp**, Campinas, v. 3, n. 1, p. 18-19, jan./fev. 2007.

GUBMAN, E. **Talento**: Desenvolvendo pessoas e estratégias para obter resultados. 8. ed. Rio de Janeiro: Campus, 1999.

HAMEL, G. Gestão na era da criatividade. **HSM Management**, São Paulo, n. 79, p. 48, mar./abr. 2010. Entrevista.

HEHN, H. F. **Peopleware**: como trabalhar o fator humano na implementação de sistemas integrados de informação (ERP). São Paulo: Gente, 1999.

HILDEBRAND, D. von. **Atitudes éticas fundamentais**. São Paulo: Quadrante, 1988.

HOUAISS, A.; VILLAR, M. de S. **Dicionário eletrônico Houaiss de língua portuguesa**. versão 3.0. Rio de Janeiro: Instituto Antônio Houaiss; Objetiva, 2009. 1 CD-ROM.

HSM MANAGEMENT. **Histórias milionárias**. Disponível em: <http://br.hsmglobal.com/editorias/historias-milionarias>. Acesso em: 23 maio 2012.

INSTITUTO ETHOS. **Guia de compatibilidade de ferramentas 2004**. São Paulo: Ethos, 2004.

JOHNSON, B.; LUNDVALL, B. A. **Promoting Innovation Systems as a Response to the Globalising Learning Economy**: Second Draft of Contribution to the Project Local Productive Clusters and Innovations Systems in Brazil – New Industrial and Technological Policies. June 1st. 2000. Disponível em: <http://www.druid.dk/uploads/tx_picturedb/ds2000-106.pdf>. Acesso em: 31 out. 2013.

JONES, G.; GEORGE, J. **Administração contemporânea**. 4. ed. São Paulo: McGraw-Hill, 2008.

KANTER, R. M. Para além do caubói e do corporocrata. In: STARKEY, K. (Ed.) **Como as organizações aprendem**: relatos de sucesso das grandes empresas. São Paulo: Futura, 1997.

KEIRSEY, D. **Please Understand Me II**: Temperament, Character, Intelligence. Del Mar: Prometheus Nemesis Book Company, 1998.

KELLY, T. W. L. Gore: uma empresa de vanguarda. **HSM Management**, São Paulo, n. 85, p. 72-79, mar./abr. 2011. Entrevista.

KOTLER, p. **Marketing Management**: Analysis, Implementation, and Control. 7. ed. Englewood Cliffs: Prentice-Hall, 1991.

KOTTER, J. p. **Afinal, o que fazem os líderes?**: a nova face do poder e da estratégia. Rio de Janeiro: Campus, 2000.

_____. Liderando a mudança: por que fracassam as tentativas de transformação. Tradução de Afonso Celso da Cunha Serra. Rio de Janeiro: Campus, 1999. p. 9-26. (Série Harvard Business Review)

_____. **The Leadership Factor**. New York: Free Press, 1988.

LASSAIGNE, J. **Eugène Delacroix**. Paris: Flammarion, 1950.

LAUAND, J. **Ética e antropologia**. São Paulo: Mandruvá, 1997.

_____. Os fundamentos da ética. In:_____. Ética: questões fundamentais. São Paulo: Edix, 1994. p. 7-8.

LIKERT, R. **New Patterns of Management**. New York: McGraw-Hill, 1961.

LLANO, A. Empresa y responsabilidad social. **Revista Nuestro Tiempo**, Pamplona, n. 12, p. 49-65, 2002.

LLANO, C. La persona humana en la empresa de fin de siglo. **Cuadernos Empresa y Humanismo**, n. 63. Pamplona, p. 1-24, jun. 1996.

LLANO CIFUENTES, R. **Fortaleza**. São Paulo: Quadrante, 1979. (Coleção Temas Cristãos).

LORDA, J. L. **Moral**: a arte de viver. São Paulo: Quadrante, 2001.

LUÑO, A. R. **Ética general**. 2. ed. Pamplona: Eunsa, 1993.

MACINTYRE, A. **Depois da virtude**. Bauru: Edusc, 2001.

MARINA, J. A. **Teoria da inteligência criadora**. Lisboa: Caminho da Ciência; Anagrama, 1995.

MARTINEZ-ECHEVARRÍA, M. A. La dimensión política de la economia. **Cuadernos Empresa y Humanismo**, Pamplona, n. 59, p. 1-57, 1995.

MAXIMIANO, A. C. A. **Introdução à administração**. 6. ed. São Paulo: Atlas, 2004.

MCCLELLAND, D. C. Testing for Competence Rather Than for Intelligence. **American Psychologist**, v. 28, n. 1, p. 1-14, Jan. 1973.

MELÉ CARNÉ, D. Mejora ética de diretivos y empleados. In: _____. **Ética en el gobierno de la empresa**. Pamplona: Eunsa, 1996.

MELO NETO, F. P.; FROES, C. **Responsabilidade social e cidadania empresarial**. Rio de Janeiro: Qualitymark, 1999.

MILLÁN-PUELLES, A. **El valor de la libertad**. Madrid: Rialp, 1995.

MOLLER, C. **O lado humano da qualidade**. Traduzido por Nivaldo Motngelli Júnior. São Paulo: Pioneira, 1992.

MOSCOVICI, S. Das representações coletivas às representações sociais: elementos para uma história. In: JODELET, D. (Org.). **As representações sociais**. Rio de Janeiro: Ed. da Uerj, 2001. p. 18-66.

NÁDAS, P. **Ética empresarial**: uma contradição em termos? 2012. Disponível em: <http://carreiras.empregos.com.br/comunidades/executivos/artigos/150304-etica_empresas_nadas.shtm>. Acesso em: 24 maio 2012.

NAVAL, C. **Educar ciudadanos**: La polémica liberal-comunitarista en educación. Pamplona: Eunsa, 1995.

NEWSTROM, J. W. **Comportamento organizacional**: o comportamento humano no trabalho. Tradução Ivan Pedro Ferreira Santos. 12. ed. São Paulo: McGraw-Hill, 2008.

NONAKA, I.; TAKEUCHI, H. **Criação de conhecimento na empresa**: como as empresas japonesas geram a dinâmica da inovação. Rio de Janeiro: Campus, 1997.

OLIVEIRA, J. A. P. de. **Empresas na sociedade**: sustentabilidade e responsabilidade social. Rio de Janeiro: Campus, 2008.

ONU – Comissão Mundial sobre Meio Ambiente e Desenvolvimento (Org.). **Nosso futuro comum**: Relatório Brundtland. Rio de Janeiro: Ed. da FGV, 1991.

ONU – Organização das Nações Unidas. Divisão de Tecnologia, Indústria e Economia. **Programa das Nações Unidas para o Desenvolvimento**: Indústria e Meio Ambiente. Paris, 2000.

ORTEGA Y GASSET, J. **Missão da universidade**. Rio de Janeiro: Ed. da Uerj, 1999.

PASSOS, E. **Ética nas organizações**. São Paulo: Atlas, 2007.

PFEFFER, J. **The Human Equation**: Building Profits by Putting People First. Allston, MA: Harvard Business Scholl Press, 1998.

PÉREZ LÓPEZ, J. A. Cuando ni el mercado ni la ley bastan. **Aceprensa**, servicio. 165/91, 11 dez. 1991.

PÉREZ LÓPEZ, J. **Fundamentos de la dirección de empresa**. 2. ed. Madrid: Rialp, 1994.

PETERS, E.; PIRES, P. de T. de L. **Manual de direito ambiental.** 2. ed. Curitiba: Juruá, 2003.

PIEPER, J. As virtudes cardeais revisitadas. **International Studies on Law and Education**, Porto, n. 11, maio/ago. 2012. Disponível em: <http://www.hottopos.com/isle11/95-101Pieper.pdf>. Acesso em: 25 maio 2012.

_____. **As virtudes fundamentais.** Lisboa: Aster, 1960.

PINCHOT, G.; PINCHOT, E. **O poder das pessoas**: como usar a inteligência de todos dentro da empresa para conquista de mercado. Rio de Janeiro: Campus, 1995.

PLATÃO. **A República.** São Paulo: M. Claret, 2001.

POLO, L. **Presente y futuro del hombre.** Madrid: Rialp, 1993.

PORTER, M. E. **Competitive Strategy**: Techniques for Analysing Industries and Competitors. New York: Free Press, 1980.

RAMON PIN, J.; SUÁREZ, E. Retribuición y satisfacción. In: SANTIAGO, A. de M. P. de S. et al. (Coord.). **Paradigmas del liderazgo**: claves de la dirección de personas. Madrid: McGraw-Hill, 2001.

REBOUÇAS, A. da C. et al. Diagnóstico preliminar dos impactos da mineração na área do morro Estêvão e do morro Albino – Criciúma-SC. **Revista Tecnologia e Ambiente**, Criciúma, v. 3, n. 1, p. 43-44, jan./jun. 1997.

RHONHEIMER, M. **La perspectiva de la moral**: fundamentos de la ética filosófica. Madrid: Rialp, 2000.

RICART, J. E. El desarrollo personal en las nuevas formas organizativas. In: MELÉ CARNÉ, D. **Ética en el gobierno de la empresa.** Pamplona: Eunsa, 1996.

RODRIGUEZ RAMOS, J. M. Educação: limites ou excelência. **Portal da Família**, jun. 1999. Disponível em: <http://www.portaldafamilia.org/artigos/artigo003.shtml>. Acesso em: 10 set. 2013.

SAI – Social Accountability Internacional. **Our Work**. 2012. Disponível em: <http://www.sa-intl.org/index.cfm?fuseaction=Page.viewPage&pageId=473>. Acesso em: 24 maio 2012.

SAINT-EXUPÉRY, A. **Terra dos homens**. 27. ed. Rio de Janeiro: Nova Fronteira, 1986.

SEBRAE – Serviço Brasileiro de Apoio às Micro e Pequenas Empresas. **Produção e consumo responsáveis**. Cuiabá, 2012. 28 p. Disponível em: <http://www.sustentabilidade.sebrae.com.br/portal/site/Sustentabilidade/menuitem.98c8ec93a7cfda8f73042f20a27fe1ca/?vgnextoid=88b3249ae28e5310VgnVCM1000002af71eacRCRD>. Acesso em: 22 maio 2012.

SEMLER, R. **Virando a própria mesa**. São Paulo: Best Seller, 1988.

SENGE, P. M. **The Fifth Discipline**: The Art and Practice of the Learning Organization. New York: Doubleday/ Currency, 1990.

SERTEK, P. **Desenvolvimento organizacional e comportamento ético**. 232 f. Dissertação (Mestrado em Tecnologia) CEFET (Centro Federal de Educação Tecnológica do Paraná), Curitiba, 2002. Disponível em: <http://br.monografias.com/trabalhos917/desenvolvimento-organizacional-etico/desenvolvimento-organizacional-etico.pdf>. Acesso em: 23 maio 2012.

_____. Inovação de calor e competitividade. **Gazeta do Povo**, Curitiba, 27 jun. 2009a. Disponível em: <http://portal.rpc.com.br/gazetadopovo/opiniao/conteudo.phtml?tl=1&id=900000&tit=Inovacao-de-valor-e-competitividade>. Acesso em: 23 maio 2012.

_____. O pacto da mediocridade. **Gazeta do Povo**, Curitiba, 30 nov. 2009b. Disponível em: <http://www.gazetadopovo.com.br/opiniao/conteudo.phtml?tl=1&id=949698&tit=O-pacto-da-mediocridade>. Acesso em: 23 maio 2012.

SERTEK, P. Promoção humana e educação para o voluntariado. In: CONGRESSO SUL BRASILEIRO DA QUALIDADE NA EDUCAÇÃO, 10., 2004. **Anais...**, Joinville, 2004.

SOLJENITSYN, A. Ensaio Pub. **O Estado de São Paulo**, 22 maio 2006.

SOLOMON, R. **Ethics and Excellence**: Cooperation and Integrity in Business. New York: Oxford University Press, 1992. (The Ruffin Series in Business Ethics)

SORIANO, P. C. Intrategia: una dimensión básica de la cultura empresarial. In: MOSSI, J. C. J. (Coord.). **Paradigmas del liderazgo**: claves de la dirección de personas. Madrid: McGraw-Hill, 2001. p. 19-30.

SORIANO, P. C.; REY, C. DPM: direção por missões. **HSM Management**, n. 49, p. 130-137, mar./abr. 2005.

_____. **Management by missions**. New York: Palgrave MacMilan, 2001.

SOUZA, N. C. de (Org.). **Democracia e nação**: discursos políticos e literários. Rio de Janeiro: J. Olympio, 1960.

SPAEMANN, R. La visión universalista de la ley natural. **Aceprensa**, servicio 38/06, p. 1, 5 abr. 2006. Disponível em: < http://www.aceprensa.com/articles/la-visi-n-universalista-de-la-ley-natural>. Acesso em: 10 set. 2013.

STONER, J. A. F.; FREEMAN, E. **Administração**. Rio de Janeiro: LTC, 1999.

TANQUEREY, A. **Compêndio de teologia ascética e mística**. 6. ed. Porto: Livraria Apostolado da Imprensa, 1967.

TAYLOR, F. W. **Princípios da administração científica**. Tradução de Arlindo Vieira Ramos. 4. ed. São Paulo: Atlas, 1960.

TUSHMAN, M.; NADLER, D. Organizando-se para a inovação. In: STARKEY, K. (Org.) **Como as organizações aprendem**: relatos do sucesso das grandes empresas. São Paulo: Futura, 1997. p. 166-189.

VRIES, M. F. R. K. de. **Life and Death in the Executive Fast Lane**: Essays on Irrational Organizations and Their Leaders. 2. ed. San Francisco: Jossey-Bass Publishers, 1999.

WADDOCK, S. A.; BODWELL, C.; GRAVES, S. B. Responsibility: The New Business Imperative. **Academy of Management Executive**, Briarcliff Manor, NY, May 2002, v. 16, n. 2, p. 132-148.

WAGNER III, J. A.; HOLLENBECK, J. R. **Comportamento organizacional**: criando vantagem competitiva. São Paulo: Saraiva, 2009.

WELLER, S. L'efficacia dei Codici Etici D'impresa: etica degli affari. **Prospecta**, Milano, n. 1, p. 69-83, 1988.

WOODRUFFE, C. **Assessment Centres**: Identifying and Developing Competences. London: Institute of Personel Management, 1993.

YEPES STORK, R.; ECHEVARRÍA, J. A. **Fundamentos de antropología**: un ideal de la excelencia humana. 4. ed. Pamplona: Eunsa, 1999. (Colección Filosófica, v. 139).

ZADEK, S. **The Civil Corporation**: The New Economy of Corporate Citizenship. London: Sterling; Earthscan, 2001.

ZADEK, S.; LOHMAN, O. **Business in Global Development**: the Parliamentary Comission of Swedish Policy for Global Development. June 2001.

RESPOSTAS

CAPÍTULO 1
QUESTÕES PARA REVISÃO

1. d
2. a
3. a
4. c
5. b

CAPÍTULO 2
QUESTÕES PARA REVISÃO

1. a
2. d
3. c
4. b
5. c

CAPÍTULO 3
QUESTÕES PARA REVISÃO

1. As empresas, no início do século XX, eram hierárquicas: as linhas de mando eram bem definidas e constavam de muitos níveis, desde o presidente até o pessoal de "frente". Com o passar do tempo, foram sendo empregadas estruturas menos hierárquicas ou, como se diz na área administrativa, mais planas – estas são as que têm a figura do organograma mais achatado, ou seja, as empresas evoluíram para um número menor de níveis de mando. Nesse tipo de estrutura, há maior tendência de trabalho em equipe e delegação de tarefas e responsabilidades no ambiente empresarial.
2. A criação do conhecimento se dá pela interação dos conhecimentos explícitos ou expressos com os conhecimentos tácitos ou implícitos. Especialmente, os dois autores referem-se à criação do conhecimento como aquela etapa em que os conhecimentos de caráter implícito, isto é, adquiridos por experiência – os que se sabe por pura prática – ou por associação são transformados em conhecimentos expressos. A explicitação do conhecimento é também um trabalho de construção do conhecimento e pode ser comunicado por meio de linguagem simbólica.
3. d
4. Verdadeira.
5. d

CAPÍTULO 4
QUESTÕES PARA REVISÃO

1. A empresa competente é a que desenvolve uma forte cultura de confiança e comprometimento entre seus colaboradores e destes com a missão da empresa. De acordo com o pesquisador, esse tipo de empresa adquire alto grau de desempenho, tanto na sua unidade (confiança + comprometimento) quanto em relação aos resultados financeiros.
2. Todo processo de desenvolvimento humano, tanto no âmbito escolar como em muitos outros que existem na vida humana – no ambiente familiar, na empresa, no clube, entre amigos etc. – deve ter em conta três elementos-chave: natureza, hábito e razão. A natureza vem a ser a dotação natural das pessoas, o hábito é o que adquirimos mediante escolhas conscientes efetuadas livremente por meio da razão. Podemos concluir, assim, que todo processo educativo exige o apelo aos significados adquiridos para que uma pessoa se reestruture e cresça em conhecimentos, qualidades, procedimentos, motivação, entre outras aprendizagens.
3. a
4. d
5. d

CAPÍTULO 5
QUESTÕES PARA REVISÃO

1. O líder transacional atua com seus colaboradores por meio da motivação extrínseca, ou seja, por meio da troca de trabalho por recompensa ou por uma possível punição. Esse líder se identifica com a figura do chefe que "manda e controla". O líder transformacional atua com os seus colaboradores por meio de motivações extrínsecas e intrínsecas. Esse líder estimula seus colaboradores a crescerem em competências no trabalho.

2. O líder transcendente atua com seus colaboradores mediante motivações extrínsecas e intrínsecas, características dos líderes transacionais e transformacionais, bem como orientam as pessoas por meio de motivações transcendentes. São as lideranças que estimulam ações ou decisões dirigidas ao bem comum dos que estão envolvidos com a atividade da empresa.
3. d
4. F, V, V, V, F, V.
5. b

CAPÍTULO 6
QUESTÕES PARA REVISÃO

1. As transformações sociais e as inovações empresariais resultam do espírito criativo e empreendedor do ser humano. Assim, as empresas da atualidade requerem muita inovação e capacidade de execução dos seus colaboradores. Esses fatores estão ligados diretamente à contribuição das pessoas em termos de competências pessoais. As empresas adquirem maior riqueza por meio do desenvolvimento das competências pessoais, o que consiste em um diferencial de competitividade interempresarial.
2. Como as atividades profissionais são de caráter relacional entre pessoas, elas sempre compreendem a necessidade da prestação de serviços aos outros. Assim, o conceito de competência interpessoal é de que ela consiste em uma competência de base para outras competências de relacionamento com pessoas. A qualidade de relacionamento, de decisão, emocional, de empreendedorismo, entre outras, são exemplos dessas competências.
3. F, V, V, V, F.
4. b
5. a

SOBRE O AUTOR

Paulo Sertek é doutor em Educação pela Universidade Federal do Paraná (UFPR). Mestre em Ciência pela Universidade Tecnológica Federal do Paraná (UTFPR), com dissertação de título "Desenvolvimento organizacional e comportamento ético". É graduado em Engenharia Mecânica pela Escola de Engenharia Mauá, em São Caetano do Sul (SP), e também em Formação Especial para Professores do Ensino Técnico-Médio pela Faculdade de Tecnologia de São Paulo (Fatec). Desenvolve a pesquisa com o tema "Contribuições para a educação em discursos e narrativa de vida de Jorge Lacerda".

Os papéis utilizados neste livro, certificados por instituições ambientais competentes, são recicláveis, provenientes de fontes renováveis e, portanto, um meio responsável e natural de informação e conhecimento.

FSC
www.fsc.org
MISTO
Papel produzido
a partir de
fontes responsáveis
FSC® C103535

Impressão: Reproset
Outubro/2019